그리스도의 장자권과
하나님 자녀의 권세 누림

그리스도의 장자권과 하나님 자녀의 권세 누림

지은이 이영환
펴낸이 임상진
펴낸곳 (주)넥서스

초판 1쇄 발행 2015년 1월 5일
초판 13쇄 발행 2019년 5월 30일

출판신고 1992년 4월 3일 제311-2002-2호
10880 경기도 파주시 지목로 5
Tel (02)330-5500 Fax (02)330-5555

ISBN 979-11-5752-242-2 03230

www.nexusbook.com

그리스도의 장자권과 하나님 자녀의 권세누림

이영환 지음

개정 증보판

넥서스CROSS

그리스도를 통해 주어진 하나님의 장자권을 믿음으로 받은 그리스도인들은 그 선물을 감사함으로 누릴 무한한 자유가 있습니다. 깨어지고 일그러지고 왜곡된 세상에서 사는 그리스도인은 그 자유를 억압하는 모든 악한 세력과 공중의 권세 잡은 영들을 향해 당당하게 자신의 정체성을 천명할 수 있어야 합니다. 하나님의 자녀 됨의 놀라운 특권을 부끄럼 없이 누리고 즐거워하는 일은 하나님의 약속에 대한 믿음 없이는 불가능하기 때문입니다. 본서는 위축되어 있는 그리스도인, 자신의 정체성에 혼란을 빚고 있는 그리스도인, 변방에서 방관자처럼 무기력하게 서 있는 그리스도인에게 희망과 용기와 활력을 불어넣기 위해 만든 신앙 훈련 프로그램 교재입니다. 사용하는 분에게 큰 유익이 있으리라 의심치 않습니다.

_류호준 목사(백석대학교 대학원 교목부총장, 구약학)

본서는 하나님의 나라가 성도들의 삶에 권능으로 임하도록 하는 구체적인 방법을 설명하고 있다. 저자는 패배주의와 무력감에 빠져 살고 있는 성도들에게 하나님의 자녀로서 가진 권세를 회복할 것을 성경의 가르침과 저자의 체험을 통하여 강하게 권고한다. '큰 소리의 선포'가 마술적인 주문으로 전락하지 않는 이유는 이 선포가 모든 악의 근원인 우리 마음의 죄악을 향하여 있기 때문이다.

_장동민 교수(백석대학교 신학대학원, 역사신학)

우리가 알고 있는 내용보다 중요한 것이 그 내용대로 살아내는 것이라고 한다면 이 교재는 그런 면에서 우리가 그리스도인으로서 마땅히 누리고 회복해야 할 것이 무엇인지를 가르쳐 주는 유익한 내용을 담고 있다.

_박찬호 교수(백석대학교 기독교학부, 조직신학)

그리스도인이라면 "하늘에 속한 모든 신령한 복"(엡 1:3)을 누리며 나눠야 할 권리와 책임이 있다. 이 책은 개척해서 35년이 지난 현재까지 말씀과 기도, 온유와 겸손으로 2만 명의 성도를 목양하는 이영환 목사님이 체득한 내용을 나누고 있다. 《그리스도의 장자권과 하나님 자녀의 권세 누림》이 바로 우리 모두의 간증이 되도록 보증할 것이다.

_김진섭 교수(백석예술대학교 기획조정 부총장, 구약학)

이 책《그리스도의 장자권과 하나님 자녀의 권세 누림》은 영력과 능력을 잃어 가고 있는 한국교회와 목회자, 평신도에게 그리스도의 장자권을 회복하고 완성하는 유업을 전승한다. 또한 무지하여 잃어버리고 살던 하나님 자녀의 권세를 되살려 누리게 하는 도전이 되어, 한국교회에 생기를 불어넣을 것이다. 목회자와 평신도를 훈련시키는 하나님의 레슨이 될 것이라 믿어 적극 추천하는 바이다.

_정인찬 교수(백석신학대학원 학장)

하나님께서 자녀에게 주시는 영생의 풍성한 복을 온전히 누리고 살지 못하는 우리들에게 이 책은 예수 그리스도의 십자가를 붙들라고 도전하고 있다. 우리가 주님의 지체가 되어 하나님 자녀의 권세를 온전히 누리며 살도록 강력하게 권한다.

_임원택 교수(백석대학교 기독교학부)

그리스도의 장자권 회복과
하나님 자녀의 권세 누림에 대해서

1. '그리스도의 장자권'에 대해서

이 책은 《그리스도의 장자권과 하나님 자녀의 권세 누림》이란 주제를 담고 출발합니다. '장자권'이란 말은 우리에게 생소할 수 있지만 성경적인 것만은 분명합니다. 구약성경에서 야곱의 '장자의 명분'은 '장자의 권리' 즉 '장자권'을 의미합니다. 이 장자권을 가지고 우리 주 예수 그리스도께서 이 세상에 맏아들(장자)로 오셨습니다(눅 2:7).

엄밀한 의미에서 신약성경의 장자는 오직 예수 그리스도이십니다. 예수님이 독생자이시자(요 3:16), 첫 열매이시고(고전 15:20), 맏아들(장자)이십니다(눅 2:23; 롬 8:29; 히1:6). 그런데 감사하게도 그 은총을 우리 모든 그리스도인에게도 안겨 주신 것입니다.

우리는 예수 그리스도를 믿고 영접함으로써 하나님의 자녀가 되었습니다(요 1:12). 하나님은 예수님을 영접하여 자녀가 된 우리가 예수님을 따르는 첫 열매가 되게 하시려고 진리의 말씀으로 우리를 낳아 주셨습니다(약 1:18). 동시에 맏아들(장자)이신 예수 그리스도의 형상을 본받게 하시려고(롬 8:29), 하늘나라의 상속권을 안겨 주시려고 우리에게 양자의 영이신 성령을 보내 주셨습니다(롬 8:15~16). 성령 안에서 예수 그리스도와 함께 하나님을 향해 '아빠, 아버지!'라 부를 수 있게 하셨습니다(막 14:36; 갈 4:6). 그 무엇보다 감사하고 황송한 것은 예수 그리스도와 함께 하늘나라의 상속자가 되게 하신 것입니다(롬 8:17). 장자의 권세가 상속권이라면 우리는 장자이신 예수 그리스도와 함께 상속자가 된 것입니다. 이것은 우리의 의나 공로가 아니라 오직 하나님의 은혜입니다. 예수 그리스도의 십자가의 피 흘리심과 부활로 말미암은 것입니다.

분명히 성경은 "하늘에 기록된 장자들의 모임"에 대해 말씀하고 있는데(히 12:23), 이들은 바로 어린양 예수님의 생명책에 그 이름이 기록된 자들로 예수 그리스도의 피로 말미암아 구속, 곧 영원한 죄 사함을 받은 자들입니다(눅 10:20; 계 20:15, 21:27; 엡 1:7; 히 9:12). 하나님은 예수님의 공로로 말미암아 우리의 이름을 하늘나라의 장자들의 교회 회원으로 기록해 주셨습니다.

위의 말씀들을 근거로 해서 '그리스도의 장자권'의 핵심은 '천국 상속권'임을 말씀드립니다.

예수님을 믿어 하나님의 자녀가 된 우리에게 주어진 권세가 '천국 상속권'임이 분명하다면 이 권세는 회복되어야 합니다. 무슨 말인가요? 분명히 예수 안에 있는 우리는 하나님의 자녀가 되었습니다. 예수님과 함께 하늘나라의 상속자가 된 것입니다. 하나님의 자녀가 된 우리가 천국을 상속받을 것이 확실하다면, 우리는 이 땅에서 천국을 노래하며 살아야 합니다. 물질이 신이 된 세상, 맘몬이 지배하는 세상, 쾌락과 허영으로 가득한 이 세상에서 복음을 위하여 생명을 걸어야 합니다. 물질을 가지고 지구촌을 움직이는 악하고 더러운 사탄, 마귀의 미혹에 빠지지 말아야 합니다. 바울처럼 우리의 시민권이 하늘에 있는 줄 알고 오직 그곳에 초점을 맞추어야 합니다.

물론 우리가 하늘나라를 바라보며 산다고 해서 이 세상 자체를 죄악시하거나 아무렇게나 살아도 된다는 말은 아닙니다. 영은 선하고 육은 악하니 육신이야 어떻게 살아도 별 문제 없다는 식의 잘못된 신앙관을 가져서도 안 됩니다. 하나님의 자녀인 우리는 하늘나라에 아름다운 보고서를 가지고 가야 하기 때문에 이 세상에서 최선의 삶을 살아야 합니다. 거룩한 삶을 살아야 합니다. 늘 감사하며 어떤 상황에서도 행복을 만끽하며 살아야 합니다.

'그리스도의 장자권'은 세상이 전부요, 물질과 쾌락이 삶의 이유요, 본질이 되도록 미혹하고 있는 "악하고 더러운 영들을 정복하고 다스리는 권세"를 말합니다. 즉 세상의 온갖 더럽고 사악한 죄악으로 우리를 파멸시키려는 "사탄, 마귀가 미혹하는 죄를 다스리는 권세"를 말합니다. 우리가 지금까지 살면서 미처 깨닫지 못했던 "온갖 죄를 회개하고 거룩한 삶을 사는 것을 장자권"이라 말합니다.

우리가 하나님의 자녀로서 천국을 상속받는 것이 사실이라면 우리는 더 이상 사탄, 마귀에게 속지 말아야 합니다. 아담을 무너트린 악하고 더러운 영의 세계를 분별하고 정복해야 합니다. 그들을 다스려야 합니다. 예수님은 우리에게 "뱀과 전갈을 밟으며 원수의 모든 능력을 제어할 권능을 주셨습니다"(눅 10:19). 동시에 "나를 믿는 자는 내가 한 일을 그도 할 것이요, 그보다 큰 것도 하리라"(요 14:12)고 분명히 예수님의 권세를 우리에게 위임하

셨습니다. 우리는 이 권세를 회복해야 합니다. 우리가 상속받을 하늘나라
는 희미하게 잊게 만들고, 나그네 인생길로 끝날 세상을 황홀하게 만들어
서 마치 이 세상이 전부인 것처럼 속이는 사탄, 마귀를 향해서 담대하게 명
령하고 선포할 수 있어야 합니다. 《천로역정》에서처럼 수많은 죄의 유혹을
담대하게 물리치며 정복해야 합니다. '그리스도의 장자권을 회복'해서 땅
에 살지만 영생을 노래하며 살아야 합니다. 보혈로 씻어 주신 흰옷을 더럽
히지 않고 그리스도의 신부로서 단장을 바로 하며 살아야 합니다.

2. '하나님 자녀의 권세 누림'에 대해서
성경은 예수님을 영접한 자에게 하나님의 자녀가 되는 권세를 주셨다고 말씀
하십니다. 오늘 우리 성도는 '자녀' 쪽에는 익숙합니다. 문제는 '권세'에 대한
부분입니다. 이 '권세'에 대한 부분은 많이 다루지 않거나, 다루되 강조하지 않
는 사람들이 있습니다.

우리가 하나님의 자녀가 확실하고 천국 상속권을 받은 것이 분명해서 그
권세를 회복했다면 이제는 누려야 할 차례입니다. 그리스도인은 누려야 합
니다. 정말 하나님의 자녀가 확실하다면 마음껏 누려야 합니다. 이 세상에
서 삼위 하나님과 천사를 제외한 모든 것에 대해 성경이 허락하는 범위 안
에서는 명령하고 선포할 수 있어야 합니다. 삼위 하나님 외에는 그 누구도,
그 무엇도 두려워하지 말아야 합니다. 질병도, 가난도 정복하고 물리치며
살아야 합니다. 그러나 바울처럼 자신의 영적 유익을 위하여 하나님이 허

락하신 가시라면 병 자체도 감사하고 누릴 수 있어야 합니다. 복음의 유익을 위하여 하나님이 허락하신 가난이라면 가난 그 자체도 누려야 합니다. 시기하고 미워하는 원수 같은 사람에 대해서도 사랑이라는 묘약을 사용하여 보듬고 이해하며, 용서하고 사랑하면서 누려야 합니다. 성폭행이나 왕따 등 도저히 인간적으로 감당할 수 없는 상처 가운데서도 치유를 선포하며 누려야 합니다. 우리는 말씀에 의지해서 명령하고 선포하는 것뿐 역사는 오직 성령님이 하십니다. 사탄, 마귀를 물리치고 죄를 이기는 힘은 성령님이 주시는 은혜요, 힘입니다. 오직 성령의 능력으로만이 이 모든 것에서 승리와 자유를 선포할 수 있습니다.

우리가 하나님의 자녀로서 그 권세를 누린다면, 세상적인 복을 많이 받았다고 해서 교만하지 말아야 합니다. 또한 세상적으로 열악하다 해서 열등의식에 잡혀서도 안 됩니다. 자녀의 권세를 가지고 명령하고 선포해서 어떤 표적이 따랐다고 우쭐할 것도 없습니다. 다 주님의 뜻 안에서 이루어진 것이기 때문입니다. 나는 명령과 선포를 진심으로 간절히 했는데 아무런 일도 나타나지 않았다 해서 주눅이 들거나 부정적인 생각을 할 필요도 없습니다. 내 입술을 통해서 선포된 것들은 언젠가 현실이 될 수 있기 때문입니다. 또한 그리 아니하실지라도 감사할 수 있어야 함이 참된 그리스도인의 자세여야 합니다. 뿐만 아니라 내가 열심히 심었는데 이 땅에서 받지 못한 것은 반드시 하늘나라에서 받을 것이기 때문입니다. 또 내 사랑하는 자녀가 받을 수도 있습니다. 우리는 수많은 순교자의 피 위에 서 있습니다. 그 많은 순교자가 그렇게 가혹한 고통을 당하고 죽어갈 때에 하나님은 침묵하시는 것 같습니다. 그러나 하늘에서는 상급을 안고 기다리고 계십니다. 초대교회 첫 순교자 스데반('면류관'이란 뜻)의 순교 과정과 그 증인된 청년 사울을 회심시켜 사도 바울을 만드신 하나님의 오묘하신 섭리가 보여주는 것처럼(행 7:54~8:1; 9:1~5, 15~16), 구원받은 우리는 그 어떤 장애물 가운데서라도 찬양과 감사를 잃지 않고 누려야 합니다. 우리가 하나님의 자녀가 된 권세를 누리기 위해서는 순간도 우리 주님과 저 천국을 잊지 말아야 합니다.

'하나님 자녀의 권세 누림'은 "예수 그리스도의 이름을 앞세우는 것"입니다. 예수님의 이름을 앞세우면 그 어떤 경우에도 누릴 수가 있습니다. 온갖 고난과 역경 가운데서도 십자가에 달리신 예수 이름을 앞에 세우면 고난 그 자체를 누릴 수가 있습니다. 조선시대에 암행어사는 마패만 지니고 있으면 그 어떤 경우에도 담대했습니다. 당당했습니다. 최고의 통수권자인 임금의 권세를 대행할 수 있는 권한을 지닌 마패가 있었기 때문입니다. 하나님의 피조물로서 땅에 사는 왕의 마패만 지녀도 그렇게 담대했거늘, 하물며 모든 무릎을 꿇게 하신 예수님의 이름을 소유하고 사용할 권세를 지닌 우리들이겠습니까? 하나님의 장자들은 우리에게 허락하신 예수 이름의 사용권을 마음껏 누려야 합니다.

이 교재는 전문적인 신학 서적이 아닙니다. 단순히 목회학적인 관점에서 35년의 목회를 바탕으로 꾸몄습니다. 우리 교회 성도에게 설교하는 마음으로 집필했습니다. 가끔은 알레고리적 해석도 있습니다. 교리적으로 어느 교단의 정서나 신학적인 배경과 다를 수 있습니다. 의도적으로 특정 부분을 강조하기도 했습니다. 이 점을 헤아려 주시면 감사하겠습니다.

이 책에는 언어 훈련 코너가 있습니다. 이 부분은 저의 것이 아니고, 제가 너무나 아끼고 사랑하는 제자이자 동역자인 경기제일교회의 강관중 목사와 소민정 사모의 작품을 빌려온 것입니다. 앞으로 조국교회와 세계교회를 섬길 강관중 목사 내외와 함께함이 은총이자 축복임을 고백하며, 동시에 한밭제일교회를 함께 섬겼던 모든 동역자에게 중심의 사랑을 전합니다.

35년 동안 못난 이 종을 믿어 주고, 섬겨 주고, 순종해 오신 한밭제일교회의 성도에게 진한 감사를 드립니다. 우리 가족을 포함해서 교사, 찬양대원, 모든 섬김이, 목자, 안수집사, 권사, 장로, 모든 분께 뜨거운 감사를 드립니다. 특히 수정 작업에 힘써 주신 모든 교역자에게 감사를 드립니다. 특히 '장자권'에 대해 지적해 주셔서 부족하지만 다시 새롭게 다듬을 수 있는 기회를 주신 분께도 중심으로 감사를 드립니다.

누구보다 이 교재를 수정하는 데 정성으로 지도해 주신 모든 목사님, 교수님에게 가슴 깊이 뜨거운 감사를 올려 드립니다.

모든 존귀와 영광과 찬송을 오직 삼위 하나님께만 올려 드립니다.

한밭제일교회 목양실에서
이영환 목사

Birthright of Christ and Authority of His Inheritors

1 부르는 말에 대답할 때 '네' 하고 호칭을 붙이도록 하세요.
더욱 정중한 느낌이 듭니다.

'네, 엄마', '네, 아빠', '네, 어머니', '네, 여보', '네 목사님', '네, 장로님', '네, 권사님',
'네, 집사님', '네, 선생님', '네, 과장님', '네, 부장님'

2 긍정의 언어를 사용하세요.

'됩니다', '살겠네', '할 수 있어요', '해 볼게요', '잘 될 거예요'

3 칭찬받을 때 내가 해야 할 말은

'주님의 영광입니다', '다 주님의 은혜입니다'

4 타인에게서 훈계 또는 책망을 받았을 때 내가 해야 할 말은

'훈계해 주셔서 감사합니다', '쓰임 받아 영광입니다'

5 교회에서나 밖에서 주의 일 또는 봉사한 후에 내가 해야 할 말은

'써 주셔서 감사합니다', '쓰임 받아 영광입니다', '또 써 주세요', '언제라도 불러 주세요'

6 타인의 실수에 내가 해야 할 말은

'괜찮아요', '그럴 수도 있죠', '저는 더 실수가 많아요', '제 기도 부족입니다',
'더 기도하겠습니다'

7 남을 헐뜯는 말을 들었을 때 내가 해야 할 말은

'그분은 그러실 분이 아니예요', '그분 얼마나 좋은 분이신데요',
'무슨 이유가 있겠죠', '너나 잘 해', '나 입이 싼데요'

8 윗사람을 움직일 수 있는 언어(태도)는 겸손, 공손, 애교의 언어입니다.

9 사람을 살리고 하나님께 영광을 돌리는 최고의 언어는 '은혜 나눔'입니다.

"경우에 합당한 말은 아로새긴 은쟁반에 금사과니라"(잠 25:11)

"죽고 사는 것이 혀의 힘에 달렸나니 혀를 쓰기 좋아하는 자는 혀의 열매를 먹으리라"(잠 18:21)

교재에 대하여

† 교재의 특징

1 크고, 크고, 큰 소리들로 훈련합니다.
강한 훈련을 목표로 했기에 의도적으로 성경의 큰 소리들을 모았습니다.

2 강하고 담대한 명령과 선포가 이어집니다.
성경적인 분명한 근거를 가지고 명령과 선포를 강하게 하고 있습니다.

3 명령은 주로 사탄과 마귀, 악하고 더러운 영들(귀신들)을 향해 하고 있습니다.
성경은 사탄, 마귀와 함께 하늘에 있는 악의 영들(엡 6:12)과의 싸움을 말씀합니다. 뿐만 아니라 각종 더러운 영(계 18:2)에 대해서도 말씀합니다. 이러한 세력들은 명령해서 몰아내야 한다고 생각했기 때문입니다.

4 선포는 주로 자신의 신앙적 결단과 영적인 누림을 위해서 사용하고 있습니다.
사람은 혀의 권세를 따라 인생이 달라집니다(잠 18:20~21). 혀는 배의 키와 같습니다(약 3:4~5). 기름지고 풍성한 선포를 많이 함으로 더 풍성한 삶을 살도록 하기 위해 많은 선포를 훈련하고 있습니다.

5 단순, 반복, 지속, 강행이라는 훈련의 기본 원칙이 강조됩니다.
인생은 훈련의 결과대로 누리게 되어 있습니다. 그래서 단순, 반복, 지속, 강행이라는 기본 원리를 그대로 적용하고 있습니다.

6 "있을지어다! 그대로 되니라! 좋았더라!"를 표어처럼 만들어 반복하고 있습니다.
이 부분은 〈창세기〉 1장의 창조 원리에 〈누가복음〉 10장 5절 말씀을 접목해서 만들었습니다. 하나님이 천지를 창조하실 때를 보면 "빛이 있으라! 빛이 있었고(그대로 되니라!) 하나님의 보시기에 좋았더라!"가 엿새 동안 계속 반복되었습니다(둘째 날의 경우에만 '좋았더라'는 기록이 없음). 예수님은 제자에게 어느 집에 들어가든지 먼저 "이 집이 평안할지어다!"라고 선포하라 말씀하셨습니다. 하나님이 보시기에 좋은 삶을 살기를 사모하면서 계속 "있을지어다! 치료될지어다! 회복될지어다! 복이 있을지어다!"를 반복해서 선포하게 만들었습니다.

7 일대일, 소그룹, 대그룹이 모두 가능하도록 꾸며졌습니다.
이 교재는 어느 교회에서나 사용할 수 있도록 만들었습니다. 운영의 묘만 살리면 언제, 어디서, 누구에게나 가능하도록 꾸며졌습니다.

014

† 교재 활용법

1 크고, 크고, 큰 소리는 때와 장소가 허락되는 곳에서만 가능합니다(일대일이나 소그룹에서는 크지 않아도 진지하게 얼마든지 가능합니다. 단 마지막 명령과 선포는 클수록 좋습니다).

2 내 능력이 아닌 예수님의 이름과 그 권세를 앞세워 명령하고 선포합니다.

3 어떤 경우에도 천사를 향해서는 명령할 수 없습니다.

4 사탄과 마귀, 각종 악하고 더러운 영들을 향해서는 강하고 담대하고 확신 있게 명령합니다.

5 자신의 영적 성숙을 위한 명령과 선포는 크고, 강하고, 기름지고, 풍성하게 많이 할수록 좋습니다.

6 모든 성도가 충분히 공감할 수 있도록 미리 말씀으로 공감하는 분위기를 만들어야 합니다.

7 큰 소리나, 명령하고 선포하는 것이 익숙하지 못한 분들을 배려해야 합니다.

8 훈련의 기본 원칙인 '단순, 반복, 지속, 강행'을 한순간도 잊지 말아야 합니다.

9 의미 없이 소리만 지르는 것이 아니라 철저하게 말씀 중심으로 훈련해야 합니다.

10 따르는 표적이나 치유에 대한 모든 영광은 오직 주님께만 돌립니다.

11 강한 훈련을 방해하는 사탄, 마귀의 간계를 미리 알고 끝까지 승리하기 위해서 기도에 깨어 있어야 합니다.

12 훈련과 그 결과는 오직 성령님께 맡기고 성령 충만을 간절히 사모해야 합니다.

† 교재 훈련 원칙

1 매 과의 말씀들을 깊이 묵상하고, 다음에 배우고 훈련할 말씀들을 예습하세요.

2 매일 교재 마지막에 기록된 '감사와 회개, 명령과 선포와 결단'을 세 번씩 선포하십시오. 앞의 과와 이번 과와 다음 과를 모두 하세요.

3 내가 그리스도의 제자임을 확신하고, 나도 반드시 제자를 삼는다는 각오 아래 누군가에게 이 말씀을 가르칠 결단을 하세요.

4 장자권 훈련에 절대성을 부여하고, 늦지도 빠지지도 않는 성실함을 잃지 마세요.

5 장자권 훈련이 '정말정말 재미있다!'고 말씀을 대할 때마다 신바람 나게 많이, 많이 선포하세요.

6 매 과마다 암송 말씀을 반드시 암송하세요.

7 매 과마다 반드시 은혜받은 간증을 작성하세요.

✿ Contents

Birthright of
Christ and authority
of the coheritors

01

장자의 신분을 확신하고 누리라

이 훈련 교재의 제목은 《그리스도의 장자권과 하나님 자녀의 권세 누림》입니다. '장자권'이란 '장자의 권세'를 말하는 것입니다. 우리가 예수님을 영접하면 하나님의 자녀가 됩니다. 분명히 하나님의 자녀라면 그 권세를 누려야 합니다. 하나님의 자녀에게는 자연스럽게 권세가 주어집니다(요 1:12). 이 자녀의 권세는 누리라고 주어진 것입니다.

 암송 말씀

너는 바로에게 이르기를 여호와의 말씀에 이스라엘은 내 아들 내 장자라(출 4:22)
하늘에 기록된 장자들의 모임과 교회와(히 12:23)

1. '그리스도의 장자권'이란 제목을 사용하게 된 근거

오늘날 교회들은 '장자'란 말을 많이 사용하지 않습니다. 그래서 익숙하지 않을 수 있습니다. 더구나 '장자권'이란 말은 더욱 생소하게 들릴 수 있습니다. 저자인 제 자신의 생각으로 '장자권'이란 말을 사용하지 않았다는 것을 아래의 각종 번역본과 주석을 통해 살펴보기로 하겠습니다.

1) 〈창세기〉 25장 31~34절의 번역본 및 신학자들의 해석

[개역개정] ³¹ 야곱이 이르되 형의 장자의 명분을 오늘 내게 팔라 ³² 에서가 이르되 내가 죽게 되었으니 이 장자의 명분이 내게 무엇이 유익하리요 ³³ 야곱이 이르되 오늘 내게 맹세하라 에서가 맹세하고 장자의 명분을 야곱에게 판지라 ³⁴ 야곱이 떡과 팥죽을 에서에게 주매 에서가 먹으며 마시고 일어나 갔으니 에서가 장자의 명분을 가볍게 여김이었더라

[공동번역] ³¹ 야곱이 형에게 당장 상속권을 팔라고 제안하자 ³² 에사오는 배고파 죽을 지경인데 상속권 따위가 무슨 소용이 있느냐고 하였다. ³³ 그러나 야곱은, 먼저 맹세부터 하라고 다그쳐 요구하였다. 에사오는 맹세하고 장자의 상속권을 야곱에게 팔아넘겼다. ³⁴ 그리고 에사오는 야곱에게서 떡과 불콩죽을 받아먹은 후에 일어나 나갔다. 이렇게 에사오는 자기의 상속권을 대수롭지 않게 여겼다.

[새번역] ³¹ 야곱이 대답하였다. "형은 먼저, 형이 가진 맏아들의 권리를 나에게 파시오." ³² 에서가 말하였다. "이것 봐라, 나는 지금 죽을 지경이다. 지금 나에게 맏아들

의 권리가 뭐 그리 대단한 거냐?" ³³ 야곱이 말하였다. "나에게 맹세부터 하시오." 그러자 에서가 야곱에게 맏아들의 권리를 판다고 맹세하였다. ³⁴ 야곱이 빵과 팥죽 얼마를 에서에게 주니, 에서가 먹고 마시고, 일어나서 나갔다. 에서는 이와 같이 맏아들의 권리를 가볍게 여겼다.

[현대인의 성경] ³¹ 이때 야곱이 '먼저 형의 장자권을 나에게 파시오' 하자 ³² 에서가 '내가 죽게 되었는데 이 장자권이 무슨 소용이 있겠느냐?' 하고 대답하였다. ³³ 그러나 야곱은 '장자권을 다시 주장하지 않겠다고 나에게 맹세하시오' 하였다. 그래서 에서는 야곱에게 맹세하고 장자권을 그에게 팔았다. ³⁴ 야곱이 에서에게 빵과 팥죽을 주자 에서는 먹고 마신 후에 일어나 갔다. 그는 장자권을 가볍게 생각했던 것이다.

[쉬운성경] ³¹ 그러자 야곱이 말했습니다. "먼저 나에게 맏아들의 권리를 파세요." ³² 에서가 말했습니다. "배가 고파 죽겠는데 그까짓 맏아들의 권리가 무슨 소용이냐?" ³³ 야곱이 다시 말했습니다. "그렇다면 그 권리를 나에게 주겠다고 약속하세요." 에서는 야곱에게 약속을 했습니다. 이렇게 에서는 맏아들의 권리를 야곱에게 팔았습니다. ³⁴ 그러자 야곱이 에서에게 빵과 죽을 주었습니다. 에서는 그것을 먹고 마신 다음에 자리에서 일어났습니다. 이처럼 에서는 맏아들의 권리를 대수롭지 않게 여겼습니다.

[NIV] ³¹Jacob replied, "First sell me your birthright." ³²"Look, I am about to die," Esau said. "What good is the birthright to me?" ³³But Jacob said, "Swear to me first." So he swore an oath to him, selling his birthright to Jacob. ³⁴Then Jacob gave Esau some bread and some lentil stew. He ate and drank, and then got up and left. So Esau despised his birthright.

[KJV] ³¹And Jacob said, Sell me this day thy birthright. ³²And Esau said, Behold, I am at the point to die: and what profit shall this birthright do to me? ³³And Jacob said, Swear to me this day; and he sware unto him:

and he sold his birthright unto Jacob. ³⁴ Then Jacob gave Esau bread and pottage of lentiles; and he did eat and drink, and rose up, and went his way: thus Esau despised his birthright.

[NASB] ³¹ But Jacob said, "First sell me your birthright." ³² Esau said, "Behold, I am about to die; so of what use then is the birthright to me?" ³³ And Jacob said, "First swear to me"; so he swore to him, and sold his birthright to Jacob. ³⁴ Then Jacob gave Esau bread and lentil stew; and he ate and drank, and rose and went on his way. Thus Esau despised his birthright.

성경 전체에 10회 사용된 '장자권'(히브리어:베코라, 헬라어:프로토토키아)이란 단어는 '장자'(히브리어:베코르, 헬라어:프로토토코스)란 단어의 파생어입니다. 따라서 '장자권'을 구약과 신약에서는 '장자의 명분'(창 25:31, 32, 33, 34; 27:36; 43:33; 대상 5:1, 2; 히 12:16)이라 번역했으며, "두 몫을 받는 상속 권리, 즉 장자의 권리"(신 21:17; 미셔파트 합베코라), 줄여서 '장자권'이라 부르는 것입니다. 흥미롭게도 요셉의 형제들이 "그(요셉) 앞에 장자(베코르)는 그의 장자권(베코라)을 따라, 그리고 막내(짜이르)는 그의 막내권(쩨이라)을 따라 앉았고, 그 사람들은 놀람으로 서로 쳐다보았다"(창 43:33 원문 직역)고 말합니다.

장자권은 원래 유산과만 연관되어 있습니다. 그러나 〈창세기〉에서 다른 의미가 부여되어 있습니다. 하나님께서 여러 차례 아브라함에게 주신 큰 민족에 대한 약속이 과연 어느 후손을 통해 성취될 것인가 하는 문제와 장자권이 직결되어 있었습니다. 맏아들이 장자권을 상실하지 않는 한 그를 통해 이 역사가 이루어질 것입니다. 에서가 장자권을 포기한 것은 하나님께서 아브라함과 맺으신 언약의 상속을

포기한 것이며 에서를 대신해 야곱이 그 언약을 계승받는 결과를 초래했습니다.[1]

에서가 장자의 권한을 순간적인 만족을 위해 쉽게 팔아 버린 것은 그의 평소의 성품에서 비롯된 망령된 행동이었습니다. 그에게는 바른 인생관과 신의식(神意識)이 없었기에 무엇이 최상의 가치를 지니는지 구분할 수 없었습니다. 하나님께서는, 비록 간사하지만 그 장자의 가치를 열망했던 야곱에게 주권적으로 장자권을 선사하셨습니다.[2]

'장자의 명분'이라고 번역된 히브리어 '베코라'(hrkb)는 '장자의 권리'(right of firstborn), 즉 처음 태어난 자가 갖는 권리를 가리킵니다(창 25:31~34, 27:36, 43:33; 대상 5:1, 2). 구약성경에서 '첫번째로 태어난', '초태생'이라는 말은 주로 장자를 가리키는 낱말로 사용되었으며(출 6:14, 11:5), 히브리인에게 장자는 특별한 의미가 있었습니다(장자에게는 장자 상속권이 있었습니다). 부친이 사망해 아들들이 그 재산을 나누어 가질 때도 장자는 다른 형제의 두 배를 받았습니다(신 21:17). 부친에게서 장자의 축복을 받았고(창 27:1~4), 지도자적인 위치를 차지하기도 했습니다. 또한 왕정 시대에는 혈통을 계승하는 자(대상 7:1~4)로 인식되었고, 우선적으로 왕위를 계승하였습니다(대하 21:3). 장자권이 더욱 소중했던 것은 이처럼 하나님의 은총과 직접적인 관련이 있었기 때문입니다. 그러므로 이 장자권을 소홀히 여기는 것은 곧 하나님을 경홀히 여기는 것이었습니다. 이같이 장자가 갖는 권한은 귀중하게 여겨졌고, 장자로서의 사명을 충성스럽게 감당할 수 있는 자들에게 장자권이 주어졌습니다. 즉 장자권은 반드시 장자에게 돌아간 것이 아니었으며, 장자권을 소홀히 여긴 자들은 장자로 태어났더라도 그 권리를 빼앗겼습니다.[3] 여기서 '장자의 명분'에 해당되는 히브리어 '베코라'의 기본 어근은 '태(胎)를 열다'로, 짐승의 초태생을 가리

---

1) 송병현, 《엑스포지멘터리 창세기》(서울: 국제제자훈련원, 2010), pp. 461~462.
2) 강도환, 《카리스 종합주석 4: 창세기 24~30장》(서울: 기독지혜사, 2003), p. 214.
3) 강도환, 앞의 책, pp. 216~217.

키며, 추상적으로 '장자의 상속권'을 뜻합니다. 그러므로 '장자의 명분'이란 족장 시대에 있어서 맏아들에게 주어지는 장자권을 의미했습니다.[4)]

"장자의 명분" 아브라함의 가계에 있어서 '장자의 명분'은 첫째로, 세상적인 축복으로는 약속의 땅 '가나안'을 기업으로 얻게 되며, 둘째로 부계로 이어지는 언약의 상속자를 의미하고, 셋째로 약속의 후손에 대한 장자권의 축복을 의미합니다.[5)]

'장자의 명분'은 "첫열매를 맺다"(겔 47:12), "첫 소생이 되다"(레 27:26), "태(胎)를 열다"라는 뜻이 있는 '바카라'에서 유래하여 문자적으로 '처음 난 것'(신 14:23; 느 10:36)이란 의미를 갖습니다.[6)] 따라서 이를 '장자의 명분'으로 번역한 개역성경의 표현은 의역이라 할 수 있습니다. 뿐만 아니라 많은 영어 성경에서도 이를 '장자권'(KJV, RSV, NIV, LB, birthright)이라 번역하고 있는데 이것 역시 의역입니다. 그럼에도 불구하고 "당신의 장자를"로 직역되는 야곱의 이 말은 장자로서의 '명분'은 물론 장자로서의 '권리'란 뜻까지 포함하고 있음이 분명합니다. 따라서 에서가 죽한 그릇에 이러한 장자의 명분과 장자권을 팔았다는 것은 결코 변명할 수 없는 매우 큰 잘못입니다. 장자는 아비의 권위를 공식 승계받고 사회적으로도 한 가문의 대표자로 인정받을(창 27:29) 뿐 아니라 다른 형제들보다 유산도 2배나 받게 됩니다(신 21:15, 17).[7)]

---

4) 강도환, 위의 책, p. 218;《호크마 종합주석: 창세기》(서울:기독지혜사, 1989), pp. 488~489; 박윤선,《구약주석 창세기》(서울:영음사, 1991), p. 300;《로고스 종합주석》.

5) 헤쎄드종합자료씨리즈 편찬위원회,《헤쎄드종합자료씨리즈 제1권》(서울:신앙, 1986), p. 390.

6) 히브리어 '베코르'는 사람의 경우는 '장자'(베코르)라 번역하지만, 토산물의 경우는 '만물, 첫 열매'(출 23:16; 느 10:35)로 번역됩니다. 유대인에게 '초실절'이라는 절기가 있었는데, 봄철 첫 수확물인 보리의 첫 이삭 한 단을 제사장에게 가져가서 여호와 앞에 드리는 절기입니다. 그런데 예수님이 부활하신 때가 바로 이 초실절입니다. "그리스도께서 죽은 자 가운데서 다시 살아나사 잠자는 자들의 '첫 열매'가 되셨도다"(고전 15:20)는 말씀과 "그가 그 피조물 중에 우리로 한 '첫 열매'가 되게 하시려고, 자기의 뜻을 따라 진리의 말씀으로 우리를 낳으셨느니라"(약 1:18)는 말씀을 통해 '첫 열매'로서의 그리스도와 '첫 열매'가 될 그리스도인의 자리를 확인할 수 있습니다.

7) 《옥스퍼드 원어성경대전 003: 창세기 제25b~36장》(서울:제자원, 2003), p. 45;《카일 델리취 주석: 창세기》(서울:기독문화사, 1994), p. 300.

본 단락(창 25:27~34)은 자연적 출생의 순서를 통하여 받은 장자권을 소홀히 한 에서와 이를 교묘히 악용한 야곱의 간사한 행위가 묘사되고 있습니다.[8] 장자의 명분은 "맏아들의 권리"(표준새번역) 혹은 "장자의 상속권"(공동번역)을 의미하고, 이 장자권은 아버지에 의해서 변경될 수 있었습니다(창 48:13, 49:3~4).[9]

아브라함 가정에서 장자권은 세 가지 사실을 암시해 줍니다. ① 세상적인 가나안의 기업에 대한 상속을 암시합니다. ② 부계의 축복에 의해서 전가되는 언약의 축복을 소유하는 자를 암시합니다. ③ 약속의 후손에 대한 장자권을 암시합니다. 모세의 제도하에서 장자의 특권이 분명하게 규정되었습니다.[10]

《매튜헨리주석 창세기》에서도, 거래되었던 장자의 명분을 '장자권'으로 해석하고 있습니다.

여기에서 우리는 야곱과 에서가 장자의 권리를 놓고 흥정을 하고 있는 것을 볼 수 있다. 그 장자의 권리는 하나님의 섭리에 의하면 에서의 것이었지만, 하나님의 약속에 의하면 야곱의 것이었다. 그 권리에는 탁월한 권위와 능력이 포함되어 있으며, 아울러 재산도 갑절이나 차지할 영적 특권이었다. 당시의 장자권에는, 그 권리에 따르는 많은 축복과 약속의 상속권까지 내포하고 있었던 것 같다.[11]

2) 〈히브리서〉 12장 16절의 번역본 및 신학자들의 해석

[개역개정] 음행하는 자와 혹 한 그릇 음식을 위하여 장자의 명분을 판 에서와 같이

---

8) 《위즈덤 종합 강해 1: 창세기》(서울:기독지혜사, 1993), p. 568.
9) 천사무엘, 《성서주석: 창세기》(서울:대한기독교서회, 2001), p. 351.
10) 송종섭 역, 《풀핏성경주석: 창세기 (하)》(서울:보문출판사, 1983), p. 165.
11) 매튜 헨리 저, 원광연 역, 《매튜헨리주석 창세기》(서울:크리스챤다이제스트, 2008).

망령된 자가 없도록 살피라

[공동번역] 또 음란한 자나 음식 한 그릇에 장자의 권리를 팔아먹은 에사오 같은 불경스러운 자가 나오지 않도록 하시오.

[새번역] 또 음행하는 자나, 음식 한 그릇에 장자권을 팔아넘긴 에서와 같은 속된 사람이 생기지 않도록 주의하십시오.

[현대인의 성경] 또 음란한 사람이나 한 그릇의 음식 때문에 맏아들의 특권을 팔아 버린 에서와 같은 불신앙의 사람이 생기지 않도록 하십시오.

[쉬운성경] 성적인 죄를 범하지 말며, 에서처럼 하나님을 생각지 않는 사람이 없도록 하십시오. 에서는 맏아들로서 아버지의 모든 것을 다 받을 수 있었지만, 한 그릇의 먹을 것을 위하여 맏아들의 특권을 팔고 말았습니다.

[NIV] See that no one is sexually immoral, or is godless like Esau, who for a single meal sold his inheritance rights as the oldest son.

[KJV] Lest there be any fornicator, or profane person, as Esau, who for one morsel of meat sold his birthright.

[NASB] that there be no immoral or godless person like Esau, who sold his own birthright for a single meal.

'장자권'이란 말은 신약에서도 구약과 똑같이 해석되고 있습니다. 역시 번역본과 주석을 중심으로 근거를 제시합니다.

'장자의 명분'에 해당하는 '프로토토키아'($\pi\rho\omega\tau o\tau\acute{o}\kappa\iota\alpha$)는 히브리어 '베코라'의 역어로서 '장자권'을 뜻합니다. 이 장자권은 아버지의 기업을 상속하는 권한이며, 아버지를 통해 주시는 하나님의 약속된 복을 받는 권한입니다. 에서에게 있어 배고픈 고통에 비해 당장 현실적으로 배고픔을 해결해 줄 수 없었던 그 장자권은 무익하였던 것입니다. 오히려 에서에게는 눈앞에 먹음직하게 보이는 한 그릇 팥죽이

훨씬 더 유익한 것이었습니다. 그러나 그러한 근시안적인 안목만을 가졌던 에서는 그로 인해 영원한 축복권을 스스로 영원히 상실해 버리는 너무나 중대한 과실을 범하고 말았습니다.[12]

"혹 한 그릇 식물을 위하여 장자의 명분을 판 에서와" 에서는 한 그릇의 식사를 위하여 장자의 권리들을 포기하고 양도했습니다. 장자의 권리들이란 이삭의 물질적인 소유물뿐만 아니라 이삭의 축복(아브라함과 맺은 하나님의 언약에서 약속한 축복들)을 포함합니다(창 28:3, 4). 에서는 배고픔을 견디는 것 대신에 자신의 상속권을 버렸습니다.[13] 장자의 명분(τὰ πρωτοτόκια ἑαυτοῦ)에서 명분(πρωτοτόκια)은 '처음 태어난'이란 뜻의 주격 복수 남성형 형용사로, 주격 복수 중성형 정관사 타(τὰ)와 합쳐져서 '장자 상속권, 생득권, 장자의 특권, 장자권'이라는 의미가 되었는데, 이 말은 신약성경에서 이 절에만 기록되었습니다. 장자는 특권과 특혜를 받을 수 있었습니다. 맏아들은 부모 재산 중 갑절의 몫을 물려받았습니다. 맏아들의 상속권은 가나안 땅의 소유권과 메시아의 출생에 대한 아브라함과의 계약에 따른 특권들이 포함되었습니다. 에서는 출생 때부터 얻은 특권을 멸시하여 팔아 버렸습니다. 그는 사소한 이익 곧 잠시 배부르기 위하여 자신의 장자권을 팔아넘겼습니다. 장자권을 가볍게 생각했던 것입니다(창 25:29~34).[14]

이상 많은 성경학자의 해석과 번역본을 근거로 성경적으로 '장자권'이라는 말을 사용하는 것에 전혀 문제가 없다고 확신하고 '장자권'이라는 용어를 사용하였음을 밝힙니다.

12) 《옥스포드 원어성경대전 126: 히브리서 8~13》(서울:제자원, 2004), p. 498.
13) 강도환, 《카리스 종합주석 23: 히브리서 1~13장》(서울:기독지혜사, 2003), p. 763.
14) 《히브리서 원문연구》, pp. 603~604.

3) 〈히브리서〉 12장 23절, "하늘에 기록된 장자들의 모임"에 대한 번역본과 신학자들의 해석

다음으로 제가 교재에서 강조하며 다루는 '하늘에 기록된 장자들의 모임'에 대한 부분을 역시 번역본과 주석을 근거로 제시합니다.

[개역개정] 하늘에 기록된 장자들의 모임과 교회와 만민의 심판자이신 하나님과 및 온전하게 된 의인의 영들과

[공동번역] 또 하늘에 등록된 장자들의 교회가 있고 만민의 심판자이신 하느님이 계시고 완전히 올바른 사람들의 영혼이 있습니다.

[새번역] 하늘에 등록된 장자들의 집회와 만민의 심판자이신 하나님과 완전하게 된 의인의 영들과

[현대인의 성경] 하늘에 등록된 장자들의 총회와 교회, 그리고 모든 사람의 심판자이신 하나님과 완전하게 된 의로운 사람들의 영이 있는 곳입니다.

[쉬운성경] 또 하늘에 이름이 기록된 맏아들의 모임이 열리는 곳이며, 모든 사람의 심판자이신 하나님께서 계신 곳입니다. 그리고 완전하게 된 의인들의 영혼이 거하는 곳이기도 합니다.

[NIV] to the church of the firstborn, whose names are written in heaven. You have come to God, the judge of all men, to the spirits of righteous men made perfect,

[KJV] To the general assembly and church of the firstborn, which are written in heaven, and to God the Judge of all, and to the spirits of just men made perfect,

[NASB] to the general assembly and church of the firstborn who are enrolled in heaven, and to God, the Judge of all, and to the spirits of the righteous made perfect,

이 부분에서 '장자'에 대한 견해는 두 가지입니다. ① 혹자는 하나님의 창조 사역 때에 제일 처음으로 창조된 천사장들을 가리킨다고 말합니다(Clement). ② 혹자는 그리스도인의 삶을 영위하는 구속받은 자를 가리킨다고 주장합니다(Lane, Hewitt, Bruce, Michael, Marshall). 두 가지 견해 중 후자가 타당합니다. 구속받은 그리스도인들은 하나님의 첫 열매이며 상속자로서 비록 지상에서 생활한다 할지라도 그들의 이름은 하늘에 기록되어 있습니다(사 4:3; 단 12:1; 눅 10:20; 롬 8:6, 29; 빌 4:3; 약 1:18; 계 3:5, 13:8, 17:8, 20:12).[15]

"하늘에 기록된 장자들의 모임" 이 모임에는 교회의 첫 결실들인 모든 성도가 참여할 것입니다. 신실로 하나님의 모든 자녀는 후사이며 모든 사람은 다 장자의 특권을 누리게 됩니다. 이들 장자의 이름은 이 세상의 교회의 명부에 올려 있듯이 하늘나라에 기록되어 있습니다. 하나님의 집에 그들의 이름이 있으며 예루살렘의 생명책에 그들의 이름이 기록되어 있습니다. 그들, 신앙과 충성에 있어 인정받은 자들은 마치 한 시의 시민이 그 시의 시민 명부에 올려 있듯이 어린양의 생명책에 그 이름이 기록될 것입니다.[16]

'장자들'(프로토토콘 πρωτοτόκων)은 '처음 태어난'이란 뜻으로 구약에서 '하나님께 속한 자로서의 장자들'을 가리킵니다. 혹은 성도들과 함께 연합될 하늘에서 기다리고 있는 '하나님의 백성의 초창기 세대들'을 가리킵니다. 단수형으로 쓰인 '프로토토코스'(πρωτότοκος)는 신약에서 그리스도에게 적용되었으며(롬 8:29; 골 1:15; 히 1:6; 계 1:5), 신약의 성도는 그리스도와 연합하여 이 특권을 부여받습니다(Westcott, Vincent). 또한 구약에서 이스라엘 백성은 하나님의 장자로 불렸으며(출 4:22) 그들의 특권을 믿음으로 계승하는 신약의 성도가 이 명칭을 얻습니다(이상근). 그리하

---

15) 《호크마 종합주석: 히브리서》(서울:기독지혜사, 1992).
16) 매튜 헨리 저, 원광연 역, 《매튜헨리주석 창세기》(서울:크리스챤다이제스트, 2008).

여 그들의 이름이 하늘의 생명책에 등록되어 있습니다(눅 10:20; 빌 4:3; 계 3:5).[17]

하늘에 기록된 장자들은 그 이름이 하늘나라의 등록부에 기입된 장자들을 의미합니다. 장자들은 약속의 상속자들을 뜻합니다. 이스라엘 백성은 하나님의 장자로 불렸습니다(출 4:22). 하늘에 기록한 장자들은 하나님의 비밀 장부에 기명된 자들, 하나님이 생명책에 기록하신 구원 얻은 자들을 가리킵니다. 장자들은 성별된 이스라엘의 장자들, 하나님을 섬기는 자들, 썩지 않고 더럽지 않고 쇠하지 않는 기업의 상속자들, 구약의 성도들, 신약의 그리스도인, 생명책에 기록된 자들을 가리킵니다. 참 그리스도인은 하늘의 유업을 이어받을 후사들이므로 장자들입니다. 구약과 신약시대의 성도는 하나님의 축복을 받았고, 또 받을 장자들입니다. 장자들의 교회는 천사들이 아니라, 그리스도인으로 구성된 교회를 가리킵니다.[18] 참된 신자들은 누구나 영원한 기업의 후사, 곧 '장자'의 이름을 가지신 그리스도와 연합했으니, 그와 함께 동일한 기업을 누립니다. 이런 의미에서 그들도 장자인 셈입니다.[19]

하늘에는 장자들의 이름만 기록되어 있습니다. 그런데 이 장자들은 〈히브리서〉가 기록될 당시에 살아 있던 그리스도인들입니다. 〈히브리서〉 저자는 장자들을 아직 완전해지지 못한 사람들로 생각하고 있습니다. 따라서 '장자들의 모임'은 어디까지나 그들의 이름이 하늘에 기록되어 있으면서 지상에 존재하는 그리스도인들의 공동체입니다. 그들은 생명책에 기록되어 있습니다. 구약시대에는 하나님의 백성인 이스라엘 민족이 장자로 불렸습니다(출 4:22~23). 하나님의 장자들은 나라들을 상속받아 다스리는 통치권을 소유합니다(시 2:7, 89:28). 따라서 '장자들의 모임'은 나라를 다스릴 하나님의 백성들의 모임입니다.[20]

---

17) 강도환, 앞의 책, p. 767.
18) 《히브리서 원문연구》, pp. 631~632.
19) 박윤선, 《구약주석 창세기》(서울:영음사, 1989), p. 222.
20) 김달수, 《성서주석: 히브리서》(서울:대한기독교서회, 1999), pp. 278~279.

'장자들의 교회'에 해당하는 '엑클레시아 프로토토콘'(ἐκκλησία πρωτοτόκων)은 하나님께서 택하신 백성인 그리스도인들을 가리킵니다. 이 두 단어는 모두 택한 백성을 표현하는 대표적인 어휘입니다. 또한 '장자들의'로 번역된 '프로토토콘'(πρωτοτόκων)의 원형 '프로토토코스'(πρωτότοκος)는 '처음'을 뜻하는 '프로토스'(πρῶτος)에서 유래한 단어로서 그 기본 의미는 '장자의', '처음 태어난'입니다. 그리스도는 구원얻은 모든 이의 장자입니다(롬 8:29). 이 말은 그가 하늘의 영광을 상속하는 모든 이들의 첫째가 되심을 뜻합니다. 본 절에서 이 단어는 복수형을 취하고 있는데, 이는 이스라엘 백성 전체를 장자로 본 것처럼(출 4:22, 23) 예수 그리스도와 함께 하나님 나라를 상속하는 성도 모두를 장자로 보고 있기 때문입니다. 성경은 성도인 우리가 그리스도와 함께 하나님 나라를 계승할 공동 상속자라고 가르칩니다(롬 8:17).[21]

천사들이 새 예루살렘의 유일한 시민들은 아닙니다. 우리의 이름이 "하늘에 기록된 장자들의 교회"에 나옵니다. "하늘에 그 이름이 기록된 자들" 또는 "생명책에 그 이름이 기록된 자들"로 기술되고 있는 성경의 여타의 곳에서도 그들은 언제나 지상에 있는 자들을 가리켜 언급됩니다. 하나님의 백성은 이스라엘에 대하여 언급된 것 즉 "이스라엘은 나의 아들이요 나의 장자라"는 말씀에 빗대어 "장자"로 명명됩니다. 이 칭호는 그들을 하나님을 섬기는 일에 드려진 자들, "썩지 않고 더럽지 않고 쇠하지 아니하는 기업"(벧전 1:4)의 상속자들로 특징짓습니다. 그리고 그들의 이름이 하늘에 즉 하늘 인명록에 기록되었다는 말씀에 따라, 이 사람들이 참된 그리스도인들을 말하는 것으로 우리는 이해해야 합니다.[22]

장자들(πρωτοτόκων)은 신약에서 단수형으로 그리스도에게 적용되었습니다(롬 8:29; 골 1:15; 히 1:6; 계 1:5 등). 그러므로 신약의 신자들은 믿음으로 그리스도와 연합

21) 《옥스포드 원어성경대전 126: 히브리서 8~13》(서울: 제자원, 2004), p. 514.
22) 《존 브라운 성경주석: 히브리서 (하)》(서울: 아가페, 1986), pp. 317~318.

하여 이 특권을 부여받습니다(Westcott, Vincent). 또 구약에서 이스라엘 민족은 전체적으로 하나님의 장자라 불리었으므로(출 4:22) 그들의 특권을 믿음으로 계승하는 신약의 성도가 이 명칭을 얻는 것입니다. 그리하여 그들의 이름은 하늘의 생명책에 녹명된 것입니다(눅 10:20; 빌 4:3; 계 3:5, 13:8, 17:8; 출 32:32; 시 69:28; 사 4:3 등).[23]

장자들($\pi\rho\omega\tau o\tau\acute{o}\kappa\omega\nu$)은 구원과 교회의 특권에 최초로 참여한 자들, 구약시대, 신약시대를 통하여 은혜로 구원받은 자들을 말합니다.[24]

2. 구약성경에서의 장자(맏아들) 확인

이 단락에서 우리는 예수 그리스도 복음의 그림자격인 구약성경을 통해서 장자에 대한 말씀을 정리하고 넘어가려 합니다. 하나님은 구약의 교회인(행 7:38) 이스라엘 백성을 '하나님의 장자'라고 분명하게 말씀하셨습니다.

1) 구약 교회는 다 장자들

📖 아래 성경을 묵상하세요.

> 출 4:22~23 | ²²너는 바로에게 이르기를 여호와의 말씀에 이스라엘은 내 아들 내 장자라 ²³내가 네게 이르기를 내 아들을 보내 주어 나를 섬기게 하라 하여도 네가 보내 주기를 거절하니 내가 네 아들 네 장자를 죽이리라 하셨다 하라 하시니라

✙ 위의 말씀은 하나님이 모세에게 명하신 말씀입니다. 누구에게 이르라 명하고 계시나요? ┊ 바로에게 이르라 명하고 계십니다.

---

23) 이상근, 《신약성서 주해: 갈라디아. 히브리서》(서울:총회교육부), p. 351.
24) 이순한, 《신약원어주해: 디도서~요한계시록》(서울:영문), p. 79.

✤ 누구의 말씀이라 전하라고 하셨나요?	"여호와의 말씀"이라 전하라 하셨습니다.
✤ 하나님은 이스라엘을 가리켜 어떻게 선포하시나요?	"이스라엘은 내 아들, 내 장자"라고 선포하셨습니다.
✤ 하나님의 말씀에 의해 구약의 선민인 이스라엘 백성이 하나님의 아들이요, 장자임이 틀림없음을 확신할 수 있나요?	아멘, 아멘! 이스라엘은 하나님의 아들이요, 장자임을 확신합니다.
✤ 구약에서 하나님의 아들들은 하나님의 장자임을 인정하나요?	아멘, 아멘 인정합니다.
✤ 율법 아래에 있던 이스라엘 백성이 하나님의 아들이자 장자라면, 복음 아래에 있는 우리 하나님의 자녀들도 하나님의 장자라는 것을 확신할 수 있나요?	아멘, 아멘! 복음 아래 있는 우리도 하나님의 장자임을 확신합니다.
✤ 하나님이 그분의 아들, 그분의 장자를 내보내라 하셨는데 바로는 어떻게 반응하나요?	거절했습니다.
✤ 바로가 하나님의 장자들 보내기를 거절하니 하나님은 그에게 어떻게 한다 하셨나요?	그의 아들, 그의 장자를 죽인다 하셨습니다.

2) 어린양의 피 안에 있는 자는 모두 장자

하나님의 말씀에 의하면 구약 교회인 이스라엘 백성은 다 하나님의 아들, 하나님의 장자들입니다. 하나님은 애굽 땅에 있는 당신의 장자를 위해 어린양의 피를 흘리게 하셨습니다. 그들은 어린양의 피 안에서 다 구원을 받았습니다. 어린양의 피는 하나님의 아들, 하나님의 장자들을 위한 피였습니다.

📖➕ 아래 성경을 묵상하세요.

> 출 11:4~5 | ⁴모세가 바로에게 이르되 여호와께서 이와 같이 말씀하시기를 밤중에 내가 애굽 가운데로 들어가리니 ⁵애굽 땅에 있는 모든 처음 난 것은 왕위에 앉아 있는 바로의 장자로부터

맷돌 뒤에 있는 몸종의 장자와 모든 가축의 처음 난 것까지 죽으리니

출 12:5~7 | ⁵너희 어린양은 흠 없고 일 년 된 수컷으로 하되 양이나 염소 중에서 취하고 ⁶이 달 열 나흘날까지 간직하였다가 해 질 때에 이스라엘 회중이 그 양을 잡고 ⁷그 피를 양을 먹을 집 좌우 문설주와 인방에 바르고

출 12:13 | 13 내가 애굽 땅을 칠 때에 그 피가 너희가 사는 집에 있어서 너희를 위하여 표적이 될지라 내가 피를 볼 때에 너희를 넘어가리니 재앙이 너희에게 내려 멸하지 아니하리라

❖ 누가 누구에게 말하고 있나요?

모세가 바로에게 말하고 있습니다.

❖ 모세는 바로에게 누구의 말씀을 대언하고 있나요?

여호와의 말씀을 대언하고 있습니다.

❖ 하나님이 밤중에 애굽 가운데서 무슨 일을 한다 하셨나요?

애굽 땅에 있는 모든 처음 난 것은 바로 왕의 장자로부터 몸종의 장자, 가축의 처음 난 것까지 다 죽는다 하셨습니다.

❖ 하나님의 말씀대로라면 애굽 땅에 있는 모든 장자는 다 죽습니다. 그렇다면 구속사적 입장에서 무엇이 문제인가요?

하나님의 아들, 하나님의 장자들인 이스라엘 백성이 지금 애굽 땅에 있다는 것입니다.

❖ 하나님의 말씀에 의하면 특별한 조치가 없을 경우 하나님의 장자들은 어떻게 될까요?

애굽 땅에 있기 때문에, 특별한 조치가 없다면 하나님의 장자들도 죽습니다.

❖ 하나님은 애굽 땅에 있는 그분의 장자들을 위해서 무엇을 취하라 하시나요?

어린양을 취하라 하십니다.

❖ 어린양은 누가 잡나요?

양을 먹을 이스라엘 백성이 잡습니다.

❖ 어린양을 잡은 후 해야 할 가장 중요한 일은 무엇인가요?

그 피를 집 좌우 문설주와 인방에 바르는 것입니다.

❖ 하나님이 애굽 땅에 처음 난 것을 다 치실 때 살아남는 유일한 길은 무엇인가요?

어린양의 피를 집 좌우 문설주와 인방에 바르는 일입니다.

✛ 하나님이 애굽에 있는 장자들을 멸하실 때 무엇을 보면 죽음의 재앙이 넘어간다 하셨나요?	오직 어린양의 피만 보고 넘어간다 하셨습니다.
✛ 그렇다면 어린양의 피가 없으면 이스라엘 사람들의 장자들도 다 죽었을까요?	그렇습니다. 어느 나라 사람이냐가 중요한 것이 아니라 어린양의 피가 있어야 살 수 있습니다.
✛ 어린양의 피가 없으면 선한 사람도 다 죽었을까요?	그렇습니다. 피가 없으면 아무리 선한 사람도 다 죽습니다.
✛ 아주 악한 사람이라도 어린양의 피 안에만 있으면 살 수 있었나요?	그렇습니다. 선과 악의 구분이 없이 어린양의 피 안에만 오면 다 살 수 있었습니다.
✛ 구약에서 어린양의 피 안에서 구원받은 사람들은 장자들임을 인정하나요?	아멘, 아멘! 인정합니다.
✛ 그림자인 구약성경에서 일어난 이 사건이 실체인 예수 그리스도 안에서 완성되었음을 믿나요?	아멘, 아멘! 믿습니다.
✛ 그렇다면 신약의 어린양 예수님의 피도 장자들을 위한 피라고 인정하나요?	아멘, 아멘! 인정합니다.
✛ 구약의 어린양의 피와 신약의 어린양이신 예수 그리스도의 피 안에서 구원받은 사람들은 다 장자임을 인정하나요?	아멘, 아멘! 인정합니다.
✛ 그렇다면 어린양 예수 그리스도의 피 안에서 죄사함 받고 구원받은 당신이 하나님의 장자임을 인정하나요?	아멘, 아멘! 인정합니다.

3. 신약성경에서의 장자 확인

우리는 구약성경에서 장자에 대해 선명하게 확인했습니다. 이제 신약성경을 통해서 장자에 대한 말씀을 들으면서 확실하게 정리해 봅시다. 우리가 예수님을 영접하면 하나님의 자녀가 됩니다. 하나님의 자녀인데 그 신분이 장자인 것입니다.

1) 하늘에 기록된 장자들의 모임

우리가 장차 들어가 영원을 살 하늘나라에는 기록된 장자들의 모임이 있습니다.
예수님을 영접한 우리는 하늘에 기록된 장자들의 모임 멤버들입니다.

📖➕ 아래 성경을 묵상하세요.

> **히 12:22~23** | ²²그러나 너희가 이른 곳은 시온 산과 살아 계신 하나님의 도성인 하늘의 예루살렘과 천만 천사와 ²³하늘에 기록된 장자들의 모임과 교회와 만민의 심판자이신 하나님과 및 온전하게 된 의인의 영들과
>
> **고전 1:2** | 고린도에 있는 하나님의 교회 곧 그리스도 안에서 거룩하여지고 성도라 부르심을 받은 자들과 또 각처에서 우리의 주 곧 그들과 우리의 주 되신 예수 그리스도의 이름을 부르는 모든 자들에게..
>
> **히 13:12** | 그러므로 예수도 자기 피로써 백성을 거룩하게 하려고 성문 밖에서 고난을 받으셨느니라

❖ 하늘의 예루살렘은 누구의 도성인가요? | 하나님의 도성입니다.

❖ 하나님의 도성에는 누가 있나요? | 천만 천사들이 있습니다.

❖ 하나님의 도성인 하늘의 예루살렘에는 천만 천사 외에 누가 있나요? | 하늘에 기록된 장자들의 모임이 있습니다.

❖ 오늘 히 12:23 말씀에서 말씀하는 장자들이 천사는 아니라는 사실을 인정하나요? | 아멘, 아멘! 인정합니다.

❖ 하늘에 기록된 장자들의 모임이 천사들의 모임이 아닌 것을 어떻게 알 수 있나요? | 바로 위의 절인 히 12:22 말씀에서 천만 천사가 나오기 때문입니다.

❖ 하늘나라에서 삼위 하나님과 천사들을 빼고 나면 누구만 남나요? | 구원받은 하나님의 자녀들만 남습니다.

❖ 그것이 사실이라면 구원받은 하나님의 자녀들이 장자들의 모임 멤버임을 인정하나요? | 아멘, 아멘! 인정합니다.

✤ 히 12:23 말씀의 "하늘에 기록된 장자들의 모임"을 다른 역본에는 "하늘에 기록된 장자들의 교회"로 번역하고 있습니다. 이에 근거해서 하늘나라에 장자들의 교회가 있음을 인정할 수 있나요?	아멘, 아멘! 인정할 수 있습니다.
✤ 고전 1:2 말씀에 의하면 하나님의 교회는 무엇을 가리키나요?	"그리스도 안에서 거룩하여진 성도의 모임"을 가리킵니다.
✤ 히 13:12 말씀에 의하면 성도가 거룩해지기 위해서는 반드시 무엇이 필요한가요?	예수 그리스도의 보혈이 필요합니다.
✤ 그렇다면 예수 그리스도의 보혈로 거룩해진 성도인 당신이 하나님의 교회임을 인정하나요?	아멘, 아멘! 인정합니다.
✤ 그리스도의 보혈로 거룩해진 당신이 하나님의 교회라면 "하늘에 기록된 장자들의 교회"의 멤버십을 가지고 있다고 확신할 수 있나요?	아멘, 아멘! 확신할 수 있습니다.

2) 어린양 예수님의 피 안에 있는 자

"하늘에 기록된 장자의 모임"에 대한 말씀 가운데 "하늘에 기록된"이란 말씀이 무엇을 가리키는지 말씀으로 들어가 봅시다.

📖 아래 성경을 묵상하세요.

> **눅 10:19~20** | ¹⁹내가 너희에게 뱀과 전갈을 밟으며 원수의 모든 능력을 제어할 권능을 주었으니 너희를 해칠 자가 결코 없으리라 ²⁰그러나 귀신들이 너희에게 항복하는 것으로 기뻐하지 말고 너희 이름이 하늘에 기록된 것으로 기뻐하라 하시니라
>
> **계 4:2** | 내가 곧 성령에 감동되었더니 보라 하늘에 보좌를 베풀었고 그 보좌 위에 앉으신 이가 있는데
>
> **계 20:12** | 또 내가 보니 죽은 자들이 큰 자나 작은 자나 그 보좌 앞에 서 있는데 책들이 펴 있고 또 다른 책이 펴졌으니 곧 생명책이라 죽은 자들이 자기 행위를 따라 책들에 기록된 대로 심판을 받으니

계 20:15 | 누구든지 생명책에 기록되지 못한 자는 불 못에 던져지더라

✥ 칠십 인의 제자에게 주님이 주신 것이 무엇인가요?	뱀과 전갈을 밟으며 원수의 모든 능력을 제어할 권능입니다.
✥ 예수님이 주신 권능을 받은 사람을 해칠 자가 있을까요?	결코 없습니다.
✥ 예수님은 귀신들이 항복하는 것보다 무엇으로 인해 기뻐하라 하시나요?	이름이 하늘에 기록된 것으로 기뻐하라 하십니다.
✥ 위의 말씀에 의하면 당시의 제자의 이름이 하늘에 기록되었다는 사실을 확증하신 분이 누구인가요?	예수님입니다.
✥ 예수님의 말씀에 의하면 당시의 제자도 그 이름이 하늘에 기록된 장자들의 모임 멤버라 할 수 있나요?	그렇습니다. 그들도 이름이 하늘에 기록되었으니 장자들의 모임 멤버들입니다.
✥ 하나님의 보좌에는 몇 종류의 책이 있나요?	두 종류의 책이 있습니다.
✥ 한 종류는 무슨 책인가요?	심판과 상급을 위해 사람들의 행위를 기록한 책입니다.
✥ 다른 한 종류는 무슨 책인가요?	생명책입니다.
✥ 이 생명책은 지금 어디에 있나요?	하늘의 보좌 앞에 있습니다.
✥ 하늘에 있는 생명책에 기록되지 못한 자는 어떻게 되나요?	불 못에 던져집니다.

📖† 아래 성경을 묵상하세요.

계 21:27 | 무엇이든지 속된 것이나 가증한 일 또는 거짓말하는 자는 결코 그리로 들어가지 못하되 오직 어린양의 생명책에 기록된 자들만 들어가리라

요 1:29 | 이튿날 요한이 예수께서 자기에게 나아오심을 보고 이르되 보라 세상 죄를 지고 가는 하나님의 어린양이로다

✜ 계 21:27 말씀에 의하면 하늘나라에는 누구만 들어가나요?	어린양의 생명책에 기록된 자들만 들어갑니다.
✜ 어린양의 생명책은 어디에 있나요?	하늘의 보좌 앞에 있습니다.
✜ 위의 말씀들을 연결하면 하늘에 기록된 장자들의 모임 멤버들은 결국 누구의 생명책에 기록된 자들을 말할까요?	하늘에 있는 어린양의 생명책에 기록된 자들을 말합니다.
✜ 요 1:29 말씀에 의하면 하늘의 생명책의 주인인 어린양은 누구신가요?	예수님입니다.
✜ 그렇다면 하늘에 있는 어린양 예수님의 생명책에 기록된 자들이 장자들임을 인정하나요?	아멘, 아멘! 인정합니다.

📖✝ 아래 성경을 묵상하세요.

> **엡 1:7** | 우리는 그리스도 안에서 그의 은혜의 풍성함을 따라 그의 피로 말미암아 속량 곧 죄 사함을 받았느니라
>
> **히 9:12** | 염소와 송아지의 피로 하지 아니하고 오직 자기의 피로 영원한 속죄를 이루사 단번에 성소에 들어가셨느니라

✜ 엡 1:7 말씀에 의하면 누구의 피로 말미암아 죄사함을 받았나요?	어린양 예수님의 피입니다.
✜ 어린양이신 예수님이 피를 흘리시면서 나의 죄를 사해 주셨다면 당신은 죄와 싸워 이겨야 한다고 생각하나요?	아멘, 아멘!
✜ 히 9:12 말씀에 의하면 예수님의 피의 효능은 어떠한가요?	영원한 속죄의 효능이 있습니다.

✣ 당신은 지금 어린양 예수님의 피에 의해서 영원한 속죄받았음을 확신하나요?	아멘, 아멘! 영원한 속죄를 확신합니다.
✣ 당신은 지금 어린양 예수님의 십자가의 피로 말미암아 하늘에 있는 어린양 예수님의 생명책에 이름이 기록되어 있음을 확신하나요?	아멘, 아멘! 확신합니다.
✣ 그렇다면 당신은 어린양 예수님의 은혜로 하늘에 기록된 장자들의 교회 멤버임을 확신하나요?	아멘, 아멘! 확신합니다.

4. 장자는 천국의 상속자

성경에서 장자의 권세는 하늘나라의 상속권입니다. 장자권은 소위 말하는 이 땅의 복이 아닙니다. 세상 사람들이 추구하는 상대적인 복도 아닙니다. 하늘나라의 복입니다. 영원히 쇠하지 않는 복입니다. 하늘나라의 가치를 알고 사모하는 자들이 받아 누릴 복입니다. 하나님의 장자인 우리는 천국의 상속자입니다. 이 특권을 마음껏 누리며 살아야 합니다. 이제 말씀으로 들어가 봅니다.

1) 구약의 장자권을 소유한 자들은 하늘나라에 살아 있다

그리스도인에게 장자권이란 어떤 의미인가요? 이는 세상의 복을 말하는 것은 아닙니다. 구약에서 장자권을 소유한 자들은 지금도 하늘나라에 살아 있습니다.

📖✝ 아래 성경을 묵상하세요.

> **마 22:32** | 나는 아브라함의 하나님이요 이삭의 하나님이요 야곱의 하나님이로라 하신 것을 읽어 보지 못하였느냐 하나님은 죽은 자의 하나님이 아니요 살아 있는 자의 하나님이시니라 하시니
>
> **마 8:11** | 또 너희에게 이르노니 동 서로부터 많은 사람이 이르러 아브라함과 이삭과 야곱과 함께 천국에 앉으려니와

✢ 본문에서 하나님은 자신을 누구의 하나님이라 말씀하고 계신가요?	아브라함과 이삭과 야곱의 하나님이라 말씀하십니다.
✢ 하나님은 죽은 자와 살아 있는 자 중에 누구의 하나님이신가요?	살아 있는 자의 하나님입니다.
✢ 그렇다면 야곱의 하나님이란 말씀에 근거해서 야곱이 지금 살아 있음을 믿나요?	아멘, 아멘! 야곱은 지금도 살아 있음을 믿습니다.
✢ 마 8:11 말씀에 의하면 야곱은 아브라함과 이삭과 함께 어디에 앉아 있나요?	천국에 앉아 있습니다.
✢ 위의 말씀을 연결해서 야곱은 지금 하늘나라에 살아 있다고 인정하나요?	아멘, 아멘! 인정합니다.
✢ 장자의 명분을 얻은 야곱이 천국에 살아 있다면 장자권은 하늘나라 상속권임을 인정하나요?	아멘, 아멘! 인정합니다.
✢ 오늘 우리도 야곱과 같이 장자권의 가치를 바로 알고 사모해야 한다고 생각하나요?	아멘, 아멘!

2) 장자권은 하늘나라 상속권이다

그리스도의 장자권의 핵심은 하늘나라에 있습니다. 물론 세상의 복도 보너스로 주어질 수 있지만 근원적인 복은 하늘나라 상속권입니다.

📖 아래 성경을 묵상하세요.

> **롬 8:17** | [17]자녀이면 또한 상속자 곧 하나님의 상속자요 그리스도와 함께한 상속자니 우리가 그와 함께 영광을 받기 위하여 고난도 함께 받아야 할 것이니라

✢ 당신은 하나님의 자녀입니다. 하나님의 자녀에게 자동적으로 주어지는 것이 무엇인가요?	상속자가 되는 것입니다.

✢ 누구의 상속자인가요?	하나님의 상속자입니다.
✢ 누구와 함께한 상속자인가요?	그리스도와 함께한 상속자입니다.
✢ 롬 8:29 말씀*에 의하면 그리스도는 어떤 신분인가요?	맏아들(장자)이십니다.
✢ 당신이 맏아들이신 예수님과 함께 하나님의 상속자라면 하나님의 상속에 관한 한 당신의 신분도 그리스도와 동일한 신분인 장자임을 인정하나요?	아멘, 아멘! 인정합니다.
✢ 당신을 하나님의 자녀로서 그리스도와 함께 무엇을 상속받나요?	하늘나라를 상속받습니다.
✢ 성경에 의하면 상속자는 누구인가요?	장자입니다.
✢ 당신은 성경말씀에 의지해서 맏아들이신 예수 그리스도와 함께한 상속자임을 확신하나요?	아멘, 아멘! 그리스도와 함께한 상속자임을 확신합니다.
✢ 그렇다면 하나님의 상속자인 당신이 하나님의 장자임을 확신할 수 있나요?	아멘, 아멘! 확신할 수 있습니다.
✢ 이제 당신은 누가 뭐라 해도 하나님의 장자임을 확신할 수 있나요?	아멘, 아멘! 확신합니다.
✢ 성경에서 상속권은 누구에게 주어지는 것인가요?	장자에게 주어지는 것입니다.
✢ 당신은 하나님의 장자로서 하늘나라의 상속권을 소유하고 있음을 확신하나요?	아멘, 아멘!

---

* [롬 8:29] 하나님이 미리 아신 자들을 또한 그 아들의 형상을 본받게 하기 위하여 미리 정하셨으니 이는 그로 많은 형제 중에서 맏아들이 되게 하려 하심이니라

✚ **말씀의 핵심 정리**

1. 구약의 이스라엘 백성이 하나님의 아들, 하나님의 장자였구나!

2. 하나님은 하나님의 아들, 하나님의 장자를 위하여 어린양의 피를 흘리셨구나!

3. 구약에서도 유월절 어린양의 피 안에서 구원받은 자는 다 장자들이었구나!

4. 하늘나라에는 기록된 장자들의 교회가 있구나!

5. 어린양의 피 안에 있는 성도는 다 하나님의 장자들이구나!

6. 나는 어린양 예수님의 보혈로 영원한 죄 사함을 받은 하나님의 장자이구나!

7. 어린양 예수님의 피 안에 있는 나는 장자이신 예수님과 같은 상속자이구나!

✚ **감사와 회개**

주여, 구약의 이스라엘 백성이 하나님의 장자들이었음을 새기게 하시니 감사합니다!

주여, 어린양의 피 안에 있으면 모두 다 장자임을 알게 하시니 감사, 감사합니다!

주여, 하늘나라에 장자들의 교회가 있음을 알게 하시니 감사, 감사합니다!

주여, 제 이름이 어린양의 피로 하늘나라의 생명책에 기록되었음을 감사합니다!

주여, 성경을 통해 제가 하나님의 장자임을 분명하게 알게 하시니 감사합니다!

주여, 어린양의 피 안에 있으면 다 하나님의 장자임을 확신하게 하시니 감사합니다!

주여, 어린양 예수님의 피로 저의 모든 죄가 영원히 사해졌음을 확신하게 하시니 감사, 감사합니다!

주여, 제가 어린양 예수님과 함께 하늘나라의 공동 상속자임을 확신하게 하시니 감사, 감사합니다!

주여, 장자의 영원한 죄 사함의 자유를 누리지 못했음을 용서하소서!

주여, 죄 사함의 가치를 누리지 못했음을 용서하소서!

주여, 하늘나라의 장자답게 살지 못했음을 용서하소서!

주여, 예수님과 제가 하늘나라의 공동 상속자임을 누리지 못했음을 용서하소서!

✝ 명령과 선포와 결단

예수 그리스도의 이름으로 명하노니 장자의 권세인 천국 상속권을 누리지 못하게 하는 사탄, 마귀는 떠나갈지어다!

예수 그리스도의 이름으로 명하노니 그리스도와 함께 천국의 상속자임을 잊게 하는 사탄, 마귀는 떠나갈지어다!

나는 하나님의 자녀, 하나님의 장자다!

짐승인 어린양의 피 안에 있던 이스라엘 백성도 하나님의 아들, 하나님의 장자였다!

실체이신 어린양 예수님의 피 안에 있는 나는 당연히 하나님의 장자다!

하나님의 장자인 나는 내 이름이 하늘나라의 생명책에 기록되어 있음을 확신하노라!

나는 내 이름이 어린양 예수님의 생명책에 기록되어 있음을 확신하노라!

나는 하늘나라에 있는 장자들의 교회 멤버임을 확신하노라!

이제는 장자권을 마음껏 누리며 살리라!

나는 이제 죄와 싸워 이기며 살리라!

주여, 이제부터 내가 하나님의 장자임을 확신하고 당당하게 누리며 살겠습니다!

주여, 이제부터 하늘에 기록된 장자들의 교회 멤버임을 날마다 자랑하며 살겠습니다!

주여, 이제부터 하나님 나라의 영광을 바라보며 살겠습니다!

주여, 이제부터 세상 욕심을 정복하고 살겠습니다!

주여, 이제부터 모든 일에 피 흘리신 주님의 십자가를 중심으로 살겠습니다!

✝ 훈련의 기본 원칙 열 번 복창

"단순, 반복, 지속, 강행"

✝ 장자권의 발동, 명령과 선포 세 번 복창

"있을지어다! 그대로 되니라! 하나님이 보시기에 좋았더라!"

"치료될지어다! 회복될지어다! 복 있을지어다! 충만할지어다! 정복할지어다! 다스릴지어다!"

✝ 받은 은혜 묵상 · 간증하기 말씀 요약

_____

_____

장자권의 절대 가치를 사모하라

이 세상을 살아가는 모든 사람에게는 나름대로 가치관이 있습니다. 대부분 사람들의 가치관은 거의 상대적입니다. 사람들은 상대 가치에 매여 세상을 살아가는 것입니다. 그런데 우리는 하나님의 자녀, 하나님의 장자들입니다. 장자는 시대와 상황에 따라 변하는 세상의 가치에 목숨을 거는 사람들이 아닙니다. 하나님의 장자인 우리는 오직 하늘나라의 상속권을 붙들어야 합니다. 영원히 변하지 않는 절대 가치에 목숨을 걸어야 합니다.

암송
말씀

¹⁶음행하는 자와 혹 한 그릇 음식을 위하여 장자의 명분을 판 에서와 같이 망령된 자가 없도록 살피라 ¹⁷너희가 아는 바와 같이 그가 그 후에 축복을 이어받으려고 눈물을 흘리며 구하되 버린 바가 되어 회개할 기회를 얻지 못하였느니라(히 12:16~17)

1. 장자권을 사모하라

우리는 성경을 통해서 아브라함과 이삭과 야곱으로 이어지는 하늘나라의 장자를 만납니다. 본래 혈통적으로 이삭의 장자는 에서였습니다. 그런데 그는 장자의 명분, 즉 장자권을 가볍게 여겼습니다. 그러나 야곱은 장자권을 사모했습니다. 그가 장자권을 사고 난 후 많은 고난을 받았지만, 결국은 하늘나라를 상속받았고 지금도 하늘나라에서 영원을 누리고 있습니다. 장자권을 사모한 야곱과 장자권을 가볍게 여긴 에서를 통해 영적 교훈을 선명하게 깨달아야 합니다.

1) 장자권을 사모한 야곱

야곱은 이삭의 둘째 아들입니다. 형 에서의 발꿈치를 잡고 나왔으니 불과 몇 분 차이로 차자가 되었습니다. 비록 차자였지만 그는 장자권(장자의 명분)에 대한 사모함이 있었습니다. 할 수만 있으면 장자권을 소유하려는 거룩한 열정이 있었고, 마침내 사모하는 그에게 기회가 찾아 왔습니다.

📖 아래 성경을 묵상하세요.

> **창 25:29~34** | ²⁹야곱이 죽을 쑤었더니 에서가 들에서 돌아와서 심히 피곤하여 ³⁰야곱에게 이르되 내가 피곤하니 그 붉은 것을 내가 먹게 하라 한지라 그러므로 에서의 별명은 에돔이더라 ³¹야곱이 이르되 형의 장자의 명분을 오늘 내게 팔라 ³²에서가 이르되 내가 죽게 되었으니 이 장자의 명분이 내게 무엇이 유익하리요 ³³야곱이 이르되 오늘 내게 맹세하라 에서가 맹세

하고 장자의 명분을 야곱에게 판지라 ³⁴야곱이 떡과 팥죽을 에서에게 주매 에서가 먹으며 마시고 일어나 갔으니 에서가 장자의 명분을 가볍게 여김이었더라

❖ 야곱과 에서 가운데 본래는 누가 장자였나요?

에서가 장자였습니다.

❖ 사냥에서 돌아온 에서가 죽을 달라고 할 때에 야곱은 무엇을 요구했나요?

'형의 장자의 명분을 오늘 내게 팔라'고 요구합니다.

❖ 야곱의 이 말을 통해 무엇을 느낄 수 있나요?

야곱이 장자권을 사모했다는 것을 느낄 수 있습니다.

❖ '장자권을 팔라'는 야곱의 요구에 에서는 어떻게 반응했나요?

'내가 죽게 되었으니 이 장자의 명분이 내게 무엇이 유익하리요'라고 반응했습니다.

❖ 에서의 말을 통해 무엇을 느낄 수 있나요?

에서가 장자권을 가치 없게 여겼다는 것을 느낄 수 있습니다.

❖ 에서의 말에 야곱은 재차 무엇을 요구하나요?

'오늘 내게 맹세하라'고 요구합니다.

❖ 야곱의 요구에 에서는 어떻게 반응했나요?

그 자리에서 맹세하고 장자의 명분을 야곱에게 팔아 버립니다.

❖ 야곱은 에서에게 무엇을 주고 장자의 명분을 샀나요?

떡과 팥죽을 주고 장자의 명분을 샀습니다.

❖ 에서는 떡과 팥죽을 받아먹고 장자의 명분을 팔아 버렸습니다. 그 이유가 어디에 있었나요?

에서가 장자의 명분을 가볍게 여겼기 때문입니다.

❖ 에서의 치명적인 실수가 무엇인가요?

장자임에도 평상시 장자권의 가치에 무관심했다는 것입니다.

❖ 에서를 보면서 무엇을 결단해야 할까요?

예수님의 보혈을 통해 얻은 절대 가치인 장자권을 생명처럼 여기리라!

❖ 영적으로 장자권은 천국 상속권입니다. 절대 가치인 장자권을 상대 가치인 물질 때문에 포기할 수가 있나요?

절대로 세상 물질 때문에 장자권을 포기할 수 없습니다.

✣ 그렇다면 당신은 물질과 장자권 중에 무엇을 택해야 할까요?	야곱처럼 당연히 장자권을 택해야 합니다.
✣ 야곱이 에서에게서 떡과 팥죽으로 장자권을 산 것을 통해 무엇을 알 수 있나요?	야곱은 장자권의 가치를 알고 사모했다는 것을 알 수 있습니다.

2) 장자권의 가치를 버린 에서를 보라

에서는 본래 장자였습니다. 에서가 장자권을 팔지 않았더라면 분명히 아브라함의 하나님, 이삭의 하나님, 에서의 하나님이 되었을 것입니다. 그리고 그는 지금도 하늘나라에서 최고의 영광을 누리며 살아 있을 것입니다. 그러한 그가 장자의 명분을 동생인 야곱에게 팔아 버린 것은 이후 어떤 결과를 가져왔나요?

📖 아래 성경을 묵상하세요.

> **히 12:16~17** | ¹⁶음행하는 자와 혹 한 그릇 음식을 위하여 장자의 명분을 판 에서와 같이 망령된 자가 없도록 살피라 ¹⁷너희가 아는 바와 같이 그가 그 후에 축복을 이어받으려고 눈물을 흘리며 구하되 버린 바가 되어 회개할 기회를 얻지 못하였느니라

✣ 한 그릇 음식을 위하여 장자의 명분을 팔아 버린 에서를 가리켜 성경은 무어라 말씀하시나요?	망령된 자라 말씀하십니다.
✣ 본래 야곱이 받았던 장자권은 아버지의 재산을 상속받는 것을 의미하나요?	본래 장자는 갑절의 재산을 상속받았지만 야곱의 경우는 그것과는 상관이 없었습니다.
✣ 장자의 명분을 산 야곱은 아버지 이삭의 그 많은 재물 중에 단 하나라도 가진 것이 있었나요?	외삼촌 라반의 집으로 피난을 간 야곱은 아버지의 재물을 단 하나도 갖지 못했습니다.
✣ 이것이 사실이라면 장자권은 세상 재물의 상속권이 아님을 알 수 있나요?	아멘, 아멘!

✛ 실제로 아버지 이삭의 재물은 누가 다 가졌나요?	장자권을 팔아 버린 에서가 그 많은 재물을 혼자 다 가졌습니다.
✛ 에서는 장자의 명분을 팔아 버린 후에 무엇을 이어받으려 했나요?	축복을 이어받으려 했습니다.
✛ 이 축복은 세상의 복을 의미할까요?	아닙니다. 아브라함과 이삭으로 이어지는 영적인 복을 의미합니다.
✛ 당신은 장자권을 소홀히 여긴 에서와 장자권을 사모한 야곱 중 어떤 자가 되기를 원하나요?	장자권을 사모한 야곱처럼 되기를 원합니다.
✛ 그것이 사실이라면 억만금을 준다 해도 믿음을 버리지 않을 결단을 할 수 있나요?	아멘, 아멘!
✛ 야곱을 보면서 무엇을 결단할 수 있나요?	야곱처럼 장자권의 절대 가치를 바로 알아 결코 세상 물질 때문에 장자권을 잃어버리지 않겠습니다.

3) 장자권을 산 야곱을 보라

야곱은 형인 에서에게서 장자의 명분, 즉 장자권을 샀습니다. 장자권은 그 자체가 엄청난 복을 안고 있습니다. 하지만 장자권을 소유했다고 이 세상에서 무조건 다 복을 받는 것은 아닙니다. 장자권을 소유한 사람은 야곱처럼 어떤 어려움에도 무너지지 않고 최선의 삶을 살아야 합니다. 장자권을 산 후의 야곱을 보면서, 장자인 우리의 삶을 정리해 봅시다.

📖 아래 성경을 묵상하세요.

> **창 31:40~42** | ⁴⁰내가 이와 같이 낮에는 더위와 밤에는 추위를 무릅쓰고 눈 붙일 겨를도 없이 지냈나이다 ⁴¹내가 외삼촌의 집에 있는 이 이십 년 동안 외삼촌의 두 딸을 위하여 십사 년, 외삼촌의 양 떼를 위하여 육 년을 외삼촌에게 봉사하였거니와 외삼촌께서 내 품삯을 열 번이나 바꾸셨으며 ⁴²우리 아버지의 하나님, 아브라함의 하나님 곧 이삭이 경외하는 이가 나와 함께

계시지 아니하셨더라면 외삼촌께서 이제 나를 빈손으로 돌려보내셨으리이다마는 하나님이 내 고난과 내 손의 수고를 보시고 어제 밤에 외삼촌을 책망하셨나이다

창 31:1 | 야곱이 라반의 아들들이 하는 말을 들은즉 야곱이 우리 아버지의 소유를 다 빼앗고 우리 아버지의 소유로 말미암아 이 모든 재물을 모았다 하는지라

창 31:9 | 하나님이 이같이 그대들의 아버지의 가축을 빼앗아 내게 주셨느니라

✢ 장자권을 산 야곱은 누구의 집에서 살게 되었나요?

외삼촌 라반의 집에서 살았습니다.

✢ 야곱은 외삼촌 라반의 집에서 무엇을 했나요?

양을 치는 일을 했습니다.

✢ 야곱이 양을 돌볼 때에 얼마나 성실하게 일했는지 성경대로 묘사해 보세요.

"낮에는 더위와 밤에는 추위를 무릅쓰고 눈 붙일 겨를도 없이 지냈습니다."

✢ 이 말에서 무엇을 느낄 수가 있나요?

야곱은 아주 성실하게 맡은 일을 감당한 것을 알 수 있습니다.

✢ 구약에서 장자권을 가지고 있는 야곱이 이렇게 성실한 삶을 살았다면 오늘 당신은 어떻게 살아야 할까요?

예수님의 보혈로 장자권을 부여 받은 우리도 성실한 삶을 살아야겠습니다.

✢ 하나님의 장자인 당신은 지금 매사에 성실하게 살고 있나요? 그렇지 않다면 어떤 결단을 해야 할까요?

하나님의 장자답게 성실하게 살아야겠습니다.

✢ 라반은 야곱의 품삯을 몇 번이나 바꾸었나요?

열 번이나 바꾸었습니다.

✢ 그럼에도 야곱은 어떻게 반응했나요?

불평하지 않고 자기가 맡은 일에 끝까지 최선을 다했습니다.

✢ 야곱의 고난을 보고 계신 분은 누구셨나요?

하나님이셨습니다.

✢ 야곱의 손의 수고를 보고 계신 분은 누구셨나요?

하나님이셨습니다.

✢ 하나님은 왜 야곱의 고난과 수고를 보고 계셨을까요?

하나님의 장자이기 때문에 관심을 기울이셨을 것입니다.

✢ 오늘 하나님의 장자인 당신의 고난과 수고도 하나님께서 다 보고 계시다고 믿나요?

아멘, 아멘!

✣ 하나님이 다 보고 계신다면 야곱처럼 억울한 일을 당한다 해도 참고 견딜 수 있나요?	아멘, 아멘!
✣ 야곱처럼 열 번이나 속임을 당해도 다 참고 견딜 수 있나요?	아멘, 아멘!
✣ 외삼촌 라반이 야곱의 품삯을 열 번이나 바꾸었지만 다 보고 계신 하나님은 어떻게 하셨나요?	성실하게 수고한 야곱을 빈손으로 보내지 않으셨습니다.
✣ 외삼촌 라반은 열 번이나 품삯을 바꾸었지만 야곱은 결국 어떤 복을 받았나요?	매우 번창하여 거부가 되는 복을 받았습니다.
✣ 야곱이 이렇게 거부가 된 뒤에는 누가 계셨나요?	하나님이 계셨습니다.
✣ 하나님은 어떤 방법으로 야곱을 거부가 되게 하셨나요?	라반의 가축을 빼앗아 야곱에게 주심으로 거부가 되게 하셨습니다.
✣ 하나님의 장자인 당신, 성실하게 최선을 다하는 당신에게 하나님께서 모든 좋은 것을 다 예비하셨음을 믿나요?	아멘, 아멘!

2. 장자가 상속받을 하늘나라

하나님의 장자는 천국을 상속받습니다. 그 천국은 어떤 곳인지 말씀을 통해 살펴봅시다.

📖✝ 아래 성경을 묵상하세요.

> 계 21:1~4 | ¹또 내가 새 하늘과 새 땅을 보니 처음 하늘과 처음 땅이 없어졌고 바다도 다시 있지 않더라 ²또 내가 보매 거룩한 성 새 예루살렘이 하나님께로부터 하늘에서 내려오니 그 준비한 것이 신부가 남편을 위하여 단장한 것 같더라 ³내가 들으니 보좌에서 큰 음성이 나서 이르되 보라 하나님의 장막이 사람들과 함께 있으매 하나님이 그들과 함께 계시리니 그들은 하나

님의 백성이 되고 하나님은 친히 그들과 함께 계셔서 ⁴모든 눈물을 그 눈에서 닦아 주시니 다시는 사망이 없고 애통하는 것이나 곡하는 것이나 아픈 것이 다시 있지 아니하리니 처음 것들이 다 지나갔음이러라

✤ 사도 요한이 본 것은 무엇인가요?	새 하늘과 새 땅입니다.
✤ 새 하늘과 새 땅이 보이는 순간 처음 것들은 어떻게 되었나요?	처음 하늘과 땅, 바다는 없어졌습니다.
✤ 그렇다면 신천지 등 이단들 가운데서 새 하늘과 새 땅이 이 세상에 임한다는 주장이 가능할까요?	전혀 불가능합니다.
✤ 요한이 본 것은 무엇이었나요?	새 예루살렘이었습니다.
✤ 그 모습을 어떻게 묘사하고 있나요?	신부가 남편을 위하여 단장한 것으로 묘사합니다.
✤ 새 예루살렘의 특성은 무엇인가요?	하나님의 장막이 사람들과 함께 있고, 하나님이 사람들과 함께 계시는 것입니다.
✤ 하나님은 사람들에게 어떻게 해 주시나요?	모든 눈물을 그 눈에서 닦아 주십니다.
✤ 새 예루살렘에 없는 것들은요?	사망, 애통, 곡하는 것, 아픈 것이 없습니다.
✤ 당신이 상속받을 하늘나라가 이렇게 좋은 곳이라면, 이 세상 것에 목말라 할 이유가 있을까요?	전혀 없습니다.

📖† 아래 성경을 묵상하세요.

> **계 21:18~21** | ¹⁸그 성곽은 벽옥으로 쌓였고 그 성은 정금인데 맑은 유리 같더라 ¹⁹그 성의 성
> 곽의 기초석은 각색 보석으로 꾸몄는데 첫째 기초석은 벽옥이요 둘째는 남보석이요 셋째는
> 옥수요 넷째는 녹보석이요 ²⁰다섯째는 홍마노요 여섯째는 홍보석이요 일곱째는 황옥이요 여
> 덟째는 녹옥이요 아홉째는 담황옥이요 열째는 비취옥이요 열한째는 청옥이요 열두째는 자수
> 정이라 ²¹그 열두 문은 열두 진주니 각 문마다 한 개의 진주로 되어 있고 성의 길은 맑은 유리
> 같은 정금이더라

✢ 계 21:18 말씀에서 새 예루살렘인 천국은 어떻게 꾸며져 있나요?	성곽이 벽옥으로 쌓였고, 성은 맑은 유리 같은 정금으로 꾸며져 있습니다.
✢ 성곽의 기초석은 어떻게 꾸며졌나요?	열두 가지 보석으로 꾸며졌습니다.
✢ 그 보석들을 열거해 보세요!	벽옥, 남보석, 옥수, 녹보석, 홍마노, 홍보석, 황옥, 녹옥, 담황옥, 비취옥, 청옥, 자수정입니다.
✢ 천국의 문은 모두 몇 개며, 무엇으로 되어 있나요?	열두 문이며, 문마다 한 개의 진주로 되어 있습니다.
✢ 천국의 길은 무엇으로 꾸며져 있나요?	맑은 유리 같은 정금으로 꾸며져 있습니다.
✢ 당신이 상속받을 하늘나라가 이렇게 좋은 곳임을 확신하나요?	아멘, 아멘!
✢ 이렇게 영화로운 하늘나라를 상속받을 당신이 세상 물질이나 쾌락에 목말라 할 이유가 있나요?	전혀 없습니다.
✢ 그렇다면 이제 세상 물질과 쾌락을 정복하고 나누고 베풀며 늘 감사하며 살 수 있나요?	아멘, 아멘!

📖✝ 아래 성경을 묵상하세요.

> **계 22:1~2** | ¹또 그가 수정 같이 맑은 생명수의 강을 내게 보이니 하나님과 및 어린양의 보좌로부터 나와서 ²길 가운데로 흐르더라 강 좌우에 생명나무가 있어 열두 가지 열매를 맺되 달마다 그 열매를 맺고 그 나무 잎사귀들은 만국을 치료하기 위하여 있더라

✢ 사도 요한이 본 것은 무엇이었나요? | 수정 같이 맑은 생명수의 강입니다.

✢ 이 강은 어디로부터 흘러나오나요? | 하나님과 어린양의 보좌로부터 흘러옵니다.

✢ 강 좌우에 무엇이 있나요? | 생명나무가 있습니다.

✢ 생명나무는 몇 가지 열매를 맺나요? | 열두 가지의 열매를 맺습니다.

✢ 그 열매가 맺는 주기는 어떻게 되나요? | 달마다 맺습니다.

✢ 실제로 이단들이 말하는 이 세상에 이루어진다는 새 하늘과 새 땅에서 이런 일들이 가능할까요? | 전혀 불가능합니다.

✢ 그렇다면 신천지를 포함한 이단들이 주장하는 이 세상의 천국은 완전 거짓임을 인정하나요? | 아멘, 아멘! 이단들의 주장은 다 거짓입니다.

✢ 이상에서 하나님의 장자인 당신이 상속받아 누릴 천국의 한 부분을 돌아봤습니다. 그렇게 좋은 천국을 상속받을 당신이 불타 없어질 세상 것에 마음을 빼앗겨서 될까요? | 결코 그럴 수 없습니다.

✢ 그렇다면 이제 하나님의 장자인 당신의 삶이 어떠해야 할까요? | 상속받을 하늘나라를 바라보면서 그 나라를 위해 최선의 삶을 살아야 하겠습니다.

3. 장자권을 소유하지 못한 자들의 결국

우리는 장자권을 소유하여 언제 이 세상을 떠난다 해도 영원한 천국을 상속받습니

다. 그런데 문제가 있습니다. 이 그리스도의 장자권을 소유하지 못한 자들은 불과 유황으로 타는 비참한 지옥으로 떨어지게 됩니다. 이제 그 지옥에 대해 간단히 살펴봅시다.

📖✝ 아래 성경을 묵상하세요.

> **계 20:15** | 누구든지 생명책에 기록되지 못한 자는 불 못에 던져지더라
>
> **막 9:43~49** | ⁴³만일 네 손이 너를 범죄하게 하거든 찍어버리라 장애인으로 영생에 들어가는 것이 두 손을 가지고 지옥 곧 꺼지지 않는 불에 들어가는 것보다 나으니라 ⁴⁴(없음) ⁴⁵만일 네 발이 너를 범죄하게 하거든 찍어버리라 다리 저는 자로 영생에 들어가는 것이 두 발을 가지고 지옥에 던져지는 것보다 나으니라 ⁴⁶(없음) ⁴⁷만일 네 눈이 너를 범죄하게 하거든 빼버리라 한 눈으로 하나님의 나라에 들어가는 것이 두 눈을 가지고 지옥에 던져지는 것보다 나으니라 ⁴⁸거기에서는 구더기도 죽지 않고 불도 꺼지지 아니하느니라 ⁴⁹사람마다 불로써 소금 치듯 함을 받으리라

✤ 이미 배운 말씀에 의하면 어린양 예수님의 생명책에 기록된 자들은 누구인가요?

하나님의 장자들입니다.

✤ 생명책에 기록되지 못한 자들, 장자권을 받지 못한 자들은 결국 어떻게 되나요?

불 못에 던져집니다.

✤ 불 못은 어디를 말하나요?

지옥을 말합니다.

✤ 막 9:43~47 말씀에 의하면 지옥은 누가 들어가나요?

죄 문제를 해결하지 못한 자가 들어갑니다.

✤ 하나님의 장자인 당신은 죄 문제를 해결 받았음을 확신하나요?

아멘, 아멘!

✤ 어떻게 죄 문제를 해결 받았나요?

어린양 예수님의 피로 해결 받았습니다.

✤ 하나님의 장자로서 천국 상속권을 가지고 있는 당신은 지옥에 가지 않는다는 확신이 있나요?

아멘, 아멘!

✤ 지옥의 특성 중 첫째는 무엇인가요?	죽음이 없다는 것입니다.
✤ 다음은 무엇인가요?	불이 꺼지지 않는다는 것입니다.
✤ 또 있나요?	예, 사람마다 불로써 소금 치듯 함을 받습니다.
✤ 죽음도 없고 불도 꺼지지 않고 불로써 소금 치듯 함을 받는 곳이 지옥이라면 내 형제나 이웃이 그 지옥에 가게 버려둘 수 있나요?	절대로 그냥 버려둘 수 없습니다.
✤ 어떻게 해야 할까요?	전도해서 그도 어린양 예수님의 피로 죄 사함 받아 장자권을 누리도록 해야 합니다.

말씀 살기

✝ 말씀의 핵심 정리

1. 그리스도의 장자권의 가치를 알고 간절히 사모해야겠구나!
2. 그리스도의 장자권의 가치를 가볍게 여긴 자는 그 마지막이 비참하구나!
3. 그리스도의 장자권을 소유하고 있어도 고난은 있구나!
4. 그리스도의 장자권을 소유한 자는 매사에 최선을 다하는 성실한 삶을 살아야 하는구나!
5. 그리스도의 장자권은 하늘나라 상속권이구나!
6. 그리스도 안에서 하나님의 장자가 된 내가 상속받아 누릴 하늘나라는 정말 좋은 곳이구나!
7. 그리스도의 장자권을 소유하지 못한 자는 지옥에서 영원히 고통을 받을 것이니 그들을 전도해야겠구나!

✝ 감사와 회개

주여, 그리스도의 장자권이 하늘나라 상속권임을 바로 알게 하시니 감사합니다.

주여, 하나님의 장자인 내가 상속받을 천국에 대해 선명한 확신을 주시니 감사, 감사합니다!

주여, 그리스도의 장자권을 소유한 자들도 고난이 있을 수 있음을 깨닫게 하시니 감사, 감사합니다!

주여, 그리스도의 장자권을 소유하지 못한 자들을 불쌍히 볼 수 있게 하시니 감사, 감사합니다!

주여, 그리스도의 장자권의 가치를 절대 가치로 알고 세상 물질과 바꾸지 않게 하시니 감사, 감사합니다!

주여, 하나님의 자녀의 권세를 누리지 못했음을 용서하소서!

주여, 하나님의 장자의 가치와 권세를 절대 가치와 권세로 누리지 못했음을 용서하소서!

주여, 하나님의 장자로서 천국보다 이 세상을 더 사랑했던 것을 용서하소서!

주여, 이 세상의 물질과 쾌락을 천국보다 더 사랑했던 것을 용서하소서!

주여, 그리스도의 장자권을 소유하지 못해서 지옥에 떨어질 영혼들을 전도하지 못했음을 용서하소서!

주여, 지옥에 갈 영혼들을 위해서 더 기도하지 못했음을 용서하소서!

✝ 명령과 선포와 결단

예수님의 이름으로 명하노니 상속받을 하나님 나라에 대해 무관심하게 미혹하는 사탄, 마귀는 떠나갈지어다!

예수님의 이름으로 명하노니 이 세상 재물이 제일인 것처럼 속이는 사탄, 마귀는 떠나갈지어다!

나는 이제부터 예수님의 이름으로 그리스도의 장자의 권세를 마음껏 누리며 살리라!

나는 이제부터 하늘나라의 상속자답게 천국 중심의 삶을 살리라!

나는 이제부터 세상의 욕심과 쾌락을 정복하고 다스리며 살리라!

나는 이제부터 이 아름다운 천국을 마음껏 자랑하며 전도하며 살리라!

나는 하나님의 장자답게 예수님의 이름으로 영적 세계를 명령하고 다스리며 살리라!

나는 하나님의 자녀답게 당당하고 강하게 살리라!

예수님을 영접한 나의 장자권은 하늘나라에 있다!

나는 이 땅에서도 하늘나라의 장자답게 강하고 담대하게 살리라!

나의 시민권은 땅에 있지 않고 오직 하늘나라에 있다!

나는 이 땅에서도 하늘나라의 시민답게 살리라!

나의 본향 하늘나라는 온갖 보석으로 꾸며져 있다!

나는 이 땅의 보물에 욕심내지 않으리라!

나의 본향 하늘나라는 길바닥도 유리 같은 정금이다!

나는 이 땅에서 물질 때문에 비굴하지 않으리라!

나의 본향 하늘나라는 생명수, 생명강, 생명과도 있다!

나는 이 땅에서 권세와 허영에 목말라하지 않으리라!

나의 본향 하늘나라에 내가 거할 곳이 예비 되어 있다!

나는 이 땅의 부동산에 목말라하지 않으리라!

나의 본향 하늘나라에는 저주와 어둠이 없다!

나는 이 땅에서도 저주와 어둠을 물리치며 살리라!

나의 본향 하늘나라에는 사망과 질병이 없다!

나는 이 땅에서도 사망 권세와 질병을 정복하며 살리라!

나의 본향 하늘나라에는 눈물과 고통이 없다!

나는 이 땅에서도 슬픈 눈물과 온갖 고통을 정복하며 살리라!

나의 본향 하늘나라에는 안식과 평강이 넘친다!

나는 이 땅에서도 안식과 평강을 누리며 살리라!

나는 하늘나라에 내 모든 보배를 쌓아가며 살리라!

나는 하나님의 형상대로 지음 받은 하나님의 장자다!

나는 나의 삶을 격조 있고 품위 있게 가꾸리라!

나는 하나님과 예수님의 이름을 더럽히는 행동을 절대 하지 않으리라!

나는 지저분하고, 더럽고, 사악하고, 비열한 행동은 하지 않으리라!

나는 하나님의 자녀답게 공중도덕도 잘 지키리라!

나는 생각과 시선을 사탄, 마귀에게 내어주지 않으리라!

나는 듣는 귀와 말하는 입술을 사탄, 마귀로부터 지키리라!

나는 언어와 행동에서 예수님의 향기를 풍기며 살리라!

주여, 이제는 하늘나라의 상속자답게 천국을 사모하며 살겠습니다!

주여, 이제는 어떤 경우에도 장자권을 가치 없게 여기지 않겠습니다!

주여, 이제는 열심히 전도하며 살겠습니다!

✝ 훈련의 기본 원칙 열 번 복창

"단순, 반복, 지속, 강행"

✝ 장자권의 발동, 명령과 선포 세 번 복창

"있을지어다! 그대로 되니라! 하나님이 보시기에 좋았더라!"

"치료될지어다! 회복될지어다! 복 있을지어다! 충만할지어다! 정복할지어다! 다스릴지어다!

✝ 받은 은혜 묵상 · 간증하기 말씀 요약

03

나의 아버지 하나님

우리는 지난 과에서 말씀을 통해 장자에 대해 분명한 확신을 갖게 되었습니다. 하나님이 우리 아버지요, 우리가 그분의 자녀, 곧 장자라면 우리의 삶은 달라져야 합니다. 이제 하나님의 자녀가 되는 길이 무엇이며, 나의 아버지 하나님은 어떤 분이신지를 선명하게 알아보는 시간을 갖겠습니다.

 영접하는 자 곧 그 이름을 믿는 자들에게는 하나님의 자녀가 되는 권세를 주셨으니

(요 1:12)

1. 하나님의 자녀가 되는 길

이 세상을 살다보면 삶의 근본 원리들이 있음을 발견합니다. 그 원리들은 힘을 기르는 원천이며, 정상을 정복하는 지름길입니다. 흔히 기본기가 잘 갖춰져야 한다는 말을 합니다. 이 기본기가 바로 근본 원리입니다. 신앙도 마찬가지입니다. 기본 원리에 밝고 튼실하면 잘 성장합니다. 영적으로 승리하고 누릴 수가 있습니다. 이 시간은 바로 그 기본 원리들을 붙잡는 시간입니다. 이 시간에는 하나님의 장자가 되는 길, 단순하면서도 강력한 장자의 왕도를 따라가 보겠습니다.

📖✝ 아래 성경을 묵상하세요.

> **요 1:12** | 영접하는 자 곧 그 이름을 믿는 자들에게는 하나님의 자녀가 되는 권세를 주셨으니
>
> **롬 10:9~10** | ⁹네가 만일 네 입으로 예수를 주로 시인하며 또 하나님께서 그를 죽은 자 가운데서 살리신 것을 네 마음에 믿으면 구원을 받으리라 ¹⁰사람이 마음으로 믿어 의에 이르고 입으로 시인하여 구원에 이르느니라
>
> **롬 8:15** | 너희는 다시 무서워하는 종의 영을 받지 아니하고 양자의 영을 받았으므로 우리가 아빠 아버지라 부르짖느니라

✛ 위의 말씀들이 진리임을 믿나요?   아멘, 아멘!

✛ 당신은 예수 그리스도를 영접하였나요?   아멘, 아멘!

✛ 본문에서 영접했다는 것은 무엇을 의미하나요?   그(예수) 이름을 믿는 것입니다.

✛ 예수 이름을 믿고 영접하는 자에게 무슨 권세가 주어졌나요? | 하나님의 자녀가 되는 권세가 주어졌습니다.

✛ 이제까지 배운 말씀을 근거로 하나님의 자녀는 다 장자임을 믿나요? | 아멘, 아멘! 장자임을 믿습니다.

✛ 그렇다면 하나님의 장자인 당신에게도 하나님이 허락하시는 범위 안에서 누릴 권세가 있다는 사실을 믿나요? | 아멘, 아멘!

✛ 예수 이름을 믿고 그 예수님을 영접한 자에게는 어떤 권세가 주어지나요? | 하나님의 자녀가 되는 권세가 주어집니다.

✛ 하나님의 자녀에게 권세가 있다는 사실을 성경적으로 믿을 수 있나요? | 아멘, 아멘!

✛ 롬 10:9 말씀에 의하면 예수님을 영접하되 어떤 신분으로 영접해야 하나요? | 예수님을 나의 주(왕)로 영접해야 합니다.

✛ 지금 당신의 입술로 예수님을 주로 고백하고 시인할 수 있나요? | 아멘, 아멘!

✛ 지금 당신의 입술로 예수님을 주로 시인해 보세요. | "예수님, 나는 주님을 내 인생의 주요, 왕이요, 하나님으로 영접합니다. 이제부터 예수님은 나의 주요, 왕이십니다!"

✛ 지금 고백과 시인으로 당신이 하나님의 자녀가 되었다는 사실을 믿을 수 있나요? | 아멘, 아멘!

✛ 지금 당신은 예수님을 영접하므로 하나님의 자녀가 되었습니다. 그렇다면 예수님은 지금 어디에 계시나요? | 제 안에 계십니다.

✛ 예수님이 당신의 주가 되셨다면 이제는 주인 되시는 예수님의 말씀대로 순종할 수 있나요? | 아멘, 아멘!

✛ 예수님이 당신을 위해 죽으셨음을 마음으로 믿나요? | 아멘, 아멘!

✤ 예수님이 죽은 자 가운데서 다시 살아나셨음을 확실하게 믿나요?	아멘, 아멘!
✤ 예수 그리스도가 당신의 주가 되심을 의심이 없이 믿나요?	아멘, 아멘!
✤ 그렇다면 지금 하나님이 당신의 아버지가 되심을 확신하나요?	아멘, 아멘!
✤ 하나님의 자녀가 되었다면 하나님 한 분 외에는 두려울 것이 없음을 인정하나요?	아멘, 아멘!
✤ 이제부터 당신 마음의 주인은 누구신가요?	오직 예수님입니다.
✤ 이제 예수님의 명령에 절대 순종할 수 있나요?	아멘, 아멘!
✤ 하나님의 자녀인 당신이 받은 영은 어떤 분인가요?	양자의 영이십니다.
✤ 양자의 영이신 성령을 받은 당신은 하나님을 향해서 어떤 호칭을 사용할 수 있나요?	아빠, 아버지!
✤ 나는 지금 성령으로 말미암아 예수님을 영접하고 하나님의 자녀가 되었으므로 하나님을 향해 '아빠, 아버지!'라 부르짖을 수 있나요?	아멘, 아멘!
✤ 지금 함께 불러 봅시다.	아빠, 아버지!
✤ 일곱 번만 더 불러 봅시다.	아빠, 아버지! (7번)

당신의 영적 신분에 대한 존재감과 권세를 확인하고 선포하고 누려 보세요.

"○○아! 예수님을 주로 영접한 너는 하나님의 자녀, 하나님의 장자가 되었어! 이제부터 너는 하나님의 장자의 권세를 누릴 수 있어! 너는 이제 하나님과 예수님과 성령님 외에 아무것도 두려워할 것이 없어. 하나님을 향해 '아빠, 아버지!'라 부르며, 하나님의 자녀로서 당당하게 예수님의 이름으로 명령하고 선포하며 살아야 해! 하나님의 자녀답게 당당하게 권세를 누리며 살아야 해!"

2. 나의 아버지 하나님

성경은 첫 소절부터 '하나님'으로 문을 엽니다. 그 하나님은 천지를 지으신 분으로 등장합니다. 성경의 첫 머리에 나타나신 하나님, 그분은 누구신가요? 그분은 바로 나의 아빠, 아버지이십니다. 이 시간은 말씀을 통해서 하나님께서 자신을 어떻게 계시하셨는가를 중점적으로 살펴보겠습니다.

1) 창조주 하나님

나의 아버지 하나님은 천지를 창조하신 분입니다. 성경은 첫 절에서 나의 아버지 하나님을 천지를 지으신 창조주로 말씀하고 계십니다. 나의 아빠, 아버지는 천지를 지으셨습니다.

📖➕ 아래 성경을 묵상하세요.

> **창 1:1** | 태초에 하나님이 천지를 창조하시니라

✤ 언제 일어난 일인가요? 태초에 일어난 일입니다.

✤ 누가 주인공인가요? 하나님입니다.

✤ 하나님이 태초에 무엇을 만드셨나요? 천지를 만드셨습니다.

✤ 말씀에 의하면 천지를 만드신 분은 누구인가요? 하나님입니다.

✤ 성경말씀은 진리입니다. 하나님이 천지를 창조하셨음을 믿을 수 있나요? 아멘, 아멘!

✤ 천지를 만드신 하나님은 당신과 어떤 관계인가요? 나의 아빠, 아버지이십니다.

✛ 천지를 지으신 하나님이 당신의 '아빠, 아버지'라면 | 아멘, 아멘!
  당신의 삶이 확실하게 달라져야 한다고 생각하나요? |

2) 영원 자존, 무한하신 하나님

나의 아버지 하나님은 천지를 창조하신 분입니다. 천지를 창조하신 아버지 하나님은 언제부터 계셨을까요? 또 천지는 누구에 의해 만들어졌을까요? 이제 초월적인 하나님에 대해 말씀을 근거로 살펴봅니다.

📖✝ 아래 성경을 묵상하세요.

> **사 40:28** | 너는 알지 못하였느냐 듣지 못하였느냐 영원하신 하나님 여호와, 땅끝까지 창조하신 이는 피곤하지 않으시며 곤비하지 않으시며 명철이 한이 없으시며
>
> **출 3:14** | 하나님이 모세에게 이르시되 나는 스스로 있는 자이니라 또 이르시되 너는 이스라엘 자손에게 이같이 이르기를 스스로 있는 자가 나를 너희에게 보내셨다 하라

✛ 사 40:28 말씀에서 하나님은 어떤 분으로 말씀하고 | 영원하신 분으로 말씀하고 있습
  있나요? | 니다.

✛ 영원하신 하나님은 무엇을 하셨나요? | 땅끝까지 창조하셨습니다.

✛ 영원하신 하나님은 피곤하거나 곤비하실까요? | 하나님은 영원하시기에 피곤하지
  | 도, 곤비하지도 않습니다.

✛ 영원하신 창조주 하나님을 어떤 분으로 말씀하고 있 | 명철이 한이 없으신 분으로 말씀하
  나요? | 십니다.

✛ 위의 말씀에서 하나님은 어떤 분이심을 알 수 있나 | 첫째, 영원하신 하나님, 둘째, 창조
  요? | 주 하나님, 셋째, 무한하신 하나님
  | 이심을 알 수 있습니다.

✛ 하나님은 모세에게 자신을 어떻게 말씀하셨나요? | '스스로 있는 자'라 말씀하셨습니
  | 다.

| ⚜ 위의 말씀들을 근거로 하나님은 어떤 분이심을 알 수 있나요? | 영원부터 스스로 계신 분이며 무한하신 분(영원, 자존, 무한하신 창조주 하나님)이심을 알 수 있습니다. |

3) 전능자 하나님

나의 아버지 하나님이 영원, 자존, 무한하신 천지를 지으신 창조자이시라면 그분은 과연 어떤 분이실까요? 도대체 어떤 분이시기에 그런 위대한 일을 하실 수 있었을까요? 이제 하나님이 친히 하신 말씀을 들어봅니다.

📖➕ 아래 성경을 묵상하세요.

> 창 17:1 | 아브람이 구십구 세 때에 여호와께서 아브람에게 나타나서 그에게 이르시되 나는 전능한 하나님이라 너는 내 앞에서 행하여 완전하라

⚜ 하나님은 언제 아브라함에게 나타나셨나요?	99세 때에 나타나셨습니다.
⚜ 하나님은 아브라함에게 자신을 어떤 분으로 말씀하셨나요?	전능한 하나님이라 말씀하셨습니다.
⚜ 아브라함의 하나님이 당신의 아버지이심을 믿나요?	아멘, 아멘!
⚜ 이 말씀에 의지해서 당신의 아버지 하나님이 전능한 분이심을 확신하나요?	아멘, 아멘!
⚜ 당신의 아버지 하나님이 전능하시다면, 그분에게는 능치 못함이 없음도 확신하나요?	아멘, 아멘!
⚜ 당신이 그분의 자녀가 확실하다면 그분의 권세 아래 있다고 믿나요?	아멘, 아멘!
⚜ 아브라함이 99세 때 전능하신 하나님이 찾아오셔서 아들을 주겠다 하신 말씀이 이루어졌음을 믿나요?	아멘, 아멘!

✣ 어떻게 아브라함과 사라가 늙었는데 아들을 낳을 수 있었나요?	하나님이 전능하신 분이요, 창조자 이시기 때문입니다.
✣ 오늘 당신의 어려운 문제도 그분이 함께하시면 다 해결될 수 있다고 믿나요?	아멘, 아멘!
✣ 그렇다면 지금 당신의 문제를 하나님 아버지께 맡길 수 있나요?	아멘, 아멘!
✣ 그렇다면 지금 당신의 삶을 그분에게 온전히 맡길 수 있나요?	아멘, 아멘!
✣ 당신 자녀의 앞날도 아버지 하나님께 다 맡길 수 있나요?	아멘, 아멘!

4) 지금도 살아 계신 하나님

영원부터 스스로 계신 무한하신 하나님은 전능하셔서 천지를 창조하셨습니다. 그렇다면 그분은 그 후에 어떻게 되셨나요? 말씀으로 들어가 봅니다.

📖 아래 성경을 묵상하세요.

> **행 14:14~15** | ¹⁴두 사도 바나바와 바울이 듣고 옷을 찢고 무리 가운데 뛰어 들어가서 소리 질러 ¹⁵이르되 여러분이여 어찌하여 이러한 일을 하느냐 우리도 여러분과 같은 성정을 가진 사람이라 여러분에게 복음을 전하는 것은 이런 헛된 일을 버리고 천지와 바다와 그 가운데 만물을 지으시고 살아 계신 하나님께로 돌아오게 함이라
>
> **마 6:4** | 네 구제함을 은밀하게 하라 은밀한 중에 보시는 너의 아버지께서 갚으시리라

✣ 등장하는 사람들을 옮겨 보세요.	두 사도 바나바와 바울입니다.
✣ 행 14:15 말씀의 두 사도가 외치는 말씀에서 소개되는 하나님은 어떤 분이신가요?	첫째, 천지와 바다와 그 가운데 만물을 지으신 창조주요. 둘째, 지금도 살아 계신 하나님입니다.

✛ 천지를 지으신 창조주 하나님이 지금도 살아 계심을 믿나요?	아멘, 아멘!
✛ 그 하나님이 지금도 살아 계신 것이 확실하다면 당신의 삶 전체도 다 보고 계심을 믿나요?	아멘, 아멘!
✛ 살아 계신 하나님은 당신의 삶을 어느 정도까지 보고 계신가요?	은밀한 것까지 다 보고 계십니다.
✛ 하나님은 당신의 은밀한 것까지 다 보고 계신다는 사실을 믿나요?	아멘, 아멘!
✛ 당신의 아버지 하나님이 살아 계셔서 당신의 은밀한 곳까지 다 보고 계심이 확실하다면 당신의 삶은 어떠해야 할까요?	요셉처럼 하나님 목전에서 살아야 합니다.
✛ 당신이 하나님을 속일 수 있나요?	절대로 하나님을 속일 수 없습니다.
✛ 아무도 모르는 나만 아는 은밀한 죄악도 다 보신다는 것을 믿나요?	아멘, 아멘!
✛ 그 누구도 알아주지 않는 억울함도 당신의 아버지 하나님이 다 보고 계신다고 믿나요?	아멘, 아멘!
✛ 정말로 하나님 아버지 앞에서 더 진실되게 살아야 겠다고 결단할 수 있나요?	아멘, 아멘!

5) 통치자 하나님

나의 아버지 하나님은 전능하셔서 천지를 창조하셨습니다. 그 하나님은 영원부터 스스로 계신 분이요, 무한하신 분입니다. 하나님은 지금도 살아 계셔서 나의 모든 삶을 통치하십니다. 이제 통치자 하나님을 만나 봅시다.

📖 아래 성경을 묵상하세요.

> **시 103:19** | 여호와께서 그의 보좌를 하늘에 세우시고 그의 왕권으로 만유를 다스리시도다

✛ 누가 등장하나요?	여호와 하나님이 등장하십니다.
✛ 하나님은 당신의 보좌를 어디에 세우셨나요?	하늘에 세우셨습니다.
✛ 하나님께는 무슨 권세가 있나요?	왕권이 있으십니다.
✛ 여호와 하나님의 왕권이 미치는 영향력은 어떠한가요?	우주에 존재하는 모든 것을 통치하십니다(만유).
✛ 그 하나님이 하늘의 보좌에서 지구를 통치하신다고 믿나요?	아멘, 아멘!
✛ 그 하나님이 우리나라를 통치하신다고 믿나요?	아멘, 아멘!
✛ 그 하나님이 우리 교회도 다스리신다고 믿나요?	아멘, 아멘!
✛ 그 하나님이 당신의 가정도 다스리신다고 믿나요?	아멘, 아멘!
✛ 그 하나님이 당신의 부모도 다스리신다고 믿나요?	아멘, 아멘!
✛ 그 하나님이 당신의 직장과 사업도 다스리신다고 믿나요?	아멘, 아멘!
✛ 그 하나님이 당신의 삶 모두를 다스리신다고 믿나요?	아멘, 아멘!
✛ 그 하나님이 당신 자녀의 미래도 다스리신다고 믿나요?	아멘, 아멘!
✛ 그렇다면 지금 그분의 통치를 받기로 결단할 수 있나요?	아멘, 아멘!
✛ 지금 염려되는 모든 문제도 당신 아버지 하나님이 다 해결하실 수 있다고 믿나요?	아멘, 아멘!
✛ 이 고백이 사실이라면 지금 당신의 모든 짐을 하나님께 맡길 수 있나요?	아멘, 아멘!

✣ 당신이 하나님의 자녀답게 살면 그분이 당신의 인생을 최상으로 인도하실 줄을 확실히 믿나요?	아멘, 아멘!
✣ 당신이 만물을 다스리시는 하나님의 통치권을 거스를 수 없음도 인정하나요?	아멘, 아멘!
✣ 하나님의 통치권을 거스르는 자에게 지옥의 형벌이 내려진다 해도 당연하다고 인정하시나요?	아멘, 아멘!

6) 공급자 하나님

나의 아버지 하나님은 천지만물을 통치하심과 동시에 지금, 바로 이 순간에도 모든 것을 공급하시는 분입니다. 말씀을 통해 공급자 하나님을 만나 봅시다.

📖✝ 아래 성경을 묵상하세요.

> **행 17:24~28** | ²⁴우주와 그 가운데 있는 만물을 지으신 하나님께서는 천지의 주재시니 손으로 지은 전에 계시지 아니하시고 ²⁵또 무엇이 부족한 것처럼 사람의 손으로 섬김을 받으시는 것이 아니니 이는 만민에게 생명과 호흡과 만물을 친히 주시는 이심이라 ²⁶인류의 모든 족속을 한 혈통으로 만드사 온 땅에 살게 하시고 그들의 연대를 정하시며 거주의 경계를 한정하셨으니 ²⁷이는 사람으로 혹 하나님을 더듬어 찾아 발견하게 하려 하심이로되 그는 우리 각 사람에게서 멀리 계시지 아니하도다 ²⁸우리가 그를 힘입어 살며 기동하며 존재하느니라 너희 시인 중 어떤 사람들의 말과 같이 우리가 그의 소생이라 하니

✣ 24절에 하나님은 어떤 분인가요?	**첫째**, 우주와 그 가운데 만물을 지으신 창조주요. **둘째**, 천지의 주인이십니다(주재).
✣ 25절에 하나님은 어떤 분인가요?	**첫째**, 무엇이 부족해서 사람의 손으로 섬김 받는 분이 아닌 모든 것이 충족하신 분이요. **둘째**, 오늘의 나를 포함한 만민에게 생명과 호흡과 만물을 공급하시는 분입니다.

✛ 이 말씀에 근거해서 당신의 모든 것이 다 하나님 아버지로부터 공급된다는 사실을 인정하요?	아멘, 아멘!
✛ 제 아무리 대단한 사람이라도 하나님이 공급의 문을 닫는다면 더 살아갈 수 있을까요?	그 누구도 하나님의 은혜가 아니면 살 수가 없습니다.
✛ 하나님이 만민에게 생명과 만물을 공급하시는 분이라면, 그분을 섬기는 자에게 더 풍성히 주실 수 있다고 믿나요?	아멘, 아멘!
✛ 하나님은 인류의 모든 족속을 어떤 관계로 지으셨나요?	한 혈통으로 지으셨습니다.
✛ 이 말씀이 사실임을 증명할 것이 있다면?	수혈을 통해서 증거 됩니다.
✛ 사람은 어디에 살도록 경계를 한정하셨나요?	온 땅으로 한정하셨습니다.
✛ 이 말씀을 근거로 한다면 우주시대가 열린다 해도 우주에서 살 수 있을까요?	절대로 살 수 없습니다(바벨탑 사건).
✛ 하나님은 우리 각 사람에게서 멀리 계실까요?	우리 가운데 늘 함께하십니다.
✛ 이 말씀을 근거로 하면 당신은 누구를 힘입어 기동하며 살아가고 있나요?	하나님을 힘입어 살고 있습니다.
✛ 당신이 하나님을 떠나 살 수 있을까요?	아무도 하나님을 떠나 살 수 없습니다.
✛ 그렇다면 지금 당신이 사는 모든 것이 하나님의 은혜임을 고백할 수 있나요?	아멘, 아멘!

7) 독생자를 주신 사랑의 하나님

우리는 지금까지 하나님에 대해서 말씀을 근거로 살펴보았습니다. 위에서 말한 모든 것은 다 일반은총입니다. 신자나 불신자 모두에게 다 베풀어 주시는 은혜입니다. 이제 가장 중요한 부분을 다루기 원합니다. 특별은총이라 불리는 구원의 은혜입니다. 성경으로 들어가 봅시다.

📖 아래 성경을 묵상하세요.

> **요 3:16** | 하나님이 세상을 이처럼 사랑하사 독생자를 주셨으니 이는 그를 믿는 자마다 멸망하지 않고 영생을 얻게 하려 하심이라
>
> **롬 5:8** | 우리가 아직 죄인 되었을 때에 그리스도께서 우리를 위하여 죽으심으로 하나님께서 우리에게 대한 자기의 사랑을 확증하셨느니라

✛ 하나님이 세상(당신)을 사랑하셔서 하신 일이 무엇인가요? | 독생자를 주신 일입니다.

✛ 독생자를 주신 목적이 어디에 있나요? | 그를 믿음으로 멸망하지 않고 영생을 얻게 하기 위함입니다.

✛ 당신은 하나님의 독생자 예수를 믿어 영생을 얻었음을 확신하나요? | 아멘, 아멘!

✛ 하나님은 당신이 어떤 상태에 있을 때에 당신을 위하여 그리스도를 죽게 하셨나요? | 내가 아직 죄인 되었을 때입니다.

✛ 하나님이 독생자이신 그리스도를 당신을 위해 죽게 하심은 무엇을 증거하신 것인가요? | 나에 대한 하나님의 사랑의 확증입니다.

✛ 당신은 정말 당신의 아버지 하나님이 독생자를 죽음에 내어 주기까지 당신을 사랑하심을 확신하나요? | 아멘, 아멘!

말씀 살기

✝ **말씀의 핵심 정리**

1. 예수 이름 믿고 그 예수님을 마음에 영접한 나는 하나님의 자녀가 되었구나!

2. 예수님을 영접하되 나의 주(왕, 하나님)로 영접해야 하는구나!

3. 나의 아버지는 창조주이시구나!

4. 나의 아버지는 영원, 자존, 무한하신 분이구나!

5. 나의 아버지는 전능하신 분이구나!

6. 나의 아버지는 지금도 살아 계시는 분이구나!

7. 나의 아버지는 만물을 통치하시는 분이구나!

8. 나의 아버지는 지금 나에게 모든 것을 공급하시는 분이구나!

9. 나의 아버지는 나를 사랑하사 독생자까지 주셨구나!

10. 나의 아버지 하나님의 장자의 권세를 누리며 살아야겠구나!

✝ **감사와 회개**

주여, 예수님을 나의 주님으로 영접하게 하심을 감사, 감사합니다!

주여, 예수님을 영접하여 하나님의 자녀가 되는 권세를 누리게 하심을 감사, 감사합니다!

주여, 나의 아버지 하나님이 천지를 창조하신 전능자이심을 깨닫게 하시니 감사, 감사합니다!

주여, 지금도 살아 계신 하나님을 누리게 하시니 감사, 감사합니다!

주여, 나의 아버지가 모든 것을 통치하심을 믿게 하시니 감사, 감사합니다!

주여, 나의 아버지가 모든 것을 공급하심을 믿게 하시니 감사, 감사합니다!

주여, 나를 사랑하사 독생자를 보내 주심을 감사, 감사합니다!

주여, 예수님을 주로 섬기지 못했음을 용서하소서!

주여, 하나님의 장자답게 살지 못했음을 용서하소서!

주여, 나의 아버지의 전능하심을 누리지 못했음을 용서하소서!

✝ 명령과 선포와 결단

주 예수 그리스도의 이름으로 명하노니 하나님의 절대주권을 잊게 하는 사탄, 마귀는 떠나가라!

나는 이제부터 예수님을 나의 주, 나의 왕으로 모시고 섬기리라!

나는 이제부터 하나님의 자녀의 권세, 하나님의 장자의 권세를 마음껏 누리리라!

나는 이제부터 내 아버지가 천지를 창조하신 하나님임을 한순간도 잊지 않으리라!

나는 이제부터 내 아버지가 전능하신 하나님임을 한순간도 잊지 않으리라!

나는 이제부터 내 아버지가 지금도 살아계신 분임을 한순간도 잊지 않으리라!

나는 이제부터 내 아버지가 내 삶 전체를 통치하심을 한순간도 잊지 않으리라!

나는 이제부터 내 아버지가 나의 모든 것을 공급하시는 분임을 누리며 살리라!

나는 이제부터 독생자를 주신 내 아버지의 사랑에 잡혀 살리라!

예수님을 주인으로 영접한 나는 하나님의 장자다!

나는 이제부터 장자에게 주어진 특권을 마음껏 누리며 살리라!

나는 이제부터 장자의 권세를 가지고 세상을 두려워하지 않는 삶을 살리라!

나는 하나님의 장자답게 거룩하고 향기로운 삶을 살리라!

예수 그리스도의 이름을 높이며 살리라!

예수 그리스도의 이름으로 명하노니 내게서 온갖 두려움과 염려와 불안은 떠나갈지어다!

불평과 원망과 낙심과 절망도, 시기와 질투와 분열과 미움도 떠나갈지어다!

암을 포함한 온갖 질병은 지금 내 몸에서 떠나갈지어다!

온갖 악하고 더러운 저주의 세력들은 떠나갈지어다!

나는 예수님의 보혈에 덮여 있는 하나님의 장자다!

✝ **훈련의 기본 원칙 열 번 복창**

"단순, 반복, 지속, 강행"

✝ **장자권의 발동, 명령과 선포 세 번 복창**

"있을지어다! 그대로 되니라! 하나님이 보시기에 좋았더라!"

"치료될지어다! 회복될지어다! 그대로 되니라! 복 있을지어다! 충만할지어다! 정복할지어다! 다스릴지어다! "

✝ **받은 은혜 묵상 · 간증하기 말씀 요약**

_____

_____

_____

_____

_____

_____

_____

_____

_____

_____

_____

_____

_____

_____

나의 주 예수님

이 세상의 모든 종교에는 다 믿음의 대상이 있습니다. 그 믿음의 대상이 누구냐에 따라서 그 종교의 색채가 결정됩니다. 신앙생활에서 가장 중요한 것은 '누구를 믿는가?' 하는 문제입니다. 내가 믿는 신이 참 신이 아니고 가짜라면 나는 평생을 속아 인생을 살게 될 것이고, 결국 비참한 결과를 맞을 것입니다. 그러므로 우리는 반드시 내가 믿는 신의 실존과 권위에 대한 선명한 확신이 있어야 합니다. 당신은 누구를 믿고 있나요?

암송
말씀

믿음의 주요 또 온전하게 하시는 이인 예수를 바라보자 그는 그 앞에 있는 기쁨을 위하여 십자가를 참으사 부끄러움을 개의치 아니하시더니 하나님 보좌 우편에 앉으셨느니라 (히 12:2)

다른 이로써는 구원을 받을 수 없나니 천하 사람 중에 구원을 받을 만한 다른 이름을 우리에게 주신 일이 없음이라 하였더라 (행 4:12)

1. 믿음의 주요 온전하게 하시는 예수님

우리의 믿음은 그 대상이 분명합니다. 바로 '예수님'입니다. 물론 하나님이 우리의 믿음의 주이심은 말할 것도 없습니다. 그렇지만 하나님이란 개념은 지구촌 모두에게 존재합니다. 모든 종교의 신에게 나름대로 하나님이란 개념이 들어 있습니다. 하지만 많은 종교의 신들 중의 한 분이 아닌, 오직 한 분이어야 합니다(시 136:1~9). 우리가 믿는 하나님은 반드시 예수 그리스도를 통해서만 알 수 있고 볼 수 있습니다. 반드시 예수 그리스도를 통해서만 만날 수 있고 관계를 맺을 수 있습니다.

1) 믿음의 주 예수 그리스도

우리 믿음의 대상은 바로 예수 그리스도이십니다. 오직 예수님 외에는 우리가 믿을 신은 존재하지 않습니다. 예수님을 통해서만 하나님은 참 하나님입니다. 예수님을 통해서만 하나님은 나의 아버지가 되십니다. 예수님을 통하지 않고는 그 누구도 참 하나님을 만날 수 없습니다.

📖✝ 아래 성경을 묵상하세요.

> **히 12:2** | 믿음의 주요 또 온전하게 하시는 이인 예수를 바라보자 그는 그 앞에 있는 기쁨을 위하여 십자가를 참으사 부끄러움을 개의치 아니하시더니 하나님 보좌 우편에 앉으셨느니라

✢ 당신이 바라봐야 할 분은 누구인가요?   예수님입니다.

✛ 예수님은 우리에게 어떤 대상인가요?	믿음의 주가 되십니다.
✛ 우리 믿음의 주이신 예수님은 무엇을 참으셨나요?	십자가를 참으셨습니다.
✛ 예수님이 십자가를 참으신 것은 무엇을 보셨기 때문인가요?	십자가 앞에 있는 기쁨을 보셨기 때문입니다.
✛ 예수님의 십자가에는 반드시 따르는 것이 있습니다. 무엇인가요?	고난과 수치입니다.
✛ 예수님은 십자가의 수치를 어떻게 하셨나요?	개의치 않으셨습니다.
✛ 예수님이 십자가를 참으시고 부끄러움을 개의치 않으신 결과는 어떠했나요?	하나님 보좌 우편에 앉으셨습니다.
✛ 예수님이 당신의 주가 되신다면 그분을 믿는 당신에게 반드시 살아 있어야 할 것은 무엇인가요?	십자가와 부활의 영광입니다(하나님 보좌 우편의 영광).
✛ 십자가에 반드시 존재하는 것이 무엇인가요?	고난과 수치입니다.
✛ 그렇다면 지금 예수님을 믿는 당신도 예수님을 위해 고난과 수치를 당할 것을 각오해야 한다고 생각하나요?	아멘, 아멘!
✛ 믿음의 주이신 예수님을 바라보면 선명하게 보이는 것 두 가지가 있습니다. 정리해 보세요.	첫째, 고난과 수치를 참으신 십자가의 예수님, 둘째, 하나님 보좌 우편에 앉으신 영광스런 부활의 주님입니다.
✛ 이 두 가지 중에 당신에게 먼저 보여야 할 것이 있다면?	십자가입니다. 바로 십자가의 고난을 감당할 각오와 결단이 있어야 합니다.

📖🕆 아래 성경을 묵상하세요.

롬 8:17~18 | ¹⁷자녀이면 또한 상속자 곧 하나님의 상속자요 그리스도와 함께한 상속자니 우리가 그와 함께 영광을 받기 위하여 고난도 함께 받아야 할 것이니라 ¹⁸생각하건대 현재의 고난은 장차 우리에게 나타날 영광과 비교할 수 없도다

✤ 당신이 예수님을 영접하는 순간 당신에게 하나님의 자녀가 되는 권세가 주어집니다. 하나님의 자녀에게 어떤 은총이 주어지나요?	하나님 아버지의 상속자가 되는 은총을 받습니다.
✤ 성경에서 상속자는 누구를 말하나요?	장자를 말하고 있습니다.
✤ 당신이 예수 그리스도와 함께 하나님의 상속자라면 당신의 신분도 장자임을 확신하나요?	아멘, 아멘!
✤ 당신의 상속은 누구와 함께하나요?	예수 그리스도와 함께한 상속입니다.
✤ 당신이 하나님의 상속자라면 당연하게 따라와야 할 것은 무엇인가요?	예수 그리스도께서 받으신 하나님 보좌 우편의 영광입니다.
✤ 당신이 예수님이 누리시는 하나님 보좌 우편의 영광에 동참하려면 반드시 통과해야 할 관문은 무엇일까요?	고난이란 관문입니다.
✤ 오늘 복음의 현장에서 받는 고난은 장차 우리에게 나타날 영광과 비교할 수 없음을 확신하나요?	아멘, 아멘!
✤ 그렇다면 당신은 지금 예수님을 믿으면서 받는 고난을 즐거워해야 한다고 생각하나요?	아멘, 아멘!
✤ 당신이 복음을 위해 고난을 즐거워하지 않는다면 그 이유가 어디에 있다고 생각하나요?	장차 나타날 영광을 보는 눈이 열리지 않아서입니다.

📖† 아래 성경을 묵상하세요.

> 히 11:6 | 믿음이 없이는 하나님을 기쁘시게 하지 못하나니 하나님께 나아가는 자는 반드시 그가 계신 것과 또한 그가 자기를 찾는 자들에게 상 주시는 이심을 믿어야 할지니라

✤ 하나님을 기쁘시게 해 드리기 위해 필요한 것이 무엇인가요?	믿음이 필요합니다.

✛ 하나님을 기쁘시게 해 드리는 믿음 두 가지를 적어 보세요.	**첫째**, 반드시 하나님이 계시다는 것과 **둘째**, 하나님은 자기를 찾는 자들에게 상을 주시는 분이심을 믿는 것입니다.
✛ 본문에서 우리 믿음의 대상은 누구신가요?	하나님입니다.
✛ 본문에 의하면 하나님은 살아 계신 분일 뿐 아니라 하나님을 섬기는 자에게 무엇을 주는 분인가요?	상을 주시는 분입니다.
✛ 하나님이 당신에게 상을 주는 분이시라면 상을 받기 위해 당신이 해야 할 일은 무엇일까요?	십자가의 고난과 수치를 참된 기쁨으로 감당하는 일입니다.

2) 주 예수를 믿으라

당신은 성경에서 하나님과 함께 오직 주 예수님만이 당신 믿음의 대상임을 분명히 알았습니다. 이제 성경을 통해서 당신이 믿어야 할 예수님에 대해서 살펴봅니다.

📖✝ 아래 성경을 묵상하세요.

> **행 16:30~31** | ³⁰그들을 데리고 나가 이르되 선생들이여 내가 어떻게 하여야 구원을 받으리이까 하거늘 ³¹이르되 주 예수를 믿으라 그리하면 너와 네 집이 구원을 받으리라 하고

✛ 바울은 두려워 떨면서 구원의 길을 묻는 빌립보 감옥의 간수에게 누구를 믿으라고 하나요?	"주 예수를 믿으라"고 했습니다.
✛ 주 예수를 믿는 자에게 어떤 결과가 찾아오나요?	믿는 자와 그 집이 구원을 받습니다.
✛ 이 말씀을 통해서 당신의 믿음의 대상은 오직 누구인 것을 알 수 있나요?	주 예수님뿐임을 알 수 있습니다.
✛ 당신의 믿음의 대상은 예수님인데 본문에서는 그분의 또 다른 명칭이 등장합니다. 무엇인가요?	'주'라는 이름입니다.
✛ 나는 예수님이 당신의 주가 되심을 믿고 있나요?	아멘, 아멘!

📖✝ 아래 성경을 묵상하세요.

> **롬 10:9~10** | ⁹네가 만일 네 입으로 예수를 주로 시인하며 또 하나님께서 그를 죽은 자 가운데서 살리신 것을 네 마음에 믿으면 구원을 받으리라 ¹⁰사람이 마음으로 믿어 의에 이르고 입으로 시인하여 구원에 이르느니라

✛ 당신이 구원을 받기 위해서 당신의 입으로 무엇을 시인해야 하나요?

예수님이 나의 주가 되심을 시인해야 합니다.

✛ 당신은 마음으로 무엇을 믿어야 하나요?

나의 주 예수님이 죽은 자 가운데서 살아나셨음을 믿어야 합니다.

✛ 예수님을 죽은 자 가운데서 살리신 분은 누구인가요?

하나님입니다.

✛ 사람이 구원을 받기 위해 반드시 필요한 것이 무엇인가요?

마음으로 믿고 입으로 시인하는 것입니다.

✛ 당신은 지금 예수님을 당신의 주인으로 영접하고 시인하고 있나요?

아멘, 아멘!

✛ 예수님을 당신의 주(왕, 하나님)로 모셨다면 지금 당신은 그분을 당신 삶의 어디에 모시고 살고 있나요?

왕좌에 모셔야 하지만 때때로는 인정조차 하지 않을 때가 있습니다.

✛ 지금 예수님을 당신 마음의 왕좌에 모시기로 결단할 수 있나요?

아멘, 아멘!

2. 예수님이 누구시기에

모든 종교에서 신의 자리는 거의 다 사람이나 사물이 차지하고 있습니다. 기독교도 분명하게 인자(사람의 아들)이신 예수님을 하나님으로 섬기고 있습니다. 하지만 중요한 것은 그 사람이신 예수님이 다른 종교의 신들과 다르다는 사실입니다. 이제 우리 믿음의 주이신 예수님에 대해 살펴보면서 믿음의 확신을 갖기 바랍니다.

1) 하나님의 아들이란 이름으로 오신 예수님

우리 믿음의 주가 되시는 예수님은 인자(사람의 아들)로 오셨지만, 하나님의 아들이란 이름으로 오셨습니다. 예수님이 하나님의 아들이란 이름으로 오신 목적은 무엇일까요?

📖 아래 성경을 묵상하세요.

> **요 3:16** | 하나님이 세상을 이처럼 사랑하사 독생자를 주셨으니 이는 그를 믿는 자마다 멸망하지 않고 영생을 얻게 하려 하심이라

✤ 하나님이 세상(우리 죄인들)을 사랑하사 누구를 보내셨나요? | 독생자, 외아들을 보내셨습니다.

✤ 하나님이 아들을 보내신 목적은 무엇인가요? | 믿는 자마다 멸망하지 않고 영생을 얻게 하려 함이십니다.

2) 인자(사람의 아들)로 오신 예수님

우리 믿음의 주이신 예수님은 분명히 사람의 아들로 이 세상에 오셨습니다.

📖 아래 성경을 묵상하세요.

> **눅 3:23** | 예수께서 가르치심을 시작하실 때에 삼십 세쯤 되시니라 사람들이 아는 대로는 요셉의 아들이니 요셉의 위는 헬리요
>
> **마 26:1~2** | ¹예수께서 이 말씀을 다 마치시고 제자에게 이르시되 ²너희가 아는 바와 같이 이틀이 지나면 유월절이라 인자가 십자가에 못 박히기 위하여 팔리리라 하시더라

✤ 예수님이 사역(가르치심)을 시작하실 때 몇 세쯤 되셨나요? | 30세쯤 되셨습니다.

✛ 예수님은 누구의 아들이셨나요? | 요셉의 아들이셨습니다.

✛ 마 26:1~2 말씀은 누가 누구에게 하신 말씀인가요? | 예수님이 제자에게 하신 말씀입니다.

✛ 예수님은 유대인의 무슨 절기에 팔리셨나요? | 유월절에 팔리셨습니다.

✛ 예수님은 스스로를 어떻게 부르셨나요? | 인자(사람의 아들)라 부르셨습니다.

📖➕ 아래 성경을 묵상하세요.

> **빌 2:5~8** | ⁵너희 안에 이 마음을 품으라 곧 그리스도 예수의 마음이니 ⁶그는 근본 하나님의 본체시나 하나님과 동등됨을 취할 것으로 여기지 아니하시고 ⁷오히려 자기를 비워 종의 형체를 가지사 사람들과 같이 되셨고 ⁸사람의 모양으로 나타나사 자기를 낮추시고 죽기까지 복종하셨으니 곧 십자가에 죽으심이라

✛ 당신 안에 품어야 할 마음은 무엇인가요? | 예수님의 마음입니다.

✛ 예수님의 근본은 무엇인가요? | 하나님의 본체이셨습니다.

✛ 예수님은 누구와 동등하신 분이었나요? | 하나님과 동등하신 분이었습니다.

✛ 하나님과 동등하신 예수님은 누구의 강압에 의해 사람의 몸을 입고 오셨나요? | 아닙니다. 스스로 자기를 비워 종의 형체를 가지고 오셨습니다.

✛ 하나님의 본체이시며, 하나님과 동등하신 예수님은 누구와 같은 모양으로 나타나셨나요? | 사람들과 같이 되셨고, 사람의 모양으로 나타나셨습니다.

✛ 그렇다면 지금 당신은 그 이름을 앞세울 믿음을 갖기 원하나요? | 아멘, 아멘!

✛ 이제부터 예수 이름을 마음껏 앞세우기로 결단할 수 있나요? | 아멘, 아멘!

✛ 당신이 주인으로 영접한 예수 이름이 모든 입으로 주라 시인 받을 이름임을 믿나요? | 아멘, 아멘!

✤ 당신이 모든 이름 위에 뛰어나며, 모든 무릎을 꿇게 하시는 예수님의 이름을 앞세울 때 그 권세를 누릴 수 있다고 믿나요?	아멘, 아멘!

하나님은 〈빌립보서〉 2장 10~11절을 통해서 그리스도에게 복종해야 할 대상에 대해 세 가지로 언급하고 있습니다. 즉 '하늘에 있는 자들'(에푸라니온) '땅에 있는 자들'(에피게이온) '땅 아래 있는 자들'(카타크도니온)이 그것입니다. 위의 세 헬라어는 남성과 중성 두 가지로 해석할 수 있습니다. 필자는 중성을 택해서 '땅 아래 있는 자들'을 '만물'로 표기했습니다.

3) 성령으로 잉태되신 예수님

예수님은 이 세상에 사람의 아들로 태어나셨지만 죄가 없으신 분입니다. 어떻게 사람의 아들이 죄가 없냐고요? 그분이 성령에 의해 잉태되셨기 때문입니다.

📖✝ 아래 성경을 묵상하세요.

> **요일 3:5** | 그가 우리 죄를 없애려고 나타나신 것을 너희가 아나니 그에게는 죄가 없느니라
>
> **고후 5:21** | 하나님이 죄를 알지도 못하신 이를 우리를 대신하여 죄로 삼으신 것은 우리로 하여금 그 안에서 하나님의 의가 되게 하려 하심이라

✤ 예수님이 이 세상에 오신 목적은 무엇인가요?	죄를 없애려 오셨습니다.
✤ 죄를 없애러 오신 예수님은 죄와 어떤 관계에 있으셨나요?	죄를 알지도 못하시며, 죄가 없으신 분입니다.
✤ 이 세상에 존재하는 사람들 중 죄가 없는 사람이 있을까요?	단 한 사람도 없습니다.

📖 아래 성경을 묵상하세요.

> **마 1:18~20** | ¹⁸예수 그리스도의 나심은 이러하니라 그의 어머니 마리아가 요셉과 약혼하고 동거하기 전에 성령으로 잉태된 것이 나타났더니 ¹⁹그의 남편 요셉은 의로운 사람이라 그를 드러내지 아니하고 가만히 끊고자 하여 ²⁰이 일을 생각할 때에 주의 사자가 현몽하여 이르되 다윗의 자손 요셉아 네 아내 마리아 데려오기를 무서워하지 말라 그에게 잉태된 자는 성령으로 된 것이라

✢ 예수님은 어머니 마리아가 요셉과 약혼하고 동거하기 전에 이미 누구에 의해 잉태되셨나요?	성령에 의해 잉태되셨습니다.
✢ 의로운 요셉은 이 사실을 알고 가만히 끊고자 했지만 천사가 무어라 말했나요?	그녀의 잉태는 다른 사람과의 불륜에 의한 것이 아니라 성령으로 말미암은 것이다.
✢ 하나님이 성령을 통해서 처녀의 몸에 아들을 낳게 하실 수 있다고 확신하나요?	아멘, 아멘!
✢ 예수님이 성령에 의해서 처녀의 몸에 탄생하셨기에 죄가 없다고 확신하나요?	아멘, 아멘!

4) 죽음에서 부활하신 예수님

이 세상에는 많은 종교가 있습니다. 모든 종교마다 창시자가 있습니다. 모든 종교의 창시자, 교주들은 모두 다 죽었습니다. 그러나 우리 '믿음의 주'이신 예수님만은 사망의 권세를 이기고 살아나셨습니다. 그분은 십자가를 지고 죽으셨습니다. 하지만 다시 살아나지 못하셨다면 무슨 의미가 있겠습니까? 그러나 그분은 죽음을 이기고 부활하셨습니다. 예수님이 우리 믿음의 주가 되실 수 있는 것은 그분의 부활 때문입니다.

📖+ 아래 성경을 묵상하세요.

> **마 16:21** | 이 때로부터 예수 그리스도께서 자기가 예루살렘에 올라가 장로들과 대제사장들과 서기관들에게 많은 고난을 받고 죽임을 당하고 제삼일에 살아나야 할 것을 제자에게 비로소 나타내시니
>
> **마 28:5~6** | ⁵천사가 여자들에게 말하여 이르되 너희는 무서워하지 말라 십자가에 못 박히신 예수를 너희가 찾는 줄을 내가 아노라 ⁶그가 여기 계시지 않고 그가 말씀 하시던 대로 살아나셨느니라 와서 그가 누우셨던 곳을 보라

✛ 예수님은 어디에 가서 고난을 받고 죽임을 당할 것이라 말씀하셨나요?	예루살렘
✛ 누구에게 고난과 죽임을 당할 것이라 하셨나요?	장로들, 대제사장들, 서기관들
✛ 예수님은 죽임을 당하지만 그 후 어떤 일이 일어날 것이라 하셨나요?	삼일 만에 살아난다 하셨습니다.
✛ 예수님이 십자가에서 죽으시고 무덤에 장사지낸 후 막달라 마리아 일행이 무덤을 찾았을 때에 천사가 제일 먼저 한 말은?	너희는 무서워하지 말라
✛ 천사의 그다음 말은?	십자가에 못 박히신 예수를 너희가 찾는 줄을 내가 아노라
✛ 그다음에 한 말은?	그는 여기 계시지 않다.
✛ 그다음에 한 중요한 말은?	그가 말하시던 대로 살아나셨느니라.
✛ 당신은 예수님의 부활을 믿나요?	아멘, 아멘!

5) 하나님이신 예수님

사람의 아들로 오신 예수님, 하나님의 아들로 오신 예수님이 이 세상에서 유일하신 신인 가장 중요한 이유는 아주 선명합니다. 그분의 본래 신분 때문이지요. 그분은 본래 하나님이셨습니다.

📖 아래 성경을 묵상하세요.

> **마 1:23** | 보라 처녀가 잉태하여 아들을 낳을 것이요 그의 이름은 임마누엘이라 하리라 하셨으니 이를 번역한즉 하나님이 우리와 함께 계시다 함이라
>
> **사 9:6** | 이는 한 아기가 우리에게 났고 한 아들을 우리에게 주신 바 되었는데 그의 어깨에는 정사를 메었고 그의 이름은 기묘자라, 모사라, 전능하신 하나님이라, 영존하시는 아버지라, 평강의 왕이라 할 것임이라

✤ 처녀가 잉태하여 낳은 아들의 이름을 어떻게 부르라 예언하셨나요?	임마누엘
✤ 임마누엘의 뜻이 무엇인가요?	하나님이 우리와 함께 계시다.
✤ 처녀가 낳은 아기의 이름, 그 아들의 이름을 어떻게 불렀나요?	기묘자, 모사, 전능하신 하나님, 영존하시는 아버지, 평강의 왕으로 불렀습니다.
✤ 처녀인 마리아에게서 성령으로 잉태되어 태어나신 한 아기 예수님, 요셉의 한 아들로 오신 예수님은 본래 누구셨나요?	전능하신 하나님, 영존하시는 아버지, 평강의 왕이셨습니다.
✤ 당신은 예수님이 전능하신 하나님임을 믿나요?	아멘, 아멘!

3. 오직 예수님만이

이제까지 우리는 '예수님이 어떠한 분이신가'를 말씀을 통해서 분명히 알게 되었습니다. 예수님이 다른 종교의 신들과 다른 이유도 선명하게 알게 되었습니다. 예수님만이 참으로 우리의 구원자요, 참 하나님입니다.

1) 예수님으로 말미암지 않고는

이 세상에서 예수님을 제외하고 하나님 아버지께 나아갈 길은 존재하지 않습니다.

그 어떤 종교의 교주도 예수님처럼 신적인 조건을 갖춘 이가 없기 때문입니다.

📖✝ 아래 성경을 묵상하세요.

> **요 14:6** | 예수께서 이르시되 내가 곧 길이요 진리요 생명이니 나로 말미암지 않고는 아버지께로 올 자가 없느니라

❖ 예수님이 스스로 선포하신 말씀입니다. 누구로 말미암지 않고는 하나님께로 갈 자가 없나요?
　　예수님으로 말미암지 않고는 하나님 아버지께 갈 자가 없습니다.

❖ 그 이유는?
　　예수님만이 길, 진리, 생명이시기 때문입니다.

📖✝ 아래 성경을 묵상하세요.

> **행 4:11~12** | ¹¹이 예수는 너희 건축자들의 버린 돌로서 집 모퉁이의 머릿돌이 되었느니라 ¹²다른 이로써는 구원을 받을 수 없나니 천하 사람 중에 구원을 받을 만한 다른 이름을 우리에게 주신 일이 없음이라 하였더라

❖ 우리 믿음의 주인이신 예수님은 사람들에게 버림을 받으셨습니다. 마치 건축자들이 쓸모없어 버린 돌과 같다고 말씀하십니다. 그렇지만 예수님은 어떻게 되셨나요?
　　집 모퉁이의 머릿돌이 되셨습니다.

❖ 우리 믿음의 주가 되시는 예수님 외에 구원을 얻을 길이 세상에 존재할까요?
　　예수님 외에 없습니다.

❖ 천하의 모든 사람 중에 구원을 받을 만한 이름을 우리에게 주신 일이 있나요?
　　전혀 없습니다.

❖ 이 말씀이 불변의 진리임을 믿나요?
　　아멘, 아멘!

✣ 그렇다면 이 세상에 어떤 사람도 당신의 구원자가 될 수 없다고 확신하나요?	아멘, 아멘!
✣ 신천지를 포함한 우리 주변의 각종 이단들의 명백한 죄를 인정하나요?	아멘, 아멘!
✣ 예수님만이 유일무이한 영원한 구원자이심을 믿나요?	아멘, 아멘!
✣ 오직 예수님만이 우리 믿음의 주가 되심을 확신하나요?	아멘, 아멘!
✣ 이제까지 말씀에 의하면 당신의 주 예수님은 어떤 분이신가요?	1) 하나님의 아들이란 이름으로, 2) 사람의 아들(인자)로 오셨지만, 3) 성령으로 잉태되어 죄가 없으며, 4) 죽은 자 가운데서 부활하신, 5) 하나님입니다.

말씀 살기

✝ **말씀의 핵심 정리**

1. 우리 믿음의 주인은 예수님이구나!
2. 믿음의 주이신 예수님을 바라볼 때, 십자가의 고난과 하늘 보좌 우편의 영광을 동시에 봐야 하는구나!
3. 예수님만이 유일한 구원자이구나!
4. 예수님은 하나님의 아들이란 이름으로 사람의 아들(인자)로 오신 분이구나!
5. 예수님은 성령으로 잉태되셨기에 죄가 없으신 유일한 분이구나!
6. 예수님은 사망 권세를 이기시고 부활하셨구나!
7. 예수님은 전능하신 하나님이구나!

✝ **감사와 회개**

주여, 오직 유일한 믿음의 주 예수님을 믿게 하시니 감사합니다!

주여, 우리에게 참 하나님이신 예수님을 믿게 하시니 감사합니다!

주여, 예수님이 하나님의 아들이란 이름으로 오신 하나님이심을 믿게 하시니 감사합니다!

주여, 예수님이 사람의 아들로 오신 하나님이심을 믿게 하시니 감사합니다!

주여, 예수님만이 성령으로 잉태되어 죄가 없으신 유일한 분임을 믿게 하시니 감사합니다!

주여, 예수님이 부활하신 주님이심을 다시 새기게 하시니 감사합니다!

주여, 나의 삶에서 믿음의 주 예수님만을 바라보지 못했음을 용서하소서!

주여, 우리 주님의 십자가를 바로 지지 못했음을 용서하소서!

주여, 고난의 십자가를 지기 싫어했던 죄를 용서하소서!

✝ 명령과 선포와 결단

나의 시선을 예수님에게서 멀어지게 하는 사탄, 마귀는 떠나가라!

예수님의 십자가를 부담스럽게 하는 사탄, 마귀는 떠나가라!

예수님의 부활을 잊게 하는 사탄, 마귀는 떠나가라!

예수님의 하늘 보좌 영광을 바라보지 못하게 하는 사탄, 마귀는 떠나가라!

나의 마음을 예수님 한 분만으로 만족하지 못하게 하는 사탄, 마귀는 떠나가라!

나는 이제부터 내게 주어진 사명의 십자가를 즐겁게 감당하리라!

나는 이제부터 예수님 한 분만으로 만족하며 살리라!

나는 이제부터 하늘의 영광을 바라보며 살리라!

나는 이제부터 예수님만 바라보며 살리라!

주여, 이제부터 오직 예수님의 십자가를 기쁨으로 감당하겠습니다!

주여, 이제부터 오직 예수님 한 분만으로 만족하며 살겠습니다!

주여, 이제부터 하늘의 영광을 바라보며 살겠습니다!

주여, 이제부터 누구를 만나든지 예수님만 자랑하며 살겠습니다!

✝ 훈련의 기본 원칙 열 번 복창

"단순, 반복, 지속, 강행"

✝ 장자권의 발동, 명령과 선포 세 번 복창

"있을지어다! 그대로 되니라! 하나님이 보시기에 좋았더라!"

"치료될지어다! 회복될지어다! 복 있을지어다! 충만할지어다! 정복할지어다! 다스릴지어다!"

✝ 받은 은혜 묵상 · 간증하기 말씀 요약

_____

_____

_____

05

자녀의 권세를 누리게 하시는 성령님

우리 성도의 신앙에서 절대적인 분은 오직 성령님입니다. 아무리 말씀이 좋고 예수님이 귀해도, 하나님이 그렇게도 위대하고 놀라우신 분이라 해도, 반드시 성령님을 통해서만 만날 수 있기 때문입니다. 성령님은 누구신가요? 성령님은 말 그대로 '거룩한 영'이자 '전능하신 하나님'입니다. 이제 성령님을 만나러 떠나 봅시다.

 암송 말씀
볼지어다 내가 내 아버지께서 약속하신 것을 너희에게 보내리니 너희는 위로부터 능력으로 입혀질 때까지 이 성에 머물라 하시니라(눅 24:49)

1. 하나님이신 성령님

우리가 성령님에 대해서 분명하게 배워 알아야 할 것은 그분이 하나님이라는 사실입니다. 성령님은 삼위 하나님 가운데 한 분입니다.

1) 성부, 성자와 동일하신 성령님

성령님은 성부 하나님, 성자 예수님과 동일하신 하나님입니다.

📖 아래 성경을 묵상하세요.

> **마 28:18~19** | ¹⁸예수께서 나아와 말씀하여 이르시되 하늘과 땅의 모든 권세를 내게 주셨으니 ¹⁹그러므로 너희는 가서 모든 민족을 제자로 삼아 아버지와 아들과 성령의 이름으로 세례를 베풀고
>
> **고후 13:13** | 주 예수 그리스도의 은혜와 하나님의 사랑과 성령의 교통하심이 너희 무리와 함께 있을지어다

✤ 누가 하신 말씀인가요?   예수님이 하신 말씀입니다.

✤ 예수님의 말씀에 의하면 하늘과 땅의 모든 권세가   예수님께 주어졌습니다.
누구에게 주어졌나요?

✤ 예수님의 제자가 해야 할 우선적인 일은 무엇인가   가서 모든 민족으로 제자 삼는 일
요?   입니다.

✛ 제자를 삼은 후에 할 일은 무엇인가요?	아버지와 아들과 성령의 이름으로 세례(침례) 주는 일입니다.
✛ 세례(침례)를 줄 때에 성부와 성자와 성령의 이름 중에 하나라도 빼 놓을 수 있나요?	없습니다.
✛ 그렇다면 성령님은 성부 하나님, 성자 예수님과 동일하신 분임을 확신할 수 있나요?	아멘, 아멘!
✛ 당신이 축도라 일컫는 기도입니다. 등장하는 세 분을 기록해 보세요.	주 예수 그리스도, 하나님, 성령님
✛ 축도에서 어느 한 분을 빼놓을 수 있나요?	한 분이라도 빼면 안 됩니다.
✛ 그렇다면 성령님은 성부 하나님과 성자 예수님과 동일하신 분임을 확신하나요?	아멘, 아멘!

2) 창조주 성령님

성령님은 천지를 창조하신 하나님, 천지와 사람을 지으신 분입니다.

📖➕ 아래 성경을 묵상하세요.

> **창 1:2** | 땅이 혼돈하고 공허하며 흑암이 깊음 위에 있고 하나님의 영은 수면 위에 운행하시니라
>
> **욥 33:4** | 하나님의 영이 나를 지으셨고 전능자의 기운이 나를 살리시느니라

✛ 땅이 혼돈하고 공허하며 흑암이 깊음 위에 있을 때에 하나님의 영은 무엇을 하셨나요?	수면 위에 운행하셨습니다. 천지를 지으실 때에 하나님의 영이 품으시고 질서 있게 만드셨습니다.
✛ 성령님이 함께하시면 어떤 역사가 일어날까요?	혼돈과 공허, 깊은 흑암의 세계가 빛과 질서, 아름다움과 좋음으로 창조됩니다.
✛ 성경에 의하면 당신을 지으신 분은 누구인가요?	하나님의 영인 성령님입니다.

✛ 이 말씀을 근거로 성령님이 창조주 하나님이심을 믿 │ 아멘, 아멘!
나요?

3) 하나님이신 성령님

성령님은 예수님처럼 하나님과 동등하신 하나님입니다.

📖➕ 아래 성경을 묵상하세요.

> **행 5:3~4** | ³베드로가 이르되 아나니아야 어찌하여 사탄이 네 마음에 가득하여 네가 성령을 속이고 땅 값 얼마를 감추었느냐 ⁴땅이 그대로 있을 때에는 네 땅이 아니며 판 후에도 네 마음 대로 할 수가 없더냐 어찌하여 이 일을 네 마음에 두었느냐 사람에게 거짓말한 것이 아니요 하 나님께로다

✛ 아나니아와 삽비라가 소유를 팔아 드리기로 약속하 고 실제로 어떻게 행동했나요?	소유를 팔아 그 값에서 얼마를 감 추고 일부만 가져다가 드렸습니다.
✛ 하나님은 베드로를 통해서 아나니아의 마음에 누가 가득하다 하시나요?	사탄이 가득하다 하셨습니다.
✛ 결국 하나님과의 관계에서 물질에 대해 욕심을 내는 것은 그 속에 누가 역사하고 있다는 것인가요?	사탄, 마귀가 역사하고 있다는 것 입니다.
✛ 사탄이 가득해서 물질 얼마를 감춘 것이 결국은 누 구를 속인 것이라 하시나요?	성령을 속인 것입니다.
✛ 성령을 속인 것은 곧 누구에게 거짓말을 한 것이라 하시나요?	하나님께 거짓말한 것이라 말씀하 십니다.
✛ 위의 말씀을 통해서 성령님이 하나님과 동일하신 하 나님이심을 확신할 수 있나요?	아멘, 아멘!

2. 예수님과 성령님

성령님과 예수님은 동일한 분입니다. 신성과 능력이 동일한 하나님입니다. 예수님은 제한된 육신을 입고 세상에 오셨습니다. 그러기에 인자이신 예수님의 출생부터 모든 사역은 오직 성령님의 도우심이 있었습니다.

1) 구약에 예언된 예수님의 탄생과 성령님

예수님과 성령님의 관계는 구약성경에 이미 예언되어 있습니다. 이제 말씀에 들어갑니다.

📖 아래 성경을 묵상하세요.

> **사 7:14 |** 그러므로 주께서 친히 징조를 너희에게 주실 것이라 보라 처녀가 잉태하여 아들을 낳을 것이요 그의 이름을 임마누엘이라 하리라
>
> **마 1:18~21 |** 18예수 그리스도의 나심은 이러하니라 그의 어머니 마리아가 요셉과 약혼하고 동거하기 전에 성령으로 잉태된 것이 나타났더니 19그의 남편 요셉은 의로운 사람이라 그를 드러내지 아니하고 가만히 끊고자 하여 20이 일을 생각할 때에 주의 사자가 현몽하여 이르되 다윗의 자손 요셉아 네 아내 마리아 데려오기를 무서워하지 말라 그에게 잉태된 자는 성령으로 된 것이라 21아들을 낳으리니 이름을 예수라 하라 이는 그가 자기 백성을 그들의 죄에서 구원할 자이심이라 하니라

✢ 이사야의 예언에 의하면 주님이 친히 주신 징조는 무엇인가요?

처녀가 잉태하여 아들을 낳는 것입니다.

✢ 처녀가 잉태하여 아들을 낳는다는 예언이 누구에게 이루어졌나요?

요셉과 약혼한 처녀 마리아에게 이루어졌습니다.

✢ 요셉과 약혼한 처녀 마리아는 누구로 말미암아 잉태되었나요?

성령으로 말미암아 잉태되었습니다.

✢ 성령으로 잉태되어 태어날 아기 이름은?

'예수'입니다.

✢ 예수님은 구약의 예언대로 성령으로 말미암아 처녀의 몸에서 태어나신 것을 믿나요?	아멘, 아멘!
✢ 예언대로 성령으로 잉태하신 예수님은 임마누엘이십니다. 그 뜻은?	하나님이 우리와 함께 계시다.
✢ 위의 말씀을 근거로 예수님은 구약의 예언대로 성령으로 잉태되어 처녀의 몸에서 태어나신 전능하신 하나님임을 믿나요?	아멘, 아멘!

2) 예수님의 사역과 성령님

예수님은 성령으로 잉태되셨고, 성령의 기름 부음을 받아 사역을 시작하셨습니다.
이제 예수님의 사역과 성령님에 대해 조명해 봅니다.

📖✝ 아래 성경을 묵상하세요.

> **눅 3:21~22 |** ²¹백성이 다 세례를 받을새 예수도 세례를 받으시고 기도하실 때에 하늘이 열리며 ²²성령이 비둘기 같은 형체로 그의 위에 강림하시더니 하늘로부터 소리가 나기를 너는 내 사랑하는 아들이라 내가 너를 기뻐하노라 하시니라
>
> **눅 4:1~2 |** ¹예수께서 성령의 충만함을 입어 요단 강에서 돌아오사 광야에서 사십 일 동안 성령에게 이끌리시며 ²마귀에게 시험을 받으시더라 이 모든 날에 아무것도 잡수지 아니하시니 날 수가 다하매 주리신지라
>
> **눅 4:14~15 |** ¹⁴예수께서 성령의 능력으로 갈릴리에 돌아가시니 그 소문이 사방에 퍼졌고 ¹⁵친히 그 여러 회당에서 가르치시매 뭇 사람에게 칭송을 받으시더라

✢ 예수님이 세례(침례)를 받으시고 제일 먼저 무엇을 하셨나요?	기도하셨습니다.
✢ 예수님이 기도하실 때에 무슨 일이 일어났나요?	하늘이 열렸습니다.
✢ 하늘이 열리며 누가 어떤 형태로 강림하셨나요?	성령이 비둘기같이 강림하셨습니다.

✛ 성령이 강림하신 후에 어디로부터 무슨 음성이 들려왔나요?	하늘로부터 "너는 내 사랑하는 아들이라. 내가 너를 기뻐하노라"는 소리가 들렸습니다.
✛ 예수님이 세례(침례) 후에 요단 강에서 돌아오실 때 어떤 상태였나요?	성령이 충만한 상태였습니다.
✛ 예수님이 40일을 마귀에게 시험을 받으시며 금식하실 때 누구에게 이끌리셨나요?	성령님께 이끌리셨습니다.
✛ 예수님이 금식 후 마귀의 시험을 이기고 갈릴리에 돌아가실 때는 어떤 모습이었나요?	성령으로 충만한 상태이셨습니다.

3) 예수님의 십자가와 부활, 그리고 성령님

성령님은 예수님의 십자가와 부활에 함께하셨습니다.

📖✝ 아래 성경을 묵상하세요.

> **히 9:14** | 하물며 영원하신 성령으로 말미암아 흠 없는 자기를 하나님께 드린 그리스도의 피가 어찌 너희 양심을 죽은 행실에서 깨끗하게 하고 살아 계신 하나님을 섬기게 하지 못하겠느냐
>
> **롬 8:11** | 예수를 죽은 자 가운데서 살리신 이의 영이 너희 안에 거하시면 그리스도 예수를 죽은 자 가운데서 살리신 이가 너희 안에 거하시는 그의 영으로 말미암아 너희 죽을 몸도 살리시리라

✛ 예수님의 십자가는 누구로 말미암아 지실 수 있었나요?	영원하신 성령으로 말미암아 지셨습니다.
✛ 예수님은 그 피를 누구로 말미암아 흘릴 수 있었나요?	성령님입니다.
✛ 성령이 역사하시면 십자가의 고난도 감당할 수 있다는 사실이 믿어지나요?	아멘, 아멘!

✦ 당신이 고난의 십자가를 감사로 지고 가려면 성령 충만해야 한다고 믿나요?	아멘, 아멘!
✦ 예수님을 죽은 자 가운데서 다시 살리신 분은 누구인가요?	하나님의 영이신 성령님입니다.
✦ 예수님의 사역은 전체가 성령님의 도우심이었다는 사실을 확신하나요?	아멘, 아멘!
✦ 그렇다면 당신의 신앙생활 전체도 성령님의 도우심이 필요하다고 인정하나요?	아멘, 아멘!

3. 초대교회와 성령님

우리가 아는 초대교회는 예수 그리스도 안에서 온전히 성령님의 독무대였습니다. 성령님은 별 볼일 없는 제자를 장악하셨고, 성령님께 정복당한 제자는 그분의 능력으로 예루살렘에서 시작하여 유대와 사마리아, 그리고 땅 끝까지 복음을 담대히 전했습니다.

1) 예수님의 예언과 성령님

예수님은 이 세상을 떠나시기 전에 이미 여러 번 성령님을 보낼 것을 말씀하셨습니다. 십자가에서 돌아가시기 전부터, 죽은 자 가운데서 부활하신 후까지, 제자에게 계속해서 성령님에 대해 말씀하셨습니다.

📖✝ 아래 성경을 묵상하세요.

> **요 14:16~17** | ¹⁶내가 아버지께 구하겠으니 그가 또 다른 보혜사를 너희에게 주사 영원토록 너희와 함께 있게 하리니 ¹⁷그는 진리의 영이라 세상은 능히 그를 받지 못하나니 이는 그를 보지도 못하고 알지도 못함이라 그러나 너희는 그를 아나니 그는 너희와 함께 거하심이요 또 너

요 14:26 | 보혜사 곧 아버지께서 내 이름으로 보내실 성령 그가 너희에게 모든 것을 가르치고 내가 너희에게 말한 모든 것을 생각나게 하리라

✤ 예수님이 아버지께 구하여 보낼 분은 누구인가요?

또 다른 보혜사이십니다.

✤ 예수님의 표현에 다른 보혜사는 누구와 언제까지 함께 계시나요?

당시 예수님의 제자와 영원토록 함께하신다 하였습니다.

✤ 다른 보혜사는 어떠한 영이신가요?

진리의 영이십니다.

✤ 세상은 진리의 영이신 다른 보혜사를 받을 수 있나요?

보지도 못하고 알지도 못하기 때문에 받을 수 없습니다.

✤ 당시 예수님의 제자는 다른 보혜사를 알 수 있나요?

당시 제자는 보혜사를 압니다.

✤ 예수님이 말씀하신 다른 보혜사는 당시 제자와 어떤 관계를 맺는다고 하시나요?

제자와 함께하시고, 제자 속에 계신다 하셨습니다.

✤ 계속되는 예수님의 설교에 의하면 다른 보혜사는 누구라고 밝히시나요?

성령님입니다.

✤ 신천지에서는 이 다른 보혜사가 자기들의 총회장이라 선전합니다. 신천지에서 말하는 것처럼 다른 보혜사가 사람일 수 없는 이유를 위의 말씀을 근거로 정리해 보세요.

첫째, 예수님에 의해 당시에 오셔야 한다. 신천지 총회장은 이천 여 년 후에 이 땅에 왔다.
둘째, 당시 제자에게 임하셔야 한다. 당시 제자는 신천지 총회장을 알지도 못한다.
셋째, 당시 제자와 영원토록 함께 계셔야 한다. 신천지 총회장은 당시 제자보다 1900여 년이나 늦게 태어났으니 그때부터 영원까지는 말도 안 되는 소리다.
넷째, 진리이어야 하고 영이어야 한다. 신천지 총회장은 육신을 입고 있으니 말도 안 되는 소리다.
다섯째, 세상 사람들이 볼 수 없어야 한다. 신천지 총회장은 신천지 사람들뿐만 아니라 다른 사람들도 볼 수 있다. 그는 영이 아니기 때문이다.

여섯째, 당시 제자가 그를 알아야 한다. 그러나 당시 제자는 신천지 총회장을 알 턱이 없다.

일곱째, 당시 제자와 함께 있어야 하고 그들 속에 거해야 한다. 이 또한 말도 안 되는 소리다.

여덟째, 같은 설교 말씀에서 분명히 보혜사가 성령이라고 말씀하셨다.

✢ 예수님의 말씀에 의해서 신천지 총회장은 보혜사가 아니라고 분명히 믿나요?

아멘, 아멘!

2) 예수님의 명령과 성령님

부활하신 예수님은 제자에게 성령님에 대해 선명하게 말씀하셨습니다. 그분의 강하고 분명한 명령을 들어 보세요.

📖➕ 아래 성경을 묵상하세요.

> **눅 24:49** | 볼지어다 내가 내 아버지께서 약속하신 것을 너희에게 보내리니 너희는 위로부터 능력으로 입혀질 때까지 이 성에 머물라 하시니라
>
> **행 1:4~5** | ⁴사도와 함께 모이사 그들에게 분부하여 이르시되 예루살렘을 떠나지 말고 내게서 들은 바 아버지께서 약속하신 것을 기다리라 ⁵요한은 물로 세례를 베풀었으나 너희는 몇 날이 못 되어 성령으로 세례를 받으리라 하셨느니라
>
> **행 1:8** | ⁸오직 성령이 너희에게 임하시면 너희가 권능을 받고 예루살렘과 온 유대와 사마리아와 땅 끝까지 이르러 내 증인이 되리라 하시니라

✢ 예수님은 부활 승천하신 후에 제자에게 누가 약속하신 것을 보낸다 하셨나요?

아버지께서 약속하신 것을 보낸다 하셨습니다.

✢ 예수님의 말씀에 의하면 아버지께서 약속하신 것을 받으면 어떤 현상이 일어나나요?

위(하늘)로부터 능력으로 입혀집니다.

✛ 성령이 임하시면 우리에게 무엇이 따라오나요?	하늘의 권능이 따라옵니다.
✛ 성령이 임하셔서 하늘의 권능을 받은 자가 해야 할 일은 무엇인가요?	내 주위부터 시작해서 땅 끝까지 예수님의 증인이 되어야 합니다.

3) 초대교회 성도의 관심

예수님의 명령을 들은 초대교회 제자와 성도는 어디에 관심을 집중했나요? 그들은 오직 성령 충만에 관심을 집중했습니다.

📖✛ 아래 성경을 묵상하세요.

> **행 1:14** | 여자들과 예수의 어머니 마리아와 예수의 아우들과 더불어 마음을 같이하여 오로지 기도에 힘쓰더라

✛ 제자는 다락방에 올라가 마음을 같이하여 무엇을 했나요?	오로지 기도에 힘썼습니다.
✛ 예수님의 명령을 받은 제자는 예루살렘 다락방에 모여서 오직 기도에 힘을 썼습니다. 그들은 무엇을 위해 기도했나요?	오직 성령 세례(침례)를 위하여 기도에 힘썼습니다.
✛ 예수님의 제자가 그렇게 성령 충만을 위해 기도했다면 오늘 당신은 어떠해야 할까요?	그때 제자처럼 말씀에 의지해서 성령 충만을 사모하고 간구해야 합니다.

4) 초대교회에 임하신 성령님

성령님은 예수님이 예언하신 대로 오순절 기도하는 초대교회에 임하셨습니다. 초대교회는 성령에 의해 힘찬 출발을 했습니다. 교회는 성령으로부터 시작합니다. 성령님은 교회 사역의 전부요, 성도의 신앙에 전부입니다.

📖 아래 성경을 묵상하세요.

> **행 2:1~4** | ¹오순절 날이 이미 이르매 그들이 다같이 한 곳에 모였더니 ²홀연히 하늘로부터 급하고 강한 바람 같은 소리가 있어 그들이 앉은 온 집에 가득하며 ³마치 불의 혀처럼 갈라지는 것들이 그들에게 보여 각 사람 위에 하나씩 임하여 있더니 ⁴그들이 다 성령의 충만함을 받고 성령이 말하게 하심을 따라 다른 언어들로 말하기를 시작하니라

✤ 유대인의 절기 중에 무슨 절기에 일어났나요?	오순절(칠칠절, 맥추절)
✤ 그들이 한 곳에 모였다면 무엇을 했을지 행 1:14 말씀을 근거로 추론해 보세요.	기도에 힘썼습니다.
✤ 초대교회 성도가 다같이 한 곳에 모여 기도할 때 어떤 일이 일어났는지 정리해 보세요.	**첫째**, 홀연히 하늘로부터 소리가 온 집에 가득하였습니다(급하고 강한 바람 같은 소리). **둘째**, 불의 혀처럼 갈라지는 것들이 그들에게 보였습니다. **셋째**, 그들에게 보인 그 불의 혀 같은 것들이 각 사람 위에 하나씩 임하였습니다. **넷째**, 그들이 다 성령의 충만함을 받았습니다. **다섯째**, 다른 언어들(방언)로 말하기 시작했습니다.
✤ 지금도 성령 충만함을 받기 위해서 기도가 필요하다고 인정하나요?	아멘, 아멘!

4. 오늘의 나와 성령님

성령님은 하나님이시며 우리의 신앙에 절대적인 분입니다. 누구든지 성령님이 계시지 않으면 신앙생활을 바로 할 수 없습니다. 성령님은 우리 신앙의 절대자이십니다. 성령님은 우리 신앙의 전부이십니다.

1) 하나님의 선물인 성령님

우리가 성령님을 의지할 때 그분은 우리 신앙의 모든 것을 책임지십니다. 성령님이

아니고는 누구든지 믿음을 가질 수 없습니다. 이 성령님은 하나님의 선물입니다.

📖 아래 성경을 묵상하세요.

> **행 2:37~38** | ³⁷그들이 이 말을 듣고 마음에 찔려 베드로와 다른 사도들에게 물어 이르되 형제들아 우리가 어찌할꼬 하거늘 ³⁸베드로가 이르되 너희가 회개하여 각각 예수 그리스도의 이름으로 세례를 받고 죄 사함을 받으라 그리하면 성령의 선물을 받으리니

✤ 베드로의 설교를 들은 회중의 반응은 어떠했나요?	마음에 찔림을 받아 "우리가 어찌할꼬!" 하고 탄식했습니다.
✤ 사람들의 탄식을 들은 베드로가 한 말을 정리해 보세요.	**첫째**, 회개하라! **둘째**, 각각 예수 그리스도의 이름으로 세례(침례)를 받으라! **셋째**, 그리하면 성령을 선물로 받으리라!
✤ 위의 말씀으로 보아 성령은 하나님의 선물임을 인정하나요?	아멘, 아멘!
✤ 성령이 하나님의 선물이지만 회개라는 선행 조건이 필요함도 인정하나요?	아멘, 아멘!

2) 거듭나게 하시는 성령님

우리가 하늘나라를 보고 들어가려면 거듭나야 합니다. 이 거듭남에는 성령님이 절대적으로 필요합니다.

📖 아래 성경을 묵상하세요.

> **요 3:5~6** | ⁵예수께서 대답하시되 진실로 진실로 네게 이르노니 사람이 물과 성령으로 나지 아니하면 하나님의 나라에 들어갈 수 없느니라 ⁶육으로 난 것은 육이요 영으로 난 것은 영이니

✤ 당신이 거듭나려면 무엇이 반드시 필요한가요?	물과 성령님이 필요합니다.

✤ 왜 거듭나야 하나요?	하나님의 나라에 들어가기 위해서 입니다.
✤ 예수님의 말씀에 의하면 거듭나는 것은 영과 육 가운데 어느 쪽인가요?	영입니다.
✤ 영이 거듭나려면 성령님이 반드시 필요함을 인정하나요?	아멘, 아멘!

3) 예수님을 주라 시인하게 하시는 성령님

우리가 구원을 받으려면 반드시 예수님을 주님으로 시인해야 합니다. 예수님을 주로 시인하게 하는 분이 바로 성령님입니다.

📖 아래 성경을 묵상하세요.

> 고전 12:3 | 그러므로 내가 너희에게 알리노니 하나님의 영으로 말하는 자는 누구든지 예수를 저주할 자라 하지 아니하고 또 성령으로 아니하고는 누구든지 예수를 주시라 할 수 없느니라

✤ 당신이 구원을 받으려면 먼저 무엇이 필요한가요?	내 입으로 예수님을 주로 시인해야 합니다.
✤ 그렇다면 성령님은 당신의 구원에 절대적이심을 믿나요?	아멘, 아멘!
✤ 지금 예수님을 향해 '주님!'이라 불러보세요. 지금 당신 안에 누가 함께하심을 느낄 수 있나요?	성령님이 함께하심을 느낍니다.

4) 양자의 영이신 성령님

성도에게 최고의 은총이자 특권은 하나님을 아버지라 부를 수 있는 것입니다. 누가 하나님을 향해 자연스럽게 '아빠, 아버지!'라 부르게 하시나요? 오직 성령님만이 하실 수 있습니다.

📖 아래 성경을 묵상하세요.

> **롬 8:15~16** | ¹⁵너희는 다시 무서워하는 종의 영을 받지 아니하고 양자의 영을 받았으므로 우리가 아빠 아버지라고 부르짖느니라 ¹⁶성령이 친히 우리의 영과 더불어 우리가 하나님의 자녀인 것을 증언하시나니

✛ 당신은 무슨 영을 받았나요?	양자의 영인 성령을 받았습니다.
✛ 양자의 영을 받은 당신은 하나님을 어떻게 부를 수 있나요?	'아빠, 아버지!'라 부를 수 있습니다.
✛ 당신이 하나님의 자녀임을 증언하는 분은 누구신가요?	우리의 영을 통해 성령님이 증언하십니다.
✛ 지금 하나님을 향해 조용히 '아빠, 아버지!'라 불러보세요.	아빠, 아버지!
✛ 지금 당신 안에 누가 함께하심을 느낄 수 있나요?	성령님이 함께하심을 느낍니다.

5) 성도의 사역과 성령님

성도는 하나님의 장자로서 하늘 백성입니다. 거룩한 무리입니다. 모든 성도는 다 주님을 위해 일해야 합니다. 주님을 위해서 사역을 해야 합니다. 그런데 이 사역에는 반드시 성령님이 필요합니다. 성령의 권능이 절대적입니다.

📖 아래 성경을 묵상하세요.

> **눅 24:49** | 볼지어다 내가 내 아버지께서 약속하신 것을 너희에게 보내리니 너희는 위로부터 능력으로 입혀질 때까지 이 성에 머물라 하시니라

✛ 예수님은 승천하기 직전에 제자에게 무엇을 확인시키셨나요?	'아버지께서 약속하신 것을 보내겠다'는 것을 확인시키셨습니다.

✢ 아버지께서 약속하신 것은 무엇인가요?	보혜사 성령님입니다.
✢ 성령이 임하시면 어떤 현상이 일어나나요?	위로부터 능력이 입혀집니다.
✢ 당신의 사역에서 성령의 능력이 가장 중요함을 인정하나요?	아멘, 아멘!

6) 지금 성령님을 인정하고 환영하며, 성령 충만을 사모하라

성령님은 인격적인 분입니다. 이 성령님을 대하는 자세는 어떠해야 할까요?

📖✝ 아래 성경을 묵상하세요.

> **행 15:28** | 성령과 우리는 이 요긴한 것들 외에는 아무 짐도 너희에게 지우지 아니하는 것이 옳은 줄 알았노니
>
> **엡 5:18** | 술 취하지 말라 이는 방탕한 것이니 오직 성령으로 충만함을 받으라

✢ 초대교회는 모든 일을 결정할 때에 먼저 누구를 인정하고 있나요?	성령님입니다.
✢ 초대교회가 모든 결정에 성령님을 인정했다면, 성령님은 당신의 모든 사역에 함께하신다는 사실을 믿나요?	아멘, 아멘!
✢ 술 취하는 일의 결국은 어떠한가요?	방탕함입니다.
✢ 당신이 오직 사모해야 할 것은?	오직 성령 충만을 받는 일입니다.
✢ 당신이 맺어야 할 성령의 열매를 기록해 보세요! *	사랑, 희락, 화평, 오래 참음, 자비, 양선, 충성, 온유, 절제

---

* [갈 5:22~23] 오직 성령의 열매는 사랑과 희락과 화평과 오래 참음과 자비와 양선과 충성과 온유와 절제니 이같은 것을 금지할 법이 없느니라

말씀 살기

✝ 말씀의 핵심 정리

1. 성령님은 창조주 하나님이시구나!
2. 성령님은 성부, 성자와 동일하신 하나님이구나!
3. 예수님의 모든 사역은 다 성령님의 도우심이었구나!
4. 초대교회는 오직 성령님에 의해 움직였구나!
5. 성령님은 사모하며 기도하는 자에게 역사하시는구나!
6. 성령님은 나의 사역과 삶 전체에 절대적으로 필요하신 분이구나!
7. 나도 범사에 성령님을 인정하고 환영하며 동거, 동행, 동역해야겠구나!

✝ 감사와 회개

주여, 성령님이 창조주 하나님이심을 확신하게 하시니 감사합니다!

주여, 성령님이 예수님의 사역에 절대적으로 역사하심을 알게 하시니 감사합니다!

주여, 십자가와 부활도 성령님의 사역이심을 알게 하시니 감사합니다!

주여, 예수님의 예언대로 성령님이 임하심을 감사합니다!

주여, 보혜사 성령님이 우리와 영원토록 함께하시니 감사합니다!

주여, 범사에 성령님을 인정하지 않았음을 용서하소서!

주여, 성령 충만을 사모하지 못했음을 용서하소서!

주여, 성령을 소멸하고도 태연했음을 용서하소서!

주여, 성령의 능력으로 복음을 전하지 못했음을 용서하소서!

주여, 성령의 권능에 잡히기 위해 기도하지 못했음을 용서하소서!

주여, 성령 충만하여 전도에 열심내지 못했음을 용서하소서!

✝ 명령과 선포와 결단

내게서 성령 충만을 방해하는 악하고 더러운 사탄, 마귀는 떠나가라!

나로 하여금 성령님께 온전히 순종하지 못하도록 방해하는 사탄, 마귀는 떠나가라!

나는 이제부터 범사에 성령님을 인정하며 살리라!

나는 이제부터 범사에 성령님의 인도를 받으며 살리라!

나는 이제부터 범사에 성령님과 동거, 동행, 동역하리라!

나는 이제부터 범사에 성령님의 도움을 구하며 살리라!

나는 이제부터 범사에 성령님의 능력으로 사역하리라!

나는 이제부터 성령 충만을 위해 기도에 힘쓰리라!

나는 이제부터 성령 충만하여 땅 끝까지 전도에 힘쓰리라!

성령님이 내 사역의 전부이심을 선포합니다!

성령님이 나를 통해 일하는 분이심을 선포합니다!

주여, 이제부터 천지를 창조하신 성령님을 인정하며 살겠습니다!

주여, 이제부터 성부, 성자와 동일한 하나님이신 성령님을 인정하며 살겠습니다!

주여, 이제부터 예수님의 모든 사역을 이끄신 성령님의 인도를 받겠습니다!

주여, 이제부터 세상에 취하지 아니하고 성령에 취해 살겠습니다!

✝ 훈련의 기본 원칙 열 번 복창

"단순, 반복, 지속, 강행"

✝ 장자권의 발동, 명령과 선포 세 번 복창

"있을지어다! 그대로 되니라! 하나님 보시기에 좋았더라!"

"치료될지어다! 회복될지어다! 복 있을지어다! 충만할지어다! 정복할지어다! 다스릴지어다!"

✝ 받은 은혜 묵상 · 간증하기 말씀 요약

_____

_____

06

성경의 권위에
무릎을 꿇라

세상에는 수많은 책이 있습니다. 그 많은 책들 가운데 하나님이 사람에게 주신 단 한 권의 책이 있습니다. 바로 성경입니다. 하나님은 이 세상에 사는 사람들에게 단 한 권의 책인 성경을 선물로 주셨습니다. 이제 성경이 하나님의 말씀인 이유를 성경을 근거로 찾아봅니다. 오늘 이후로 성경의 권위에 무릎을 꿇는 자가 되기를 축복합니다.

 암송 말씀 하나님의 말씀은 살아 있고 활력이 있어 좌우에 날선 어떤 검보다도 예리하여 혼과 영과 및 관절과 골수를 찔러 쪼개기까지 하며 또 마음의 생각과 뜻을 판단하나니 (히 4:12)

1. 성경의 저자이신 하나님

이 세상에 존재하는 모든 책은 저자가 있습니다. 물론 아주 오래 된 고전이나 역사 책 가운데 작자 미상의 책들이 존재합니다. 하지만 분명한 것은 그 책도 누군가에 의해 기록되었다는 것입니다. 성경은 누구에 의해 기록되었을까요?

📖✝ 아래 성경을 묵상하세요.

> **딤후 3:16~17** | ¹⁶모든 성경은 하나님의 감동으로 된 것으로 교훈과 책망과 바르게 함과 의로 교육하기에 유익하니 ¹⁷이는 하나님의 사람으로 온전하게 하며 모든 선한 일을 행할 능력을 갖추게 하려 함이라
>
> **벧후 1:20~21** | ²⁰먼저 알 것은 성경의 모든 예언은 사사로이 풀 것이 아니니 ²¹예언은 언제든 지 사람의 뜻으로 낸 것이 아니요 오직 성령의 감동하심을 받은 사람들이 하나님께 받아 말한 것임이라

✢ 성경은 누구의 감동으로 기록되었나요?

하나님의 감동으로 기록되었습니다.

✢ 성경 가운데 어떤 책은 사람의 지혜나 감동으로 기록된 것이 있을까요?

모든 성경이 하나님의 감동으로 기록 되었으니 단 한 권도 사람의 작품은 없 습니다.

✢ 하나님의 감동으로 기록된 성경의 유익성은 무엇인가요?

하나님의 자녀들에게 교훈, 책망, 바르 게 함, 의로 교육하기에 유익합니다.

✢ 위의 네 가지는 당신의 본성이 어떻다는 것을 반증하나요?

우리의 본성은 교훈이나 책망, 바름이 나 의에 대해 거부하고 있습니다.

❖ 그렇다면 성경말씀을 대하거나 설교말씀을 들을 때 어떤 자세를 가져야 할까요?

내 귀에 솔깃한 말씀만 좋아하지 말고 부담스러운 말씀을 들을 때 더욱 마음을 열고 '아멘'해야 합니다.

❖ 위의 말씀을 통해서 본다면 성경의 기록 목적은 두 가지입니다. 적어 보세요.

첫째, 하나님의 사람으로 온전하게 함입니다. **둘째,** 모든 선한 일을 행할 능력을 갖추게 합니다.

❖ 성경의 모든 예언의 말씀들을 사사로이 풀 수 있을까요?

사사로이 풀 수가 없습니다.

❖ 성경의 말씀들을 사사로이 풀 수 없는 이유는 무엇인가요?

성경은 언제든지 사람의 뜻으로 낸 것이 아니기 때문입니다.

❖ 성경을 기록한 사람들의 공통적 특성은 무엇인가요?

모두 다 성령의 감동을 받았다는 것입니다.

❖ 성경 기록자들의 영적 상태는 어떠했을까요?

성령 충만했습니다.

❖ 그들은 성경말씀을 누구에게서 받아 말했나요?

하나님께 받아 말했습니다.

❖ 성경은 약 1600년에 걸쳐서 40여 명의 기록자에 의해 쓰였습니다. 시대와 기록자의 성향이 다름에도 성경말씀에 오류가 없는 이유는 무엇인가요?

성령님이 조명하신 것을 받아 적었기 때문입니다.

❖ 성경은 결국 어떻게 기록되었나요?

받아쓰기로 기록되었습니다.

❖ 성경에 개인의 지성이나 사상이 개입하였을까요?

사람의 지성을 사용하셨지만, 사람의 뜻은 전혀 없고, 오직 하나님의 뜻이 그대로 반영된 책입니다.

❖ 이 말씀을 통해 깨닫게 되는 중요한 점을 적어 보세요!

첫째, 성경은 받아쓰기 한 책이구나!
둘째, 성령님이 조명하셨기에 오류가 없구나!
셋째, 성경을 잘 알려면 성령의 조명을 받아야 하는구나!
넷째, 그렇다면 나도 성령 충만해야겠구나!
다섯째, 성경의 권위 앞에 무릎을 꿇어야겠구나!

📖 아래 성경을 묵상하세요.

> **히 4:12** | 하나님의 말씀은 살아 있고 활력이 있어 좌우에 날선 어떤 검보다도 예리하여 혼과 영과 및 관절과 골수를 찔러 쪼개기까지 하며 또 마음의 생각과 뜻을 판단하나니

✧ 성경이 하나님의 말씀이라는 사실이 믿어지나요?	아멘, 아멘!
✧ 하나님 말씀의 현재성이 있다면 무엇일까요?	말씀을 주신 하나님이 살아 계시기에, 하나님의 말씀도 기록된 당시부터 지금까지 살아 있다는 것입니다.
✧ 하나님의 말씀은 살아 있음과 함께 무엇이 존재하나요?	활력이 있습니다.
✧ 하나님의 말씀이 끼치는 영향력은 어떠한가요?	혼과 영과 관절과 골수를 찔러 쪼개고, 마음의 생각과 뜻을 판단합니다.
✧ 성경은 결국 어떤 책인가요?	수술하는 책이요, 마음의 뜻과 생각을 판단하는 책입니다.

📖 아래 성경을 묵상하세요.

> **살전 2:13** | 이러므로 우리가 하나님께 끊임없이 감사함은 너희가 우리에게 들은 바 하나님의 말씀을 받을 때에 사람의 말로 받지 아니하고 하나님의 말씀으로 받음이니 진실로 그러하도다 이 말씀이 또한 너희 믿는 자 가운데에서 역사하느니라

✧ 데살로니가 교회 성도는 말씀을 받을 때 어떤 마음 자세로 받았나요?	사람의 말이 아닌 하나님의 말씀으로 받았습니다.
✧ 당신이 하나님의 말씀을 받을 때 어떤 마음자세로 받아야 할까요?	하나님의 말씀으로 받아야 합니다.
✧ 하나님의 말씀은 누구 안에서 역사하시나요?	하나님의 말씀으로 믿고 말씀을 받는 자에게 역사합니다.

❖ 당신이 주의 종들과 관계가 좋아야 할 이유가 있다 면 무엇일까요? | 그의 입에서 나오는 말씀을 하나님의 말씀으로 받아야 하기 때문입니다.

2. 영혼의 양식인 성경

우리의 육신은 날마다 양식을 공급받아야 합니다. 아무리 건강한 사람이라도 사흘을 굶겨 놓으면 힘을 쓸 수 없습니다. 마찬가지로 영혼에도 양식이 필요합니다. 영혼의 양식은 오직 성경말씀입니다.

📖 아래 성경을 묵상하세요.

> **마 4:1~4** | ¹그때에 예수께서 성령에게 이끌리어 마귀에게 시험을 받으러 광야로 가사 ²사십 일을 밤낮으로 금식하신 후에 주리신지라 ³시험하는 자가 예수께 나아와서 이르되 네가 만일 하나님의 아들이어든 명하여 이 돌들로 떡덩이가 되게 하라 ⁴예수께서 대답하여 이르시되 기록되었으되 사람이 떡으로만 살 것이 아니요 하나님의 입으로부터 나오는 모든 말씀으로 살 것이라 하였느니라 하시니
>
> **눅 8:5, 12** | ⁵씨를 뿌리는 자가 그 씨를 뿌리러 나가서 뿌릴새 더러는 길 가에 떨어지매 밟히며 공중의 새들이 먹어버렸고 ¹²길 가에 있다는 것은 말씀을 들은 자니 이에 마귀가 가서 그들이 믿어 구원을 얻지 못하게 하려고 말씀을 그 마음에서 빼앗는 것이요

❖ 예수님은 누구에게 이끌려 광야로 가셨나요? | 성령에게 이끌려 가셨습니다.

❖ 예수님은 누구에게 시험을 받으셨나요? | 마귀에게 시험을 받으셨습니다.

❖ 마귀는 예수님에게 무엇으로 시험을 했나요? | 하나님의 아들이어든 돌들이 떡덩이가 되게 하라고 물질 시험을 했습니다.

❖ 예수님은 마귀의 시험을 무엇으로 물리치셨나요? | "기록되었으되"(신 8:3)라는 말씀으로 물리치셨습니다.

✣ 위의 말씀에 의하면 사람의 삶에 두 가지의 필요가 있음을 알게 됩니다. 무엇인가요?

떡을 먹어야 하는 부분과 말씀을 먹어야 하는 부분으로 육신은 떡이 필요하고, 영혼은 말씀이 필요하다는 것을 알게 됩니다. 이것이 말씀을 영혼의 양식이라 부르는 이유입니다.

✣ 길 가에 떨어진 씨에 어떤 일이 일어났나요?

밟히며 공중의 새가 먹었습니다.

✣ 씨가 길 가에 있다는 것은 무엇을 의미하나요?

말씀을 들었다는 것을 의미합니다.

✣ 길 가와 같은 마음 밭을 가진 사람에게 마귀가 하는 일은 무엇인가요?

그 마음에서 말씀을 빼앗는 일입니다.

✣ 왜 마귀가 당신의 마음에서 말씀을 빼앗나요?

말씀을 듣고 구원을 받지 못하게 하려고 말씀을 빼앗습니다.

✣ 위의 말씀을 근거로 당신이 말씀을 받을 때에 마귀가 말씀을 빼앗으려고 활동하는 것을 인정하나요?

아멘, 아멘! 인정합니다.

✣ 마귀가 말씀을 받을 때에 역사한다는 것을 인정한다면 당신은 어떻게 해야 할까요?

마귀에게 말씀을 빼앗기지 않도록 성령의 도우심으로 말씀을 청종해야 합니다.

📖✝ 아래 성경을 묵상하세요.

마 16:21~23 | 21 이 때로부터 예수 그리스도께서 자기가 예루살렘에 올라가 장로들과 대제사장들과 서기관들에게 많은 고난을 받고 죽임을 당하고 제 삼일에 살아나야 할 것을 제자에게 비로소 나타내시니 22베드로가 예수를 붙들고 항변하여 이르되 주여 그리 마옵소서 이 일이 결코 주께 미치지 아니하리이다 23예수께서 돌이키시며 이르시되 사탄아 내 뒤로 물러가라 너는 나를 넘어지게 하는 자로다 네가 하나님의 일을 생각하지 아니하고 도리어 사람의 일을 생각하는도다.

✣ 본문에서 '이 때로부터'는 무엇을 의미하나요?

베드로가 예수님에 대해 신앙고백을 잘한 직후부터라는 의미입니다.

✛ 예수님은 자기가 어디로 올라갈 것을 말씀하고 계신 가요?

예루살렘으로 올라갈 것을 말씀하 십니다.

✛ 예수님은 예루살렘에서 누구에게 많은 고난을 받으 신다 하셨나요?

장로들, 대제사장들, 서기관들입 니다.

✛ 예수님은 많은 고난으로 끝난다 하셨나요?

아닙니다. 죽임을 당한다 하셨습 니다.

✛ 예수님의 말씀은 고난과 죽음으로 끝이었나요?

아닙니다. 제 삼일에 살아난다 하 셨습니다.

✛ 예수님의 말씀의 핵심을 정리해 보세요.

예수님은 많은 고난과 함께 죽임을 당하지만, 죽음을 이기고 부활하신 다는 것입니다.

✛ 예수님의 말씀이 끝나자 누가 항변하나요?

베드로입니다.

✛ 베드로의 항변을 그대로 옮겨보세요.

"이 일이 결코 주께 미치지 아니하 리이다."

✛ 그의 항변의 핵심은 무엇인가요?

고난과 죽음을 당하지 말라는 의미 입니다.

✛ 예수님 말씀에서 베드로가 놓친 것은 무엇인가요?

"제 삼일에 살아나리라"는 생명의 말씀을 놓쳤습니다.

✛ 베드로가 그 중요한 핵심 말씀, 생명의 말씀을 놓치 게 된 배후에는 누가 역사하고 있었나요?

사탄, 마귀가 역사하고 있었습니 다.

✛ 무엇으로 알 수 있나요?

예수님께서 직접 "사탄아 내 뒤로 물러가라 너는 나를 넘어지게 하는 자로다"라고 명령하신 말씀으로 보아 알 수 있습니다.

✛ 예수님의 말씀에 의하면 사탄, 마귀는 명령해서 쫓 아내야 할 대상임을 인정하나요?

아멘, 아멘 인정합니다.

✛ 예수님 앞에서 직접 말씀을 들어도 사탄, 마귀가 역사했다면, 오늘 목사님의 말씀을 듣는 우리에게도 사탄, 마귀가 역사한다는 사실을 인정하나요?	아멘, 아멘 인정합니다.
✛ 사탄, 마귀가 이렇게 교묘하고 악랄하게 역사한다면 당신은 어떤 자세를 가져야 할까요?	늘 깨어서 사탄, 마귀의 궤계를 물리쳐야 합니다.

📖➕ 아래 성경을 묵상하세요.

> **고후 1:19~20** | ¹⁹우리 곧 나와 실루아노와 디모데로 말미암아 너희 가운데 전파된 하나님의 아들 예수 그리스도는 예 하고 아니라 함이 되지 아니하셨으니 그에게는 예만 되었느니라 ²⁰하나님의 약속은 얼마든지 그리스도 안에서 예가 되니 그런즉 그로 말미암아 우리가 아멘 하여 하나님께 영광을 돌리게 되느니라

✛ 하나님의 아들 예수님께는 무엇만 있었다고 말씀하시나요?	'아니라!' 함이 없고 '예'만 있었습니다.
✛ 하나님의 약속은 그리스도 안에서 '예!'가 됩니다. 당신이 하나님의 약속의 말씀 앞에서 어떻게 할 때 하나님이 영광을 받으시나요?	'아멘' 할 때 영광을 받으십니다.
✛ 당신이 말씀을 받을 때 '아멘!' 하면 하나님이 영광을 받으십니다. 그렇다면 당신이 '아멘!' 하여 하나님이 영광을 받으시는 자리에 마귀가 역사할 수 있을까요?	믿음으로 '아멘' 하여 말씀을 받는다면 마귀가 역사하기 어렵습니다!
✛ 말씀을 마귀에게 빼앗기지 않으려면 어떻게 해야 할까요?	말씀마다 '아멘, 아멘'으로 받아야 합니다.
✛ 나는 말씀을 받을 때 아멘, 아멘!으로 받고 있나요?	마음에 원하지만 잘 안 되었는데 이제부터 말씀이 떨어질 때마다 '아멘, 아멘'으로 받겠습니다.
✛ 지금 '아멘, 아멘!'을 열 번만 해 보세요.	아멘, 아멘(열 번)

📖 아래 성경을 묵상하세요.

느 8:5~6 | 5에스라가 모든 백성 위에 서서 그들 목전에 책을 펴니 책을 펼 때에 모든 백성이 일어서니라 6에스라가 위대하신 하나님 여호와를 송축하매 모든 백성이 손을 들고 아멘 아멘 하고 응답하고 몸을 굽혀 얼굴을 땅에 대고 여호와께 경배하니라

✢ 에스라가 율법책을 펼 때 모든 백성은 어떻게 반응했나요?

일어섰습니다.

✢ 에스라가 위대하신 하나님 여호와를 송축할 때 모든 백성은 어떤 행동을 취했나요?

모든 백성이 손을 들고 '아멘, 아멘!' 하고 응답했습니다.

✢ 이 '아멘, 아멘!'은 누가 강요한 것인가요?

아닙니다. 말씀을 사모한 자들의 자발적인 행동이었습니다.

✢ 오랫동안 말씀을 듣지 못한 이스라엘 백성이 이렇게 말씀을 사모하여 '아멘, 아멘!' 하고 응답했다면 우리도 그렇게 할 때 하나님이 기뻐하시리라 믿나요?

아멘, 아멘! 믿습니다.

✢ 오늘도 그렇게 간절한 사모함으로 '아멘, 아멘!' 하고 말씀을 받는 것이 성경적이라 생각하나요?

아멘, 아멘!

✢ 이 장자권 훈련 교재에서 '아멘, 아멘!'을 반복하여 훈련하는 것이 성경적으로 문제가 없음을 인정하나요?

아멘, 아멘!

✢ 당신이 영혼의 양식인 하나님의 말씀을 '아멘, 아멘!' 하고 잘 먹어야 영적으로 힘이 있어서 승리할 수 있다는 사실을 인정하나요?

아멘, 아멘!

✢ 그렇다면 이제 하나님의 말씀을 받을 때 '아멘, 아멘!' 하고 잘 받아먹기로 결단할 수 있나요?

아멘, 아멘!

3. 영적 전쟁의 전천후 무기인 말씀

하나님의 말씀인 성경은 영혼의 양식이자 영적 무기입니다. 우리 성도가 이 세상에서 영적으로 싸워 이기는 길은 오직 성경말씀밖에 없습니다. 성경말씀만 있으면 누구든지 마귀의 공격을 물리칠 수 있습니다. 성경말씀은 공격용이자 방어용인 전천후 무기입니다.

📖✝ 아래 성경을 묵상하세요.

> **삼하 22:31** | 하나님의 도는 완전하고 여호와의 말씀은 진실하니 그는 자기에게 피하는 모든 자에게 방패시로다

✤ 하나님의 도(길)는 어떠한가요?	완전합니다.
✤ 하나님의 말씀은 어떠한가요?	진실합니다.
✤ 하나님의 말씀은 성도에게 어떤 역할을 하나요?	방패 역할을 합니다.
✤ 하나님의 말씀은 누구에게 방패가 되나요?	말씀을 피난처로 삼는 모두에게 방패가 됩니다.
✤ 마귀의 공격을 받을 때 어디로 피해야 할까요?	말씀 안으로 피해야 합니다.
✤ 하나님의 말씀인 성경을 방패로 삼으려면 어떻게 해야 할까요?	말씀을 가슴에 품고, 입술에 달고 다녀야 합니다.
✤ 말씀을 가슴에 품고, 입술에 달고 다니려면 어떻게 해야 할까요?	말씀을 암송하고, 그 말씀을 늘 묵상해야 합니다.

📖✝ 아래 성경을 묵상하세요.

> 엡 6:16~18 | ¹⁶모든 것 위에 믿음의 방패를 가지고 이로써 능히 악한 자의 모든 불화살을 소멸하고 ¹⁷구원의 투구와 성령의 검 곧 하나님의 말씀을 가지라 ¹⁸모든 기도와 간구를 하되 항상 성령 안에서 기도하고 이를 위하여 깨어 구하기를 항상 힘쓰며 여러 성도를 위하여 구하라

✛ 당신이 가져야 할 것은 무엇인가요?

믿음의 방패입니다.

✛ 믿음의 방패는 어디에서 취할 수 있는지 롬 10:17* 말씀을 근거로 말해 보세요.

믿음은 들음에서 나고 들음은 그리스도의 말씀으로 말미암습니다.

✛ 믿음의 방패가 하는 일은 무엇인가요?

악한 자의 공격인 불화살을 막아 소멸시키는 일입니다.

✛ 결국 믿음의 방패는 어디서 취할 수 있나요?

하나님의 말씀에서만 취할 수 있습니다.

✛ 영적 무기 가운데 필요한 것이 17절에 나와 있습니다. 먼저 나와 있는 무기는 무엇인가요?

구원의 투구입니다.

✛ 다음에 등장하는 무기는 무엇인가요?

성령의 검 곧 하나님의 말씀입니다.

✛ 말씀만이 유일한 공격용 무기입니다. 그렇다면 유사시 이 무기를 마음껏 사용하려면 무엇이 필요할까요?

말씀을 성경 안에만 있게 하는 것은 마치 검을 검 집에 꽂아 놓는 것과 같습니다. 언제라도 빼내어 쓰려면 말씀을 암송하고 계속 묵상해야 합니다.

✛ 하나님의 말씀을 성령의 검이라 한 이유가 어디에 있나요?

성령이 감동해서 기록하셨기에, 오직 성령만이 이 말씀을 사용하실 수 있습니다.

✛ 말씀을 검으로 사용해서 마귀의 공격을 물리치려면 반드시 필요한 것이 무엇일까요?

'성령 충만'입니다.

---

* [롬 10:17] 그러므로 믿음은 들음에서 나며 들음은 그리스도의 말씀으로 말미암았느니라

말씀 살기

✝ 말씀의 핵심 정리

1. 성경의 모든 말씀은 하나님의 말씀이구나!
2. 성경은 하나님께 받아쓰기 한 책이구나!
3. 성경은 성령께서 감동 조명하셨기에 오류가 없구나!
4. 성경은 지금도 살아 역사하는구나!
5. 성경은 영혼의 양식이구나!
6. 성경은 영적인 무기로구나!
7. 성경말씀을 아멘, 아멘!으로 받고, 암송하고, 묵상해야겠구나!

✝ 감사와 회개

주여, 하나님의 말씀인 성경에 대해 바로 알게 하시니 감사합니다!

주여, 지금 말씀을 훈련하는 제가 하나님의 사람임을 알게 하시니 감사합니다!

주여, 이제 말씀을 받을 때 귀를 즐겁게 하는 말씀보다 부담스런 말씀에 '아멘, 아멘!' 할 수 있게 하시니 감사합니다!

주여, 하나님의 사람으로 온전하게 됨이 선을 행하는 것임을 알게 하시니 감사합니다!

주여, 성경말씀을 인위적으로 받았던 것을 용서하소서!

주여, 성경말씀을 머리나 지식으로 받은 것도 용서하소서!

주여, 말씀만이 오직 유일한 공격용 무기인 검임을 깨닫게 하시니 감사합니다!

✝ 명령과 선포와 결단

예수 이름으로 명하노니 귀에 솔깃한 말에 마음을 빼앗기게 하는 악한 마귀는 떠나가라!

예수 이름으로 명하노니 재미있고 유익한 말만 좋아하게 하는 악한 사탄, 마귀는 떠나가라!

새로운 지식과 정보에만 만족을 느끼게 하는 사탄, 마귀는 떠나가라!

말씀을 받을 때 영과 마음과 입술로 '아멘!'을 못하게 하는 사탄은 떠나가라!

물질이 전부인 것처럼 속이는 사탄, 마귀는 떠나가라!

이제부터 물질보다 말씀에 더 관심을 가지리라!

이제부터 하나님의 말씀 앞에 '아멘!'으로 화답하리라!

이제부터 말씀의 방패와 검을 마음껏 누리리라!

말씀을 암송하고 묵상하지 못하게 방해하는 악한 영은 떠나가라!

성령 충만을 위해 기도하는 것을 방해하는 악한 영은 떠나가라!

나는 이제부터 말씀을 많이 암송하고 늘 묵상하리라!

나는 이제부터 말씀을 영의 양식으로 받아먹으리라!

나는 이제부터 내 인생의 통치자이신 하나님께 내 삶 전체를 온전히 맡기리라!

나는 이제부터 내 삶의 공급자인 하나님만 의지하며 살리라!

나는 이제부터 나를 위해 독생자를 주신 하나님만을 사랑하며 살리라!

나도 이제부터 에녹처럼 지금도 살아 계신 하나님과 동행하리라!

주여, 이제부터 성경말씀을 목사님의 설교로 듣지 아니하고, 하나님의 말씀으로 받겠습니다!

주여, 이제부터 교훈과 책망과 바르게 함과 의로 교육하기에 유익한 말씀을 달게 받겠습니다!

주여, 이제부터 회개를 포함해 부담스러운 말씀도 '아멘, 아멘!'으로 받겠습니다!

주여, 이제부터 말씀을 받으면서 절대로 시험에 들거나 상처받지 않겠습니다!

주여, 이제부터 주의 종과의 관계를 항상 최상으로 유지하겠습니다!

주여, 이제부터 말씀을 암송하고 묵상하겠습니다!

주여, 이제부터 말씀을 지식으로 받지 않고 양식으로 받겠습니다!

주여, 이제부터 말씀을 검으로 사용하여 악한 사탄, 마귀를 정복하겠습니다!

주여, 이제부터 말씀이 살아 역사하기 위해 성령 충만을 사모하겠습니다!

주여, 이제부터 성령 충만하기 위해 기도에 진력하겠습니다!

✝ 훈련의 기본 원칙 열 번 복창

"단순, 반복, 지속, 강행"

✝ 장자권의 발동, 명령과 선포 세 번 복창

"있을지어다! 그대로 되니라! 하나님 보시기에 좋았더라!"

"치료될지어다! 회복될지어다! 복 있을지어다! 충만할지어다! 정복할지어다! 다스릴지어다!"

✝ 받은 은혜 묵상 · 간증하기 말씀 요약

_____

_____

_____

_____

_____

_____

_____

_____

_____

성경 속 큰 소리 기도들

성경에는 많은 믿음의 용사들의 기도가 등장합니다. 그런데 그 가운데 가장 많이 등장하는 기도가 있습니다. 성경에 등장하는 기도의 거의 대부분을 차지하는 기도입니다. 무슨 기도일까요? 부르짖고 외치는 큰 소리의 기도입니다.

이 교재는 훈련서입니다. 성도의 영적 훈련을 목적으로 기록되었기에 성경말씀 가운데 훈련에 합당한 말씀들을 모아 놓았습니다. 기도에 대해서도 마찬가지입니다. 다양한 기도를 언급하고 있지만 큰 소리의 기도를 훈련하려는 목적임을 기억하시기 바랍니다.

암송 말씀

너는 내게 부르짖으라 내가 네게 응답하겠고 네가 알지 못하는 크고 은밀한 일을 네게 보이리라(렘 33:3)

예수께서 큰 소리로 불러 이르시되 아버지 내 영혼을 아버지 손에 부탁하나이다 하고 이 말씀을 하신 후 숨지시니라(눅 23:46)

1. 다양한 기도

성경 안의 기도는 여러 모습으로 우리에게 다가옵니다. 다양한 사람의 다양한 기도가 성경을 수놓고 있습니다. 이제 그 부분들을 살펴봅니다.

1) 간절한 기도와 심정을 통하는 기도

성경에서 응답 받은 모든 기도는 간절한 기도였습니다. 믿음의 기도는 그 자체로 간절함이 함께할 수밖에 없습니다. 기도는 언어입니다. 마음의 언어, 영의 언어, 입술의 언어 등으로 하나님과 나누는 대화입니다. 사랑하는 아버지와 그의 자녀가 함께 나누는 사랑의 대화입니다. 대화에서 가장 중요한 것은 마음과 마음의 교통입니다. 마음과 마음의 서로 짙은 교감이 기도의 생명력입니다. 성경에는 심정을 통하는 기도가 등장합니다. 이 시간에는 간절한 기도와 심정을 통하는 기도에 대해 살펴봅니다.

📖➕ 아래 성경을 묵상하세요.

> **잠 8:17** | 나를 사랑하는 자들이 나의 사랑을 입으며 나를 간절히 찾는 자가 나를 만날 것이니라
>
> **눅 22:44** | 예수께서 힘쓰고 애써 더욱 간절히 기도하시니 땀이 땅에 떨어지는 핏방울 같이 되더라
>
> **삼상 1:15** | 한나가 대답하여 이르되 내 주여 그렇지 아니하니이다 나는 마음이 슬픈 여자라 포도주나 독주를 마신 것이 아니요 여호와 앞에 내 심정을 통한 것뿐이오니

✛ 하나님은 누구를 사랑한다 하시나요?	하나님을 사랑하는 자를 사랑한다 하십니다.
✛ 하나님의 사랑을 받기 위해서 당신이 해야 할 가장 우선적인 것은 무엇인가요?	하나님을 사랑하는 것입니다.
✛ 하나님은 누구를 만나 준다 하시나요?	하나님을 간절히 찾는 자를 만나 준다 하십니다.
✛ 하나님을 만나기 원하면 어떻게 해야 할까요?	하나님을 간절히 찾아야 합니다.
✛ 예수님은 겟세마네 동산에서 어떻게 기도하셨나요?	힘쓰고, 애써, 더욱 간절히 기도하셨습니다.
✛ 기도하시는 예수님의 몸에 어떤 현상이 일어났나요?	땀이 핏방울같이 떨어졌습니다.
✛ 우리도 각자의 십자가를 잘 감당하기 위해서 예수님처럼 기도하면 좋겠다고 생각하나요?	아멘, 아멘!
✛ 늘 할 수는 없겠지만 예수님처럼 기도하는 것이 좋겠다고 생각하나요?	아멘, 아멘!
✛ 한나의 기도의 핵심은 무엇인가요?	하나님께 심정을 통하는 기도를 드렸다는 것입니다.
✛ 정말 하나님과 심정을 통하는 간절한 기도는 큰 소리를 내지 않고도 가능함을 인정하나요?	아멘, 아멘! 인정합니다.
✛ 하나님과 심정을 통하는 기도는 큰 소리를 내지 않고도 오래 할 수 있음을 인정하나요?	아멘, 아멘!
✛ 하나님께 심정을 통하는 기도를 드린다면 응답을 확신할 수 있나요?	아멘, 아멘!

2) 은밀한 기도와 묵상기도

우리 한국교회의 성도에게 가장 많이 알려진 기도는 은밀한 기도일 것입니다. 예수님이 직접 하신 말씀이고, 신약성경의 앞부분에 나오기 때문에 깊게 각인이 된 것 같습니다. 또한 성경에는 묵상이란 말이 나와 있지만 거의 말씀과 관계된 묵상입니다. 기도에 대한 것은 많지 않지만 묵상기도도 있습니다. 은밀한 기도와 묵상기도에 들어가 봅니다.

📖 아래 성경을 묵상하세요.

> **마 6:5~6** | [5]또 너희는 기도할 때에 외식하는 자와 같이 하지 말라 그들은 사람에게 보이려고 회당과 큰 거리 어귀에 서서 기도하기를 좋아하느니라 내가 진실로 너희에게 이르노니 그들은 자기 상을 이미 받았느니라 [6]너는 기도할 때에 네 골방에 들어가 문을 닫고 은밀한 중에 계신 네 아버지께 기도하라 은밀한 중에 보시는 네 아버지께서 갚으시리라
>
> **시 19:14** | 나의 반석이시요 나의 구속자이신 여호와여 내 입의 말과 마음의 묵상이 주님 앞에 열납되기를 원하나이다

✢ 예수님께서 이 말씀을 하신 의도는 무엇인가요?	바리새인들은 사람들의 이목을 의식하면서 외식하는 기도를 했는데 이런 자들을 경계하기 위해서였습니다.
✢ 골방에 들어가 은밀한 기도를 드리라 하신 예수님의 의도는 무엇인가요?	기도는 사람이 아니라 하나님께 드리는 것이니 하나님을 의식하고 드리라는 것입니다.
✢ 은밀한 기도의 핵심은 무엇인가요?	오직 하나님만 의식하며 기도하라
✢ 다윗은 자신의 무엇이 주님 앞에 열납되기를 원하고 있나요?	입의 말과 마음의 묵상입니다.
✢ 당신의 말이나 묵상의 기도가 주님 앞에 상달되기를 위해 기도해야 한다는 것을 인정하나요?	아멘, 아멘!

2. 구약의 큰 소리의 기도
우리에게 조용한 기도나 은밀한 기도는 언제든지 가능합니다. 때와 장소에 어려움

도 없습니다. 하지만 부르짖는 큰 소리의 기도는 다릅니다. 때와 장소의 제한을 받습니다. 아무 때나 할 수가 없습니다. 어디서나 할 수도 없습니다. 오늘 한국교회는 부르짖는 큰 소리의 기도가 사라져 가고 있습니다. 시간과 장소가 허락된다면 우리는 큰 소리의 기도를 살려내야 합니다. 본 교재는 큰 소리의 기도 회복을 목표로 하고 있습니다.

📖✝ 아래 성경을 묵상하세요.

> **민 12:13** | 모세가 여호와께 부르짖어 이르되 하나님이여 원하건대 그를 고쳐 주옵소서
>
> **삼상 7:8~9** | ⁸이스라엘 자손이 사무엘에게 이르되 당신은 우리를 위하여 우리 하나님 여호와께 쉬지 말고 부르짖어 우리를 블레셋 사람들의 손에서 구원하시게 하소서 하니 ⁹사무엘이 젖 먹는 어린양 하나를 가져다가 온전한 번제를 여호와께 드리고 이스라엘을 위하여 여호와께 부르짖으매 여호와께서 응답하셨더라

✥ 누가 여호와께 부르짖나요?	모세
✥ 이스라엘 백성은 누구에게 부르짖는 기도를 부탁하나요?	사무엘
✥ 그들은 사무엘에게 어떻게 부르짖으라 요청하나요?	쉬지 말고 부르짖으라!
✥ 사무엘은 온전한 번제를 드린 후에 어떻게 했나요?	여호와께 부르짖어 기도했습니다.
✥ 결과는 어떠했나요?	여호와께서 응답하셨습니다.

📖✝ 아래 성경을 묵상하세요.

> **시 118:5~6** | ⁵내가 고통 중에 여호와께 부르짖었더니 여호와께서 응답하시고 나를 넓은 곳에 세우셨도다 ⁶여호와는 내 편이시라 내가 두려워하지 아니하리니 사람이 내게 어찌할까
>
> **사 26:16~17** | ¹⁶여호와여 그들이 환난 중에 주를 앙모하였사오며 주의 징벌이 그들에게 임

할 때에 그들이 간절히 주께 기도하였나이다 ¹⁷여호와여 잉태한 여인이 산기가 임박하여 산고를 겪으며 부르짖음 같이 우리가 주 앞에서 그와 같으니이다

✢ 믿음의 사람들이 고통 중에 있을 때 어떻게 해야 하나요?	여호와께 부르짖어야 합니다.
✢ 당신이 고통 중에 여호와께 부르짖으면 어떻게 될까요?	여호와가 응답하시고 나를 넓은 곳에 세우시고 막힌 문제를 해결해주십니다.
✢ 부르짖는 기도로 하나님의 응답을 받은 경험이 있는 사람들의 고백은 무엇인가요?	"여호와는 내 편이시라! 이제 사람도, 환경도 두렵지 않노라!"
✢ 환난 중에나 징벌을 받을 때 당신은 어떻게 해야 하나요?	주를 앙모하고, 간절히 주께 기도해야 합니다.
✢ 앙모함과 간절한 기도의 강도와 농도를 표현한 말씀을 옮겨 보세요!	잉태한 여인이 산기가 임박하여 산고를 겪으며 부르짖음같이 주 앞에서 부르짖었다.
✢ 지금 고통 중에 있나요? 그렇다면 어떻게 기도해야 할까요?	시편 기자처럼 부르짖어 간구해야 합니다.

📖✝ 아래 성경을 묵상하세요.

렘 33:1~3 | ¹예레미야가 아직 시위대 뜰에 갇혀 있을 때에 여호와의 말씀이 그에게 두 번째로 임하니라 이르시되 ²일을 행하시는 여호와, 그것을 만들며 성취하시는 여호와, 그의 이름을 여호와라 하는 이가 이와 같이 이르시도다 ³너는 내게 부르짖으라 내가 네게 응답하겠고 네가 알지 못하는 크고 은밀한 일을 네게 보이리라

✢ 예레미야가 어떤 상태에 있을 때 여호와의 말씀이 임했나요?	시위대 뜰에 갇혔을 때 임했습니다.
✢ 하나님은 자신을 어떻게 표현하고 계신가요?	"일을 행하시고, 그것을 만들며 성취하는 여호와, 그 이름을 여호와라 하는 이"라고 하셨습니다.

✤ 하나님은 예레미야에게 무엇을 요구하시나요?	"너는 내게 부르짖으라" 하셨습니다.
✤ 예레미야에게 부르짖으라 하신 하나님은 오늘 당신에게도 같은 것을 요구하고 계심을 인정하나요?	아멘, 아멘!
✤ 당신이 부르짖으면 하나님은 어떻게 응답하시겠다 약속하시나요?	"내가 응답하겠고 네가 알지 못하는 크고 비밀한 일을 네게 보이리라!" 약속하십니다.

3. 신약의 부르짖음과 기도

신약성경에도 부르짖는 기도는 많이 나와 있습니다. 우리는 성경의 부르짖는 큰 소리의 기도에 대해 관심을 가져야 합니다. 그것이 하나님 말씀이라면 조건 없이 순응해야 합니다. 이제 말씀으로 들어가 봅니다.

📖 아래 성경을 묵상하세요.

> **행 4:23~24** | 23사도들이 놓이매 그 동료에게 가서 제사장들과 장로들의 말을 다 알리니 24그들이 듣고 한마음으로 하나님께 소리를 높여 이르되 대주재여 천지와 바다와 그 가운데 만물을 지은 이시요
>
> **행 4:31** | 빌기를 다하매 모인 곳이 진동하더니 무리가 다 성령이 충만하여 담대히 하나님의 말씀을 전하니라

✤ 예수님을 죽인 권세자들의 협박을 받고 나온 베드로와 요한이 그들의 위협하는 말을 전하자 초대교회인 예루살렘교회 성도는 어떻게 했나요?	그들은 모여서 회의하지 않고 한마음으로 하나님께 소리를 높여 기도했습니다.
✤ 그들의 기도의 분량이 채워지자 어떤 역사가 일어났나요?	모인 곳이 진동하며 다 성령이 충만하여 담대히 말씀을 전했습니다.

✛ 위의 말씀에서 초대교회의 기도에 대해 무엇을 느낄 수 있나요?	초대교회는 부르짖는 기도에 익숙해 있었습니다.
✛ 이것이 교회의 모델인 예루살렘교회의 기도요, 지구상의 첫 교회의 기도라면 오늘 우리 교회에도 이런 기도가 살아나야 한다고 인정하나요?	아멘, 아멘!

📖 아래 성경을 묵상하세요.

> 행 7:59~60 | [59]그들이 돌로 스데반을 치니 스데반이 부르짖어 이르되 주 예수여 내 영혼을 받으시옵소서 하고 [60]무릎을 꿇고 크게 불러 이르되 주여 이 죄를 그들에게 돌리지 마옵소서 이 말을 하고 자니라

✛ 스데반 안수집사를 핍박하는 자들이 돌로 스데반을 치자 스데반은 어떻게 기도했나요?	"주 예수여, 내 영혼을 받으시옵소세"라고 부르짖으며 기도했습니다.
✛ 이 기도를 드린 후에 마지막 남긴 기도는 무엇인가요?	무릎을 꿇고 크게 불러 "주여, 이 죄를 그들에게 돌리지 마옵소세" 라고 기도하고 순교했습니다.
✛ 스데반의 기도에서 무엇을 느낄 수 있나요?	스데반과 초대교회는 무릎을 꿇고 크게 부르짖어 기도했다는 것입니다.
✛ 본문에서 스데반은 어떤 상황에서 부르짖나요?	하나님의 보좌를 바라보는 상황에서
✛ 지금 당신은 스데반의 기도를 들으면서 무엇을 느끼나요?	초대교회 성도들은 부르짖는 기도에 익숙해 있음을 느낍니다.
✛ 지금 당신도 스데반 집사처럼 이렇게 부르짖는 기도에 익숙해지기를 원하나요?	아멘, 아멘!
✛ 지금 스데반 집사처럼 간절히 부르짖는 기도로 '주여!' 삼창을 해 보실까요?	주여! 주여! 주여!
✛ 한 번 더 해 보실까요?	주여! 주여! 주여!

4. 크고도 간절한 예수님의 기도

우리가 큰 소리로 하는 기도에 대한 말씀을 들으면서 이제 마지막으로 주목할 분은 예수님입니다. 예수님의 기도와 그 소리는 어떠했을까요? 우리는 먼저 예수님의 기도에 대해 전반적인 부분들을 말씀을 통해 살펴봅시다. 우리 믿음의 주인이신 예수님의 기도를 따라가 봅시다.

📖✝ **아래 성경을 묵상하세요.**

> **눅 22:41~46** | ⁴¹그들을 떠나 돌 던질 만큼 가서 무릎을 꿇고 기도하여 ⁴²이르시되 아버지여 만일 아버지의 뜻이거든 이 잔을 내게서 옮기시옵소서 그러나 내 원대로 마시옵고 아버지의 원대로 되기를 원하나이다 하시니 ⁴³천사가 하늘로부터 예수께 나타나 힘을 더하더라 ⁴⁴예수께서 힘쓰고 애써 더욱 간절히 기도하시니 땀이 땅에 떨어지는 핏방울 같이 되더라 ⁴⁵기도 후에 일어나 제자에게 가서 슬픔으로 인하여 잠든 것을 보시고 ⁴⁶이르시되 어찌하여 자느냐 시험에 들지 않게 일어나 기도하라 하시니라

✛ 예수님은 어떤 자세로 기도하셨나요?	무릎을 꿇고 기도하셨습니다.
✛ 예수님이 이런 기도를 드리셨다면 우리도 이런 기도를 드려야 한다고 생각되나요?	아멘, 아멘! 다리에 문제가 없다면 무릎을 꿇고 기도드려야 한다고 생각합니다.
✛ 예수님이 기도에 온 힘을 쏟았다는 사실을 알 수 있는 말씀은 무엇인가요?	"천사가 하늘로부터 나타나 힘을 더하더라"는 말씀입니다.
✛ 예수님의 기도에 어떤 수식어들이 따라왔나요?	힘쓰고, 애써, 더욱, 간절히 기도하셨다.
✛ 예수님의 이 기도는 누구를 위한 기도였나요?	죄인인 우리를 구원하기 위한 기도였습니다.

📖✝ **아래 성경을 묵상하세요.**

> **마 27:46** | 제 구시쯤에 예수께서 크게 소리 질러 이르시되 엘리 엘리 라마 사박다니 하시니

이는 곧 나의 하나님, 나의 하나님, 어찌하여 나를 버리셨나이까 하는 뜻이라

눅 23:46 | 예수께서 큰 소리로 불러 이르시되 아버지 내 영혼을 아버지 손에 부탁하나이다 하고 이 말씀을 하신 후 숨지시니라

✤ 예수님이 어디에서 드리는 기도인가요?	십자가 위에서 드리는 기도입니다.
✤ 십자가 위에서 예수님은 어떻게 기도하셨나요?	크게 소리 질러 기도하셨습니다.
✤ 예수님이 이 땅에서 육체를 입고 마지막 드리신 기도의 내용은 무엇인가요?	"아버지, 내 영혼을 아버지 손에 부탁하나이다!"
✤ 이 기도를 들으면서 무엇을 느낄 수 있나요?	**첫째**, 마지막 순간에 가장 중요한 것은 영혼을 위해 기도하는 것이다. **둘째**, 내 영혼의 절대주권은 하나님 아버지께 있다. **셋째**, 예수님은 내 영혼을 위해 십자가를 지셨다는 것이다.
✤ 이 세상에서 마지막 드리는 예수님의 기도 소리는 어떠했나요?	큰 소리의 기도였습니다.
✤ 예수님이 이 기도를 드리고 숨지셨다면 그 당시 예수님의 몸 상태는 어떠했을까요?	피를 다 흘리셔서 기진맥진한 상태였을 것입니다.
✤ 그런 상태에서 그렇게 큰 소리로 기도하셨다면 우리에게 무엇을 남기려 하셨을까요?	**첫째**, 예수님의 기도는 평상시에도 큰 소리의 기도였습니다(큰 소리 기도 습관). **둘째**, 영혼을 위한 기도는 크고 간절해야 한다는 것입니다. **셋째**, 너희도 나처럼 큰 소리로 기도하라는 영적 교훈을 남기셨습니다.
✤ 이렇게 우리를 위해 죽으면서 큰 소리로 기도하신 주님 앞에서 "목소리만 크면 다냐? 하나님이 크게 해야 들으시느냐? 주님이 귀가 먹으셨냐?" 하는 사람들이 있다면 어찌해야 할까요?	분명히 망언이요, 불경이기 때문에 크게 회개해야 합니다.

지금까지 우리는 기도에 대해 살펴봤습니다. 이제 성경에서 보편적인 기도의 모습과 예수님의 기도의 모습을 본받아 우리가 큰 소리로 간절하게 기도하게 되기를 축복합니다. 지금 주님처럼 기도해 봅시다.

말씀 살기

✝ **말씀의 핵심 정리**

1. 성경에 다양한 기도들이 있구나!
2. 하나님 앞에서 간절하게 심정을 통하는 기도가 중요하구나!
3. 은밀한 묵상기도도 필요하구나!
4. 신구약성경에 큰 소리로 외치는 기도가 많구나!
5. 예수님은 금식, 새벽, 철야 기도를 드리셨구나!
6. 예수님은 피땀을 쏟는 기도를 드리셨구나!
7. 예수님은 십자가에서 마지막으로 큰 소리로 기도하셨구나!

✝ **감사와 회개**

주여, 다양한 기도를 배우게 하시니 감사, 감사합니다!

주여, 간절하게 심정을 통하는 기도가 중요함을 깨닫게 하시니 감사합니다!

주여, 은밀한 묵상기도도 중요함을 깨닫게 하시니 감사, 감사합니다!

주여, 성경의 많은 기도가 부르짖는 큰 소리의 기도임을 깨닫게 하시니 감사, 감사합니다!

거의 모든 믿음의 사람들이 큰 소리로 부르짖어 기도한 것을 보게 하시니 감사, 감사합니다!

주여, 예수님의 기도를 배우게 하시니 감사, 감사합니다!

주여, 예수님처럼 간절한 기도를 드려야겠다고 결단하게 하시니 감사합니다!

주여, 예수님처럼 큰 소리의 부르짖는 기도를 결단하게 하시니 감사, 감사합니다!

주여, 예수님처럼 기도하지 못했음을 용서하소서!

주여, 기도에 간절함이 부족했음을 용서하소서!

주여, 주님과 심정을 통하는 기도를 드리지 못했음을 용서하소서!
주여, 날마다 주님과 깊은 교제하지 못했음을 용서하소서!

✝ 명령과 선포와 결단
예수 그리스도의 이름으로 명하노니 기도를 방해하는 악하고 더러운 사탄, 마귀는 떠나갈지어다!
기도 시에 잡념을 들게 하는 악하고 더러운 영은 떠나갈지어다!
나도 이제부터 한나처럼 심정을 통하는 기도를 드리리라!
나도 이제부터 예수님처럼 간절한 기도를 드리리라!
나도 이제부터 모세처럼, 사무엘처럼, 예레미야처럼 부르짖는 기도를 드리리라!
나도 이제부터 예수님처럼 큰 소리의 부르짖는 기도를 드리리라!
오, 주여! 저도 예수님처럼 더 깊은 기도를 드리겠습니다!
오, 주여! 저도 예수님처럼 더 간절한 기도를 드리겠습니다!
오, 주여! 저도 예수님처럼 큰 소리의 부르짖는 기도를 드리겠습니다!

✝ 훈련의 기본 원칙 열 번 복창
"단순, 반복, 지속, 강행"

✝ 장자권의 발동, 명령과 선포 세 번 복창
"있을지어다! 그대로 되니라! 하나님 보시기에 좋았더라!"
"치료될지어다! 그대로 되니라! 하나님 보시기에 좋았더라!"
"회복될지어다! 복 있을지어다! 충만할지어다! 정복할지어다! 다스릴지어다!"

✝ 받은 은혜 묵상 · 간증하기 말씀 요약

_____

_____

_____

_____

크고, 크고, 큰 천국의 소리들

성도의 소리는 어떤 소리여야 할까요? 성도는 육신의 정욕의 소리들이 커서는 안 됩니다. 육신의 소리들, 정욕의 소리들은 교회에서나, 가정에서나, 우리 삶의 공동체에서 작아야 합니다. 부드러워야 하고, 온유해야 합니다. 하지만 하나님을 향한 소리, 내 자신의 정욕을 죽이는 소리, 마귀들을 향한 소리들은 강해야 합니다. 단호해야 합니다. 커야 합니다. 특히 공적인 찬양을 할 때나 말씀을 받을 때에 '아멘'으로 받는 것은 클수록 자신에게 영적 유익이 있습니다. 특히 하늘소리가 크고, 크고, 큰 소리들이라는 사실을 기억하면서 말씀으로 들어가 봅시다.

암송 말씀 이 백성은 내가 나를 위하여 지었나니 나를 찬송하게 하려 함이니라(사 43:21)
내가 주를 찬양할 때에 나의 입술이 기뻐 외치며 주께서 속량하신 내 영혼이 즐거워하리이다(시 71:23)

1. 큰 소리 찬양

사람은 찬양을 위해 존재합니다. 찬양은 몸으로, 마음으로, 영으로, 목소리로 할 수 있습니다. "내가 영으로 찬송하고 또 마음으로 찬송하리라"(고전 14:15) 하신 말씀처럼 시공간의 상황이 마음과 영으로만 할 수 있는 상태라면, 당연히 조용하면서도 깊고, 감미롭게 해야 합니다. 그러나 하나님을 예배하는 공간이나, 소리와 표현에 자유가 보장된 공간이라면 클수록 좋습니다.

📖 아래 성경을 묵상하세요.

> **사 43:21** | 이 백성은 내가 나를 위하여 지었나니 나를 찬송하게 하려 함이니라
>
> **시 22:3** | 이스라엘의 찬송 중에 계시는 주여 주는 거룩하시니이다
>
> **시 119:164** | 주의 의로운 규례들로 말미암아 내가 하루 일곱 번씩 주를 찬양하나이다

✤ 땅의 모든 백성은 누가 지으셨나요?	하나님이 지으셨습니다.
✤ 모든 백성을 지으신 목적은 무엇인가요?	하나님을 찬송하게 하려 함입니다.
✤ 하나님이 당신의 찬송 중에 거하시는 이유는요?	우리를 지으신 목적이 찬송에 있기 때문입니다.
✤ 위의 말씀에 의하면 하루에 최소한 찬양을 몇 곡 정도를 부르면 좋을까요?	일곱 곡을 부를 수 있다면 좋을 것 같습니다.
✤ 시편 기자는 하루에 일곱 번씩 찬양했지만 당신의 찬양은 어떠해야 할까요?	많이 부를수록 좋을 것 같습니다.

📖 아래 성경을 묵상하세요.

> **시 47:1~2** | ¹너희 만민들아 손바닥을 치고 즐거운 소리로 하나님께 외칠지어다 ²지존하신 여호와는 두려우시고 온 땅에 큰 왕이 되심이로다
>
> **시 150:4~6** | ⁴소고 치며 춤 추어 찬양하며 현악과 퉁소로 찬양할지어다 ⁵큰 소리 나는 제금으로 찬양하며 높은 소리 나는 제금으로 찬양할지어다 ⁶호흡이 있는 자마다 여호와를 찬양할지어다 할렐루야

✤ 땅에 존재하는 만민들은 어떤 자세로 찬양해야 하나요?	손바닥을 치고 즐거운 소리로 하나님께 외치며 찬양해야 합니다.
✤ 이 말씀이 진리라면 당신의 찬양도 이렇게 드려져야 한다고 믿나요?	아멘, 아멘!
✤ 시 150:4~6 말씀에 의하면 당신의 찬양은 어떠해야 하나요?	춤을 추며 각종 악기를 동원하되 호흡이 있는 모든 자들이 찬양해야 합니다.
✤ 위의 말씀에서 찬양의 자세를 정리해 보세요.	**첫째**, 손바닥을 치고 춤을 추면서(온 몸으로), **둘째**, 모든 악기를 다 동원하되 악기 소리를 높이고, **셋째**, 즐거운 소리로 하나님께 외쳐 부르라.

📖 아래 성경을 묵상하세요.

> **시 71:23** | 내가 주를 찬양할 때에 나의 입술이 기뻐 외치며 주께서 속량하신 내 영혼이 즐거워하리이다
>
> **시 145:3** | 여호와는 위대하시니 크게 찬양할 것이라 그의 위대하심을 측량하지 못하리로다

✤ 찬양할 때 당신의 입술은 어떻게 해야 하나요?	기뻐 외쳐야 합니다.
✤ 주께서 속량하신 당신의 영혼은 어떻게 해야 하나요?	즐거워해야 합니다.
✤ 당신이 크게 찬양해야 할 이유는 무엇인가요?	여호와의 위대하심을 측량할 수 없기 때문입니다.

2. 크고, 크고, 큰 소리의 천국

우리는 하나님이 천지만물을 창조하셨음을 압니다. 하나님은 천지만물을 어떻게 창조하셨나요? 말씀으로 창조하셨습니다. "빛이 있으라!" 이 말씀이 하나님의 말씀이라면 하나님의 소리는 크기가 어떠하셨을까요? 성경의 알파인 창세기에서는 하나님의 소리의 크기를 알 수 없습니다. 그러나 성경 전체와 특히 오메가인 계시록을 통해 하나님의 소리를 짐작할 수 있습니다. 이제 말씀을 통해 배우겠지만 하늘의 소리는 크고, 크고, 큰 소리들입니다. 하늘 소리가 이렇게 크다면 오늘 우리 지상 교회의 소리도 그처럼 크면 클수록 좋다는 사실을 기억하세요. 예배를 드리면서 우리가 드리는 모든 음성은 클수록 좋다는 사실을 잊지 마세요.

1) 큰 소리 천사들

하늘나라는 모두의 소리가 큽니다. 하늘나라의 소리는 모두 다 큰 소리들입니다. 특히 하나님의 명령을 받드는 천사들의 소리는 다 큰 소리들입니다. 그들은 보좌 앞에서도 큰 소리요, 천사들끼리도 큰 소리로 교통합니다. 이제 계시록에 등장하는 천사들의 큰 소리를 들어 봅시다.

📖✝ 아래 성경을 묵상하세요.

> **계 5:2** | 또 보매 힘있는 천사가 큰 음성으로 외치기를 누가 그 두루마리를 펴며 그 인을 떼기에 합당하냐 하나
>
> **계 5:11~12** | 11내가 또 보고 들으매 보좌와 생물들과 장로들을 둘러 선 많은 천사의 음성이 있으니 그 수가 만만이요 천천이라 12큰 음성으로 이르되 죽임을 당하신 어린양은 능력과 부와 지혜와 힘과 존귀와 영광과 찬송을 받으시기에 합당하도다 하더라
>
> **계 7:2** | 또 보매 다른 천사가 살아 계신 하나님의 인을 가지고 해 돋는 데로부터 올라와서 땅과 바다를 해롭게 할 권세를 받은 네 천사를 향하여 큰 소리로 외쳐

✤ 계 5:2 말씀에서 천사의 소리는 어떠한가요?	큰 음성으로 외치는 소리입니다.
✤ 계 5:11~12 말씀에서 수많은 천사의 소리는 어떠한가요?	큰 음성으로 찬양하는 소리였습니다.
✤ 천사들이 현재 있는 곳은 어디인가요?	하나님의 보좌를 둘러 서 있습니다.
✤ 그렇다면 하늘 보좌의 하나님은 어떤 소리를 기뻐하신다는 것을 알 수 있나요?	크게 외치는 소리를 기뻐하심을 알 수 있습니다.
✤ 계 7:2 말씀에서 천사가 천사를 향한 소리는 어떠한가요?	큰 소리로 외치는 소리입니다.
✤ 위의 말씀을 보면 하늘나라에서 수종을 드는 천사들의 소리는 어떠한가요?	모두 다 큰 소리입니다.

2) 큰 소리 성도들

📖 아래 성경을 묵상하세요.

> **계 6:9~10** | ⁹다섯째 인을 떼실 때에 내가 보니 하나님의 말씀과 그들이 가진 증거로 말미암아 죽임을 당한 영혼들이 제단 아래에 있어 ¹⁰큰 소리로 불러 이르되 거룩하고 참되신 대주재여 땅에 거하는 자들을 심판하여 우리 피를 갚아 주지 아니하시기를 어느 때까지 하시려 하나이까 하니
>
> **계 7:9~10** | ⁹이 일 후에 내가 보니 각 나라와 족속과 백성과 방언에서 아무도 능히 셀 수 없는 큰 무리가 나와 흰 옷을 입고 손에 종려 가지를 들고 보좌 앞과 어린양 앞에 서서 ¹⁰큰 소리로 외쳐 이르되 구원하심이 보좌에 앉으신 우리 하나님과 어린양에게 있도다 하니

✤ 복음을 위해 순교한 자들의 영혼은 지금 어디에 있나요?	하나님의 제단 아래에 있습니다.
✤ 그들이 하나님의 목전에서 호소하는 기도 소리는 어떠했나요?	큰 소리였습니다.

✤ 이로 보아 하늘의 하나님은 어떤 소리를 좋아하신다는 것을 알 수 있나요?	하나님은 큰 소리를 좋아하신다는 것을 알 수 있습니다.
✤ 하늘나라에서 들려오는 순교자들의 기도소리를 통해서 무엇을 느낄 수 있나요?	천국의 소리는 다 크다는 것을 느낄 수 있습니다.
✤ 누가 등장하나요?	각 나라, 족속, 백성, 방언에서 아무도 능히 셀 수 없는 큰 무리가 등장합니다.
✤ 이 말씀은 지금 어디에서 펼쳐지는 광경인가요?	하늘나라에서 펼쳐지는 광경입니다.
✤ 그렇다면 하늘나라에 들어가려면 신천지나 다른 이단들이 주장하는 것처럼 144,000에 들어가야만 할까요?	전혀 아닙니다.
✤ 말씀에 등장하는 큰 무리는 지금 어디에 있나요?	하나님의 보좌 앞과 어린양 예수님 앞에 서 있습니다.
✤ 믿음의 최종 목적은 영혼 구원에 있습니다. 이 흰 옷 입은 무리에 당신이 포함된다고 확신하나요?	아멘, 아멘!
✤ 흰 옷을 입은 성도의 찬양은 어떠한가요?	큰 소리로 외쳐 부릅니다.
✤ 하나님의 보좌 앞에서 드리는 찬양이 이렇게 크다면 하나님은 큰 소리의 찬양을 좋아하신다는 것을 알 수 있나요?	그렇습니다. 하나님은 시공간이 허락되는 한 큰 소리의 찬양을 좋아하신다는 것을 알 수 있습니다.
✤ 흰 옷을 입은 이들의 찬양을 통해서 당신은 무엇을 알 수 있나요?	천국에서는 기도도, 찬양도 다 큰 소리임을 알 수 있습니다.

3) 큰 소리 주님

하늘나라는 모든 소리가 큽니다. 천사들의 소리도, 성도의 소리도 크고 큽니다. 더 중요한 것은 주님의 소리도, 성전과 보좌에서 들려오는 소리도 모두 크다는 것입니다.

📖† 아래 성경을 묵상하세요.

> **계 1:10~11** | ¹⁰주의 날에 내가 성령에 감동되어 내 뒤에서 나는 나팔 소리 같은 큰 음성을 들으니 ¹¹이르되 네가 보는 것을 두루마리에 써서 에베소, 서머나, 버가모, 두아디라, 사데, 빌라델비아, 라오디게아 등 일곱 교회에 보내라 하시기로

✥ 계 1:10~11 말씀은 예수님의 말씀입니다. 사도 요한이 들은 주님의 음성은 어떠한가요?

> 나팔소리 같은 큰 음성입니다.

✥ 이 말씀으로 보아 하늘에서 주님의 음성은 어떠한 것을 알 수 있나요?

> 큰 음성임을 알 수 있습니다.

📖† 아래 성경을 묵상하세요.

> **계 11:15** | 일곱째 천사가 나팔을 불매 하늘에 큰 음성들이 나서 이르되 세상 나라가 우리 주와 그의 그리스도의 나라가 되어 그가 세세토록 왕 노릇 하시리로다 하니
>
> **계 16:1** | 또 내가 들으니 성전에서 큰 음성이 나서 일곱 천사에게 말하되 너희는 가서 하나님의 진노의 일곱 대접을 땅에 쏟으라 하더라
>
> **계 16:17** | 일곱째 천사가 그 대접을 공중에 쏟으매 큰 음성이 성전에서 보좌로부터 나서 이르되 되었다 하시니

✥ 위의 말씀의 공통점은 무엇인가요?

> 하늘 보좌의 음성은 큰 음성이라는 것입니다.

✥ 하늘나라는 천사들의 소리도, 성도의 소리도, 보좌에서 들리는 주님의 소리도 다 큽니다. 그렇다면 성전에서 울리는 당신의 소리도 다 커야 한다고 인정하시나요?

> 아멘, 아멘! 하늘 성전과 보좌의 음성이 크니 당연히 커야 할 것입니다!

❖ 당신의 소리는 성전에서 커야 합니다. 왜 성전에서 당신의 소리가 커야 하나요?

성경이 그렇게 말씀하시니 당연한 것입니다. 분명한 것은 중심을 받으시는 주님 앞에서 나의 온 정성을 드리기 위해 나의 소리는 커야 합니다. 믿음이 약한 나의 소리가 커야 하는 이유는 큰 소리가 사탄의 전파를 차단할 수 있기 때문입니다.

3. 천국 방언인 '아멘, 아멘!'

성경에는 '아멘!'에 대한 말씀들이 여러 번 나와 있습니다. 우리가 말씀을 받을 때나, 찬양과 기도 시에 '아멘!'을 하는데 이 부분도 점검하고 넘어갑시다. '아멘!'은 해도 되고 안 해도 될 수 있습니다. 그러나 성경에서 '아멘!'에 대해서 분명하게 깨닫는다면 분명히 '아멘!'에 대한 우리의 자세는 달라지고 새로워져야 합니다.

1) 말씀을 '아멘, 아멘!'으로 받으라

우리가 하나님의 말씀을 받을 때에 가장 좋은 자세는 '아멘, 아멘!'으로 받는 것입니다. 이렇게 말씀을 받으면 영적으로 거의 손해를 보지 않습니다. 마귀는 할 수 있으면 우리의 마음에서 말씀을 빼앗아 가려고 혈안이 되어 있습니다. 마귀가 그렇게 말씀을 빼앗으려 할 때 우리가 마음과 영으로 말씀을 받기 위해서는 먼저 입술이 열려야 합니다. 입술이 선명하고 똑똑하게 열리면 마귀가 떠나가고 성령님이 역사하십니다.

📖✝ 아래 성경을 묵상하세요.

> **계 3:14** | 라오디게아 교회의 사자에게 편지하라 아멘이시요 충성되고 참된 증인이시요 하나님의 창조의 근본이신 이가 이르시되
>
> **고후 1:19~20** | ¹⁹우리 곧 나와 실루아노와 디모데로 말미암아 너희 가운데 전파된 하나님

의 아들 예수 그리스도는 예 하고 아니라 함이 되지 아니하셨으니 그에게는 예만 되었느니라
²⁰하나님의 약속은 얼마든지 그리스도 안에서 예가 되니 그런즉 그로 말미암아 우리가 아멘
하여 하나님께 영광을 돌리게 되느니라

눅 8:5 | 씨를 뿌리는 자가 그 씨를 뿌리러 나가서 뿌릴새 더러는 길 가에 떨어지매 밟히며 공
중의 새들이 먹어버렸고

눅 8:12 | 길 가에 있다는 것은 말씀을 들은 자니 이에 마귀가 가서 그들이 믿어 구원을 얻지 못
하게 하려고 말씀을 그 마음에서 빼앗는 것이요

✢ 성경은 예수님을 어떻게 표현하고 있나요?

아멘이시요, 충성되고 참된 증인
이시요, 하나님의 창조의 근본이신
분으로 표현하십니다.

✢ 아멘이신 하나님의 아들 예수님은 어떤 분인가요?

'아니라'함 없이 '예'만 하신 분입
니다.

✢ 하나님의 아들 예수님이 이렇게 하셨다면, 당신도
말씀의 권위 앞에 어떻게 해야 하나요?

'아니라'함 없이 '예'만 해야 합니다.

✢ 하나님의 약속의 말씀은 그리스도 안에서 얼마든지
'예'가 됩니다. 그 약속의 말씀 앞에서 당신이 해야
할 유일한 반응은 무엇일까요?

'아멘, 아멘!'입니다.

✢ 당신이 말씀 앞에 '아멘, 아멘!' 할 때에 누가 영광을
받으시나요?

하나님이 영광을 받으십니다.

✢ 당신이 '아멘, 아멘!' 할 때에 하나님이 영광을 받으
신다면 당신은 말씀을 들을 때마다 어떻게 해야 할
까요?

'아멘, 아멘!' 해야 합니다.

✢ 길 가에 떨어진 씨는 결국 어떻게 되나요?

밟히거나 공중의 새들이 먹어 버립
니다.

✢ 씨가 길 가에 있다는 것은 무엇을 의미하나요?

말씀을 들었다는 것을 의미합니다.

✢ 그렇다면 씨는 무엇을 가리키나요?

하나님의 말씀을 가리킵니다.

✢ 공중의 새로 비유된 마귀가 당신의 마음에서 무엇을
빼앗나요?

하나님의 말씀을 빼앗습니다.

✛ 마귀가 말씀을 듣는 자들의 마음에서 말씀을 빼앗는 이유는 무엇인가요?	말씀을 듣고 믿어 구원을 얻지 못하게 하려 함입니다.
✛ 당신이 말씀을 들으면서 '아멘, 아멘!' 하여 하나님이 영광을 받으신다면 사탄, 마귀가 당신의 마음에서 말씀을 빼앗아 갈 수 있을까요?	빼앗아 가기가 어렵습니다.
✛ 마귀가 말씀을 빼앗아 가지 못하게 하려면 어떻게 해야 할까요?	**첫째**, 예배와 말씀을 사모함으로 간절히 준비 기도해야 합니다. **둘째**, 예배 시간 일찍 나와 앞자리 가운데부터 앉아 성령님의 도우심과 기름 부으심을 사모해야 합니다. **셋째**, 전화기를 끄고, 주보를 보거나 옆 사람과 말을 하거나 고개를 숙이지 않습니다. **넷째**, 정좌, 정시, 정청하여 말씀이 떨어질 때마다 마음과 영과 입술로 '아멘, 아멘!' 화답합니다.

📖✝ 아래 성경을 묵상하세요.

> **느 8:5~6 |** ⁵에스라가 모든 백성 위에 서서 그들 목전에 책을 펴니 책을 펼 때에 모든 백성이 일어서니라 ⁶에스라가 위대하신 하나님 여호와를 송축하매 모든 백성이 손을 들고 아멘 아멘 하고 응답하고 몸을 굽혀 얼굴을 땅에 대고 여호와께 경배하니라

✛ 포로에서 귀환한 이스라엘 백성이 수문 앞 광장에 모였습니다. 학사 에스라가 율법 책을 펼 때에 그들의 반응은 어떠했나요?	모든 백성이 일어났습니다.
✛ 에스라가 위대하신 여호와를 송축할 때에 백성의 반응은 어떠했나요?	손을 들고 '아멘, 아멘' 하고 응답하고 몸을 굽혀 얼굴을 땅에 대고 여호와께 경배했습니다.
✛ 당시 이스라엘 백성의 '아멘, 아멘!' 소리는 어떠했을까요?	존재의 열정을 다하여 외쳤을 것입니다.

✛ 성경에 '아멘!'을 두 번씩 한 사실이 있다면 나도 말씀을 들을 때에 이렇게 '아멘, 아멘!' 할 수 있을까요?	얼마든지 가능합니다.
✛ 수문 앞 광장에 모인 이스라엘 백성의 입에서 터져 나온 이 '아멘, 아멘!'은 누가 강요한 것일까요?	강요한 것이 아니라 70년 동안 말씀을 듣지 못한 이스라엘 백성의 영혼 깊은 곳에서 터져 나온 감격과 감동의 외침이었을 것입니다.
✛ 그렇다면 오늘 당신이 의에 주리고 목마른 심정으로 크게 '아멘! 아멘!' 하며 말씀을 받으면 하나님이 너무나 기뻐하시리라 믿나요?	아멘, 아멘!

📖✛ 아래 성경을 묵상하세요.

> **시 41:13** | 이스라엘의 하나님 여호와를 영원부터 영원까지 송축할지로다 아멘 아멘
>
> **시 72:19** | 그 영화로운 이름을 영원히 찬송할지어다 온 땅에 그의 영광이 충만할지어다 아멘 아멘
>
> **시 89:52** | 여호와를 영원히 찬송할지어다 아멘 아멘

✛ 위의 말씀에서 공통점은 무엇인가요?	'아멘'을 두 번씩 반복했다는 것입니다.
✛ 성경에 '아멘!'을 두 번씩이나 한 사실을 확실하게 믿는다면 당신도 이렇게 하는 것이 좋다고 생각하나요?	아멘, 아멘!

2) 하나님의 모든 말씀에 다 '아멘!'으로 화답하라

우리는 말씀을 받을 때에 모든 말씀에 '아멘!' 하기가 쉽지 않습니다. 부담이 없거나 우리의 영과 육에 유익한 것에는 쉽게 '아멘!'이 나가지만 부담스럽거나 힘든 말씀에는 '아멘!'을 바로 하기 쉽지 않습니다. 그러나 성경은 분명히 부담스러운 말씀에도 '아멘!'을 요구하십니다.

📖 아래 성경을 묵상하세요.

> **신 27:16~26** | ¹⁶그의 부모를 경홀히 여기는 자는 저주를 받을 것이라 할 것이요 모든 백성은 아멘 할지니라 ¹⁷그의 이웃의 경계표를 옮기는 자는 저주를 받을 것이라 할 것이요 모든 백성은 아멘 할지니라 ¹⁸맹인에게 길을 잃게 하는 자는 저주를 받을 것이라 할 것이요 모든 백성은 아멘 할지니라 ¹⁹객이나 고아나 과부의 송사를 억울하게 하는 자는 저주를 받을 것이라 할 것이요 모든 백성은 아멘 할지니라 ²⁰그의 아버지의 아내와 동침하는 자는 그의 아버지의 하체를 드러냈으니 저주를 받을 것이라 할 것이요 모든 백성은 아멘 할지니라 ²¹짐승과 교합하는 모든 자는 저주를 받을 것이라 할 것이요 모든 백성은 아멘 할지니라 ²²그의 자매 곧 그의 아버지의 딸이나 어머니의 딸과 동침하는 자는 저주를 받을 것이라 할 것이요 모든 백성은 아멘 할지니라 ²³장모와 동침하는 자는 저주를 받을 것이라 할 것이요 모든 백성은 아멘 할지니라 ²⁴그의 이웃을 암살하는 자는 저주를 받을 것이라 할 것이요 모든 백성은 아멘 할지니라 ²⁵무죄한 자를 죽이려고 뇌물을 받는 자는 저주를 받을 것이라 할 것이요 모든 백성은 아멘 할지니라 ²⁶이 율법의 말씀을 실행하지 아니하는 자는 저주를 받을 것이라 할 것이요 모든 백성은 아멘 할지니라

✤ 위와 같은 말씀이 선포될 때에 당신이 '아멘!' 하기가 쉬울까요?	결코 쉽지 않습니다.
✤ 위의 말씀을 들으면서 무엇을 깨닫나요?	'아멘!'의 위력에 대한 하나님의 의도를 느낍니다.
✤ 위와 같은 말씀에 '아멘!'으로 화답한다면 어떤 결과가 나타날까요?	내 입으로 잘못하면 저주를 받는다는 말씀에 '아멘!' 해 놓고 말씀을 불순종하지는 않을 것 같습니다.
✤ 위의 말씀에서 무엇을 깨달았나요?	하나님이 '아멘'을 하라 하신 의도와 '아멘!'의 위력을 깨닫습니다.

3) '아멘!'은 천국 방언입니다

우리가 이 땅에서 말씀과 찬양과 기도 시에 '아멘!'을 하지만 이 '아멘!'은 천국 방언입니다. 하늘나라에서도 이 '아멘!'은 살아 있습니다. 말씀으로 들어가 봅시다.

📖 아래 성경을 묵상하세요.

> 계 7:11~12 | ¹¹모든 천사가 보좌와 장로들과 네 생물의 주위에 서 있다가 보좌 앞에 엎드려 얼굴을 대고 하나님께 경배하여 ¹²이르되 아멘 찬송과 영광과 지혜와 감사와 존귀와 권능과 힘이 우리 하나님께 세세토록 있을지어다 아멘 하더라
>
> 계 22:20~21 | ²⁰이것들을 증언하신 이가 이르시되 내가 진실로 속히 오리라 하시거늘 아멘 주 예수여 오시옵소서 ²¹주 예수의 은혜가 모든 자들에게 있을지어다 아멘

✛ 천사들의 찬송에서 특징은 어떠한가요?	'아멘'으로 시작하여 '아멘'으로 마쳤다는 것입니다.
✛ 하늘나라에서 천사들의 찬양을 통해 무엇을 느낄 수 있나요?	'아멘'은 천국 방언이라는 사실을 느낄 수 있습니다.
✛ 신구약성경의 맨 마지막 결어가 무엇인가요?	'아멘'
✛ 그렇다면 말씀을 대하는 당신의 자세는 어떠해야 할까요?	모든 말씀에 '아멘, 아멘'으로 화답해야 합니다.

말씀 살기

✚ 말씀의 핵심 정리

1. 나는 찬양하기 위해 존재하므로 매일 찬양을 많이 하면 좋겠구나!
2. 찬양은 온몸과 마음과 영과 모든 악기를 동원하되 크게 하면 좋겠구나!
3. 하늘나라에는 작은 소리가 없구나!
4. 하늘나라의 천사, 성도, 하나님의 음성이 다 큰 음성이구나!
5. 말씀을 받을 때에 마귀가 와서 말씀을 빼앗는구나!
6. 그러므로 말씀을 받을 때에는 크게 아멘, 아멘! 하면 좋겠구나!
7. 찬양이든 말씀 앞에 아멘이든 클수록 좋구나!

✚ 감사와 회개

주여, 크고, 크고, 큰 소리에 대해 선명하게 정리하게 하시니 감사, 감사합니다!

주여, 손바닥을 치고 춤을 추며 찬양할 수도 있음을 깨닫게 하시니 감사합니다!

주여, 온갖 악기들을 동원하되 큰 소리들로 찬양해도 좋다는 것을 깨닫게 하시니 감사, 감사합니다!

주여, 큰 소리로 부르짖어 기도해야 함을 알게 하시니 감사, 감사합니다!

주여, 성경에 '아멘, 아멘!'이 여러 번 나와 있음을 알게 하시니 감사, 감사합니다!

주여, 천국의 천사들의 소리가 큰 소리임을 알게 하시니 감사, 감사합니다!

주여, 천국의 주님 음성이 큰 소리임을 알게 하시니 감사, 감사합니다!

주여, 찬양을 드릴 때에 영과 마음으로 열정을 다해서 드리지 못함을 용서하소서!

주여, '아멘!'에 인색했음을 용서하소서!

주여, 하늘 소리에 무지했음을 용서하소서!

✝ 명령과 선포와 결단

예수 이름으로 명하노니 찬양의 생명력을 빼앗는 악한 사탄, 마귀는 떠나갈지어다!

예수 이름으로 명하노니 기도할 때에 잡념을 주는 사탄, 마귀는 떠나갈지어다!

말씀을 들을 때에 딴 생각을 하게 하는 세력은 떠나갈지어다!

'아멘!'의 입을 막게 하는 온갖 잡념들은 떠나갈지어다!

나의 믿음의 시선을 하늘과 차단하려는 악한 영들은 떠나갈지어다!

나는 이제부터 나는 여건이 허락되면 큰 소리로 찬양하리라!

나는 이제부터 말씀을 들을 때에 마귀에게 말씀을 빼앗기지 않으리라!

나는 이제부터 생활 속에서의 찬양을 빼앗기지 않으리라!

나는 이제부터 말씀을 받을 때에 아멘으로 화답하리라!

나는 이제부터 하늘 소리에 귀를 기울이리라!

나는 이제부터 하늘나라의 흰 옷 입은 자들과 같이 찬양하리라!

주여, 이제부터 기회가 주어지면 손뼉 치고, 춤을 추며 온몸으로 찬양하겠습니다!

주여, 이제부터 장소와 공간이 허락되면 크게 외치며 찬양하겠습니다!

말씀을 받을 때에 '아멘, 아멘!'으로 받아 길가와 같은 밭이 되지 않겠습니다!

주여, 이제부터 절대로 말씀을 마귀에게 빼앗기지 않겠습니다!

✝ 훈련의 기본 원칙 열 번 복창

"단순, 반복, 지속, 강행"

✝ 장자권의 발동, 명령과 선포 세 번 복창

"있을지어다! 그대로 되니라! 하나님 보시기에 좋았더라!"

"치료될지어다! 회복될지어다! 복 있을지어다! 충만할지어다! 정복할지어다! 다스릴지어다!"

✝ 받은 은혜 묵상 · 간증하기 | 말씀 요약

천지창조로 본
하나님의 명령과 선포

하나님은 말씀하시는 분입니다. 하나님의 말씀은 명령과 선포로 출발합니다. 성경은 하나님의 권위가 명령으로 선포되고, 그 명령과 선포가 그대로 이루어지는 현장을 담은 생명의 말씀입니다. 이제 우리는 성경을 통하여 말씀하시는 하나님, 명령하시고 선포하시는 하나님, 그것을 이루시는 하나님을 만나 봅니다.

암송
말씀

태초에 하나님이 천지를 창조하시니라(창 1:1)
하나님이 그들에게 복을 주시며 하나님이 그들에게 이르시되 생육하고 번성하여 땅에 충만하라, 땅을 정복하라, 바다의 물고기와 하늘의 새와 땅에 움직이는 모든 생물을 다 스리라 하시니라(창 1:28)

1. 천지창조에서 본 하나님의 명령과 선포

하나님은 천지를 창조할 때 말씀으로 창조하셨습니다. 하나님께서 말씀으로 천지를 창조하셨다면, 하나님 말씀의 권세를 인정하고 들어가야 합니다.

1) 명령과 선포에 대한 결과와 표현

하나님이 천지를 창조하실 때에 명령하시고 선포하신 말씀들과 결과, 그 결과에 대한 하나님의 표현을 순서대로 정리해 봅시다.

(1) 첫째 날(창 1:1~5)

명령 | 빛이 있으라!

선포 | 빛을 향해 "너는 낮이라!" 어둠을 향해 "너는 밤이라!"

결과 | 빛이 창조되었다.

결과에 대한 하나님의 표현 | 보시기에 좋았더라!

(2) 둘째 날(창 1:6~8)

명령 | 물 가운데 궁창이 있어 물과 물로 나뉘라!

선포 | 궁창을 향해 "너는 하늘이다!"

결과 | 그대로 되니라!

결과에 대한 하나님의 표현 | 없음

(3) 셋째 날(창 1:9~13)

명령1. 땅과 바다에 대해서 | 천하의 물이 한 곳으로 모이고 뭍이 드러나라!

명령2. 모든 식물에 대해서 | 땅은 풀과 씨 맺는 채소와 각기 종류대로 씨 가진 열매 맺는 나무를 내라!

셋째 날에 명령이 두 번인 이유는? | 창조하신 것이 두 종류이기 때문에

선포 | 뭍을 향해 "너는 땅이다!" 모인 물을 향해 "너는 바다다!"

결과 | 그대로 되니라!

명령은 두 번인데 선포는 한 번인 이유가 있었다면? | 하나님의 주권과 사람의 주권 구분

결과에 대한 하나님의 표현 | 보시기에 좋았더라!

셋째 날 창조에서 기억할 것 | 풀과 채소를 종류대로 창조하셨다.

(4) 넷째 날(창 1:14~19)

명령 | 하늘의 궁창에 광명체들이 있어 낮과 밤을 나뉘게 하라! 그것들로 징조와 계절과 날과 해를 이루게 하라! 그 광명체들이 하늘의 궁창에 있어 땅을 비추라!

선포 | 큰 광명체로 "낮을 주관하리라!" 작은 광명체로 "밤을 주관하리라!"

결과 | 그대로 되니라!

결과에 대한 하나님의 표현 | 보시기에 좋았더라!

(5) 다섯째 날(창 1:20~23)

명령 | 물들은 생물을 번성하게 하라! 땅 위 하늘의 궁창에는 새가 날으라!

선포 | 복을 주시며, 생육하고 번성하여 바닷물에 충만하라! 새들도 땅에 번성하라!

결과 | '그대로 되니라'는 말이 성경에 없지만 그대로 이루어짐

결과에 대한 하나님의 표현 | 보시기에 좋았더라!

다섯째 날 창조에서 기억할 것 | 모든 생물을 종류대로, 모든 새를 종류대로

(6) 여섯째 날(창 1:24~31)

첫째, 생물에 대한 명령과 선포

명령 | 땅은 생물을 그 종류대로 내라! 가축과 기는 것과 땅의 짐승을 종류대로 내라!

선포 | 온 지면의 씨 맺는 채소와 씨 가진 열매 맺는 모든 나무를 너희에게 주노니 너희 먹을거리가 되리라!

둘째, 사람에 대한 명령과 선포

명령 | 내가 네게 복을 주노라! 생육하고 번성하여 땅에 충만하라! 땅을 정복하라! 바다의 물고기와 하늘의 새와 땅에 움직이는 모든 생물을 다스리라!

선포 | 온 지면의 씨 맺는 모든 채소와 씨 가진 열매 맺는 모든 나무를 너희에게 주노니 너희의 먹을거리가 되리라!

결과1(생물)에 대해서 | 그대로 되니라!

결과2(사람)에 대해서 | 하나님이 자기 형상대로 남자와 여자를 창조

명령과 선포에 대한 하나님의 표현1. 생물에 대해서 | 보시기에 좋았더라!

명령과 선포에 대한 하나님의 표현2. 사람에 대해서 | 보시기에 심히 좋았더라!

하나님의 마지막 표현이 다른 때와 다른 이유가 있었다면 | 창조의 완성과 함께 창조의 목적인 사람의 창조 때문에

여섯째 날 창조에서 기억할 것 | 가축과 기는 것 등 땅의 짐승을 종류대로 만드심

2) 창조의 핵심인 사람 창조

우리는 위에서 천지를 지으신 하나님의 창조세계를 성경을 통해 조명해 보았습니다. 이 가운데 우리가 주목해야 할 부분은 바로 사람의 창조입니다. 이제 하나님의 창조 중 핵심인 사람의 창조에 대해 정리해 봅니다.

(1) 하나님의 창조와 그 결과

하나 | 명령하시고

둘 | 선포하시고

셋 | 그대로 되어 보시기에 좋았더라!

(2) 사람 창조에 대해

하나 | 창조의 구성과 방법이 다름. 하나님의 형상대로 사람을 창조하시되 남자와 여자를 만드심. 사람만이 땅의 흙과 생기의 연합체로 만드심(창 2:7).

둘 | 창조의 목적이 다름. 만물은 사람을 위하여 만드심. 사람은 하나님을 위하여 만드심(사 43:7, 21). 사람은 물고기와 새와 가축과 온 땅과 땅에 기는 것 다스리도록 만드심.

셋 | 사람에게만 충만, 정복, 다스림의 복을 주심.

2. 천지창조의 목적

하나님은 만물의 창조와 사람의 창조를 구별하셨습니다. 분명한 것은 만물은 하나님의 명령과 선포대로 창조되었다는 것입니다. 중요한 것은 만드신 목적입니다. 만물은 사람을 위해 만드셨습니다. 그러나 사람은 하나님의 영광과 찬송을 위해 만드셨습니다. 그리고 만물을 다스리도록 권세를 주셨습니다.

1) 하나님의 형상대로 지음 받은 사람

하나님은 천지창조 가운데 사람을 지으실 때만은 특별하게 만드셨습니다. 사람만 하나님의 형상을 따라 만드셨습니다. 그렇게 만드신 후 하나님은 하나님의 권세를 위임하셨습니다.

📖 아래 성경을 묵상하세요.

> **창 1:26~27** | 26하나님이 이르시되 우리의 형상을 따라 우리의 모양대로 우리가 사람을 만들고 그들로 바다의 물고기와 하늘의 새와 가축과 온 땅과 땅에 기는 모든 것을 다스리게 하자 하시고 27하나님이 자기 형상 곧 하나님의 형상대로 사람을 창조하시되 남자와 여자를 창조하시고

✛ 하나님이 사람을 만드실 때 누구의 형상대로 만드셨나요?	하나님의 형상대로 만드셨습니다.
✛ 하나님의 형상대로 만드셨다는 말씀은 어떤 의미가 있을까요?	첫째, 하나님을 닮았다는 말씀입니다. 둘째, 하나님과 교제하도록 만드셨다는 말씀입니다.
✛ 하나님을 닮았다면 하나님이 우리처럼 생기셨다는 말인가요?	아닙니다. 요 4:24 말씀에 의하면 하나님은 영이시기에 우리도 영적 존재로 지음 받았다는 의미입니다.
✛ 그렇다면 하나님과의 교제는 영적인 것인가요?	그렇습니다. 하나님과 교제하려면 영적인 세계가 열려져야 합니다.
✛ 하나님이 사람을 지으시면서 하나님의 형상대로 만드신다 하셨는데, 여기서 '우리'라는 말은 무엇을 의미하나요?	성부, 성자, 성령 삼위 하나님을 의미합니다.

2) 하나님의 권세를 위임 받은 사람

하나님은 사람을 지으신 후 그에게 만물을 다스릴 권세를 위임하셨습니다. 하나님께서 명령하고 선포하여 만드신 만물 가운데 직접 이름을 붙인 것들은 많지 않습니다.

✛ 하나님이 명령, 선포하시어 창조하신 후 직접 이름을 붙인 것들을 옮겨 보세요.	낮, 밤, 하늘, 땅, 바다

✝ 위의 것들을 제외하고 하나님이 직접 이름을 붙인 것이 있나요? · 없습니다.

✝ 하나님이 사람을 만드신 목적이 어디에 있나요? · 물고기, 새, 가축과 온 땅에 기는 것들을 다스리기 위함입니다.

📖 아래 성경을 묵상하세요.

> **창 1:28** | 하나님이 그들에게 복을 주시며 하나님이 그들에게 이르시되 생육하고 번성하여 땅에 충만하라, 땅을 정복하라, 바다의 물고기와 하늘의 새와 땅에 움직이는 모든 생물을 다스리라 하시니라
>
> **창 2:19~20** | 19여호와 하나님이 흙으로 각종 들짐승과 공중의 각종 새를 지으시고 아담이 무엇이라고 부르나 보시려고 그것들을 그에게로 이끌어 가시니 아담이 각 생물을 부르는 것이 곧 그 이름이 되었더라 20아담이 모든 가축과 공중의 새와 들의 모든 짐승에게 이름을 주니라 아담이 돕는 배필이 없으므로

✝ 하나님이 사람을 만드신 후 주신 것이 무엇인가요? · 복을 주셨습니다.

✝ 사람에게 주신 복의 내용을 정리해 보세요. · 생육하고 번성하여 땅에 충만하라! 땅을 정복하라! 물고기와 새, 땅에 움직이는 모든 생물을 다스리라!

✝ 충만과 정복, 다스림이 우리에게 주어진 복이라면 이 복을 누려야 한다고 생각하나요? · 아멘, 아멘! 반드시 이 복을 누려야 합니다!

✝ 각종 들짐승과 각종 새들은 누가 만드셨나요? · 여호와 하나님이 만드셨습니다.

✝ 하나님은 땅에 움직이는 만물을 지으신 후 그 이름을 직접 붙이셨나요? · 아닙니다.

✝ 그렇다면 각종 만물의 이름은 누가 지었나요? · '아담'이 지었습니다.

✝ 아담이 명령하고 선포한 이름이 만물의 이름이 된 것을 인정하나요? · 아멘, 아멘!

❖ 그렇다면 그 만물의 통치권을 사람에게 주셨음도 인정하나요?

아멘, 아멘!

❖ 하나님은 사람에게 만물을 다스릴 권한을 주셨습니다. 그렇기에 이름을 하나님이 직접 붙이지 않았습니다. 이 부분에서 선명하게 붙잡아야 할 것을 정리해 보세요!

첫째, 하나님의 주권과 사람의 주권에 대한 분리입니다.
둘째, 하나님의 주권을 사람에게 위임하셨습니다.
셋째, 사람(나)에게 주신 주권의 누림입니다.

❖ 위의 사실을 통해서 이 시간 이 말씀을 나누는 하나님의 자녀인 당신에게도 만물을 향해 명령하고 선포할 권세가 주어졌다고 확신하나요?

아멘, 아멘!

3. 땅을 정복하고 모든 생물을 다스리라

하나님의 주권을 위임 받은 사람에게 사명이 주어졌습니다. 그것이 무엇인가요? 바로 땅을 정복하고 모든 생물을 다스리는 것입니다. 그렇다면 땅을 정복하고 모든 생물을 다스린다는 것이 구체적으로 무엇인지 말씀을 통해 살펴봅시다.

📖† 아래 성경을 묵상하세요.

> **창 2:7** | 여호와 하나님이 땅의 흙으로 사람을 지으시고 생기를 그 코에 불어넣으시니 사람이 생령이 되니라
>
> **골 3:5** | 그러므로 땅에 있는 지체를 죽이라 곧 음란과 부정과 사욕과 악한 정욕과 탐심이니 탐심은 우상숭배니라
>
> **벧전 2:11** | 사랑하는 자들아 거류민과 나그네 같은 너희를 권하노니 영혼을 거슬러 싸우는 육체의 정욕을 제어하라

❖ 여호와 하나님은 무엇으로 사람을 지으셨나요?

땅의 흙으로 지으셨습니다.

❖ 우리에게 무엇을 죽이라고 하나요?

땅에 있는 지체를 죽이라 합니다.

✤ 땅에 있는 지체는 무엇을 말하나요?	음란과 부정과 사욕과 악한 정욕과 탐심입니다.
✤ 하나님이 가장 싫어하는 죄가 우상숭배의 죄입니다. 우상이란 하나님 대신 섬김을 받는 대상을 말하지요. 이 우상숭배에 해당하는 죄가 무엇인가요?	탐심입니다.
✤ 탐심이 이렇게 무서운 죄라면 말씀대로 내 안에서 제거해야 한다고 믿나요?	아멘, 아멘!
✤ 당신의 영혼을 거슬러 싸우는 세력이 무엇인가요?	육체의 정욕입니다.
✤ 당신이 영적 승리를 위해 싸워야 할 것은 무엇이라 생각하나요?	나 자신의 육체의 정욕입니다.
✤ 이제 땅을 정복한다는 것이 육체의 욕심을 제거하는 것임을 인정하나요?	아멘, 아멘! 인정합니다.
✤ 이제부터 온전히 땅을 정복하기로 결단했나요?	아멘, 아멘! 결단합니다.

📖➕ 아래 성경을 묵상하세요.

> 창 1:29 | 하나님이 이르시되 내가 온 지면의 씨 맺는 모든 채소와 씨 가진 열매 맺는 모든 나무를 너희에게 주노니 너희의 먹을거리가 되리라
>
> 딤전 6:7~8 | 7우리가 세상에 아무것도 가지고 온 것이 없으매 또한 아무것도 가지고 가지 못하리니 8우리가 먹을 것과 입을 것이 있은즉 족한 줄로 알 것이니라

✤ 하나님이 사람에게 주신 것은 무엇인가요?	오직 식물만 주셨습니다.
✤ 사람에게 주신 것이 식물뿐이라는 사실이 주는 교훈이 있다면 무엇일까요?	하나님께서 허락하신 사람의 소유권은 오직 먹을 것에 국한된다는 것입니다.
✤ 당신이 이 세상에 태어날 때 단 하나라도 가지고 온 것이 있었나요?	아무것도 가지고 온 것이 없었습니다.
✤ 이 세상을 떠날 때 자신이 가지고 가는 것이 하나라도 있나요?	단 하나도 가지고 갈 수 없습니다.

✤ 당신의 마지막이 그렇다면 성경말씀대로 먹을 것과 입을 것이 있은즉 족한 줄 알며 살아야 한다고 생각하나요? | 아멘, 아멘!

📖✝ 아래 성경을 묵상하세요.

> **창 3:1** | 그런데 뱀은 여호와 하나님이 지으신 들짐승 중에 가장 간교하니라 뱀이 여자에게 물어 이르되 하나님이 참으로 너희에게 동산 모든 나무의 열매를 먹지 말라 하시더냐
>
> **계 12:9** | 큰 용이 내쫓기니 옛 뱀 곧 마귀라고도 하고 사탄이라고도 하며 온 천하를 꾀는 자라 그가 땅으로 내쫓기니 그의 사자들도 그와 함께 내쫓기니라
>
> **요 8:44** | 너희는 너희 아비 마귀에게서 났으니 너희 아비의 욕심대로 너희도 행하고자 하느니라 그는 처음부터 살인한 자요 진리가 그 속에 없으므로 진리에 서지 못하고 거짓을 말할 때마다 제 것으로 말하나니 이는 그가 거짓말쟁이요 거짓의 아비가 되었음이라

✤ 여호와 하나님이 지으신 들짐승 가운데 누가 등장하나요? | 뱀이 등장합니다.

✤ 계 12:9 말씀에 의하면 이 뱀의 실체는 무엇인가요? | 큰 용, 마귀, 사탄입니다.

✤ 이 뱀이 하는 일이 무엇인가요? | 온 천하를 꾀는 일을 합니다.

✤ 사탄, 마귀는 어디로 쫓겨 왔나요? | 땅으로 쫓겨 왔습니다.

✤ 그가 하늘에서 땅으로 쫓겨 올 때에 누가 함께 쫓겨 왔나요? | 그의 사자들이 함께 쫓겨 왔습니다.

✤ 옛 뱀인 마귀의 속성 중에 으뜸이 무엇인가요? | 욕심입니다.

📖✝ 아래 성경을 묵상하세요.

> **창 3:5~6** | 5너희가 그것을 먹는 날에는 너희 눈이 밝아져 하나님과 같이 되어 선악을 알 줄 하나님이 아심이니라 6여자가 그 나무를 본즉 먹음직도 하고 보암직도 하고 지혜롭게 할 만큼 탐스럽기도 한 나무인지라 여자가 그 열매를 따먹고 자기와 함께 있는 남편에게도 주매 그도 먹은지라

출 8:25, 28 | 25바로가 모세와 아론을 불러 이르되 너희는 가서 이 땅에서 너희 하나님께 제사를 드리라 28바로가 이르되 내가 너희를 보내리니 너희가 너희의 하나님 여호와께 광야에서 제사를 드릴 것이나 너무 멀리 가지는 말라 그런즉 너희는 나를 위하여 간구하라

출 10:11, 24 | 11그렇게 하지 말고 너희 장정만 가서 여호와를 섬기라 이것이 너희가 구하는 바니라 이에 그들이 바로 앞에서 쫓겨나니라 24바로가 모세를 불러서 이르되 너희는 가서 여호와를 섬기되 너희의 양과 소는 머물러 두고 너희 어린 것들은 너희와 함께 갈지니라

✛ 옛 뱀인 사탄, 마귀의 욕심이 어느 정도인가요?

만물 중에 하나밖에 없는 하나님의 선악과까지 따 먹어야 할 만큼 욕심쟁이입니다.

✛ 애굽에 내린 열 가지 재앙 중에 네 번째 파리의 재앙 후 바로가 모세에게 뭐라고 말했나요?

"너무 멀리 가지는 말라!"

✛ 여덟 번째 메뚜기의 재앙 후 바로가 모세에게 뭐라고 말했나요?

"장정만 가서 여호와를 섬기라!"

✛ 아홉 번째 흑암의 재앙 후 바로가 모세에게 뭐라고 말했나요?

"아이들은 데리고 가되 양과 소(물질)는 머물러 두고 가라!"

✛ 출애굽을 위한 10가지 재앙 사건을 통해서 사탄이 마지막까지 붙들고 있는 것이 무엇이라고 생각하나요?

사탄은 마지막까지 물질을 붙들고 역사합니다.

✛ 에덴 동산에서는 선악과로, 출애굽 사건에서는 마지막까지 물질 욕심을 부렸던 사탄, 마귀는 오늘날 사람들에게서 어떤 위치에 앉아 있나요?

사탄, 마귀는 재물을 움켜쥐고 그 뒤에 숨어서 모든 사람들의 주인 노릇을 하며 섬김을 받고 있습니다.

✛ 지금 지구촌 모든 나라, 모든 사람들의 경제관을 보면서 이것이 사실임을 인정하나요?

아멘, 아멘!

📖✛ 아래 성경을 묵상하세요.

마 6:24 | 한 사람이 두 주인을 섬기지 못할 것이니 혹 이를 미워하고 저를 사랑하거나 혹 이를 중히 여기고 저를 경히 여김이라 너희가 하나님과 재물을 겸하여 섬기지 못하느니라

✤ 한 사람이 두 주인을 섬길 수 있을까요?	없습니다.
✤ 하나님과 재물을 겸하여 섬길 수 있을까요?	없습니다.
✤ 예수님의 말씀에 의하면 재물은 어느 자리에 올라 있나요?	하나님과 같은 자리에 있습니다.
✤ 지금 당신은 하나님과 재물 중 하나님을 더 사랑하리라고 결단할 수 있나요?	아멘, 아멘!

우리가 땅의 흙으로 지음 받은 육체의 욕심을 정복해야 한다는 사실과 이 육체의 욕심을 통해서 미혹하는 옛 뱀(사탄, 마귀)을 다스려야 진정한 하늘나라 백성이 될 수 있음을 명심합시다. 땅을 정복하고 다스리는 권세는 우리에게 특권인 동시에 과제입니다. 이제 우리가 정복하고 다스려야 할 것들을 정리해 보세요.

첫째, 땅의 흙으로 만든 육체의 정욕을 정복하라!
둘째, 땅 뺏기에 혈안이 되어 있는 물질 욕심을 정복하라!
셋째, 땅의 생물인 뱀(마귀, 사탄)을 다스리라!

하나님이 천지를 창조하실 때에 사용하신 원리를 붙들기를 바랍니다. 하나님은 명령하고 선포하셨습니다. 우리에게도 명령하고 선포할 수 있는 특권이 주어져 있음을 확신하고, 하나님의 고유영역을 제외한 우리에게 허락하신 부분들에 대해서는 당당하게 명령하고 선포합시다.

"있을지어다! 그대로 되니라! 좋았더라!"
"복이 있을지어다! 땅에 충만하라! 땅을 정복하라! 모든 생물을 다스리라!"

말씀 살기

✝ 말씀의 핵심 정리

1. 하나님이 천지만물을 만드셨구나!
2. 하나님은 명령과 선포로 천지를 창조하셨구나!
3. 모든 동식물들을 종류대로 만드셨구나! (진화론의 허구)
4. 나는 하나님의 형상대로, 하나님의 영광과 찬송을 위해 만드셨구나!
5. 나는 하나님의 자녀, 장자로서 하나님께 다스림의 권세를 위임 받았구나!
6. 땅의 흙으로 만들어진 육체의 정욕을 통해 미혹하는 옛 뱀인 사탄, 마귀를 다스려야겠구나!

✝ 감사와 회개

주여, 하나님의 창조세계를 선명하게 알게 하시니 감사합니다!

주여, 나를 지으신 목적을 알게 하시니 감사합니다!

주여, 내게 위임된 놀라운 권세를 알게 하시니 감사합니다!

주여, 내게 주어진 사명을 깨닫게 하시니 감사합니다!

주여, 정복하고 다스려야 할 대상을 분명하게 깨닫게 하시니 감사합니다!

주여, 지금까지 우리에게 주어진 특권을 누리지 못했음을 용서하소서!

주여, 영적으로 생육, 번성, 충만하지 못했음을 용서하소서!

주여, 주님이 주신 정복하고 다스리는 권세를 누리지 못했음을 용서하소서!

✝ 명령과 선포와 결단

예수 이름으로 명하노니 정욕으로 나를 미혹하는 옛 뱀인 사탄, 마귀는 떠나갈지어다!

하나님의 자녀로서 정복하고 다스리는 특권을 누리지 못하게 미혹하는 사탄, 마귀는 떠나갈지어다!

나는 이제부터 하나님께 부여 받은 권세를 누리며 살리라!

나는 이제부터 육신의 정욕을 다스리며 살리라!

나는 이제부터 모든 악하고 더러운 영들과 싸워 이기리라!

주여, 이제부터 주님이 주신 정복하고 다스리는 권세를 누리며 살겠습니다!

주여, 이제부터 땅의 흙으로 만들어진 육체의 정욕을 정복하며 살겠습니다!

주여, 날마다 "평안할 지어다! 있을지어다!" 명령하고 선포하며 살겠습니다!

주여, 날마다 "하나님이 보시기에 좋았더라!"를 간증하며 살겠습니다!

주여, 날마다 이 권세를 누리며 살겠습니다!

✝ 훈련의 기본 원칙 열 번 복창

"단순, 반복, 지속, 강행"

✝ 장자권의 발동, 명령과 선포 세 번 복창

"있을지어다! 그대로 되니라! 하나님 보시기에 좋았더라!"

"치료될지어다! 회복될지어다! 복 있을지어다! 충만할지어다! 정복할지어다! 다스릴지어다!"

✝ 받은 은혜 묵상 · 간증하기 말씀 요약

_____

_____

_____

_____

_____

_____

자신의 실체를 바로 알라
(내 영혼의 세계에 눈을 열라)

이 세상에는 수십 억의 사람이 제각각 나름대로의 가치를 추구하며 살아갑니다. 우리 시대 대다수의 사람들에게 최고의 가치는 무엇일까요? 오늘의 사람들에게 사람답게 잘 산다는 것은 무엇일까요? 고품격으로 격조 있게 사는 것을 말하지 않습니다. 대다수의 사람들은 오직 돈과 연관된 삶만을 추구합니다. 물질이 절대적인 것처럼 그렇게 살아갑니다. 왜 그럴까요? 내가 누구인지 알지 못하기 때문입니다. 나를 바로 알면 절대로 현재 나의 삶에만 머물 수가 없습니다. 나는 누구일까요?

암송
말씀
믿음의 결국 곧 영혼의 구원을 받음이라 (벧전 1:9)
사랑하는 자여 네 영혼이 잘됨 같이 네가 범사에 잘되고 강건하기를 내가 간구하노라
(요삼 1:2)

1. 나를 지으신 하나님

사람은 어디서 왔을까요? 물론 우리 눈에 보기에는 부모로부터 났다고 단순하게 말할 수 있습니다. 그렇다면 우리 부모는 어디서 왔을까요? 조부모, 증조부모, 고조부모로 계속 올라가면 그 끝은 어디일까요? 이 땅에 사는 많은 사람들은 인류의 기원을 진화론이라는 가설에 두고 삽니다. 미생물이 진화되어 사람이 되었다는 가설인데, 정설처럼 우리 뇌리에 박혀 있습니다. 정말 우리 인간이 미생물에서 진화되었을까요?

1) 하나님이 지으신 나

우리는 이미 성경이 하나님의 말씀이며, 성경의 저자이신 하나님이 천지를 창조하신 하나님이심을 분명하게 배웠습니다. 성경은 하나님께서 천지를 만드실 때, 선명하게 "종류대로 만드셨다!"고 선포하심으로 진화론의 허구를 보여줍니다. 사람은 누가 지었나요? 인류의 기원은 어디에 있나요? 우리가 배웠지만 한 번 더 다지고 갑시다.

📖✝ 아래 성경을 묵상하세요.

> **창 1:24~28** | ²⁴하나님이 이르시되 땅은 생물을 그 종류대로 내되 가축과 기는 것과 땅의 짐승을 종류대로 내라 하시니 그대로 되니라 ²⁵하나님이 땅의 짐승을 그 종류대로, 가축을 그 종류대로, 땅에 기는 모든 것을 그 종류대로 만드시니 하나님이 보시기에 좋았더라 ²⁶하나님이

> 이르시되 우리의 형상을 따라 우리의 모양대로 우리가 사람을 만들고 그들로 바다의 물고기와 하늘의 새와 가축과 온 땅과 땅에 기는 모든 것을 다스리게 하자 하시고 27하나님이 자기 형상 곧 하나님의 형상대로 사람을 창조하시되 남자와 여자를 창조하시고 28하나님이 그들에게 복을 주시며 하나님이 그들에게 이르시되 생육하고 번성하여 땅에 충만하라, 땅을 정복하라, 바다의 물고기와 하늘의 새와 땅에 움직이는 모든 생물을 다스리라 하시니라

✛ 사람이 생물에서 진화되지 않았음을 증명하는 말씀을 옮겨보세요.	땅의 생물을 종류대로 만드셨다는 것입니다.
✛ 사람은 누가 누구의 형상을 따라 만드셨나요?	하나님께서 하나님의 형상을 따라 만드셨습니다.

📖✝ 아래 성경을 묵상하세요.

> 행 17:24~26 | 24우주와 그 가운데 있는 만물을 지으신 하나님께서는 천지의 주재시니 손으로 지은 전에 계시지 아니하시고 25또 무엇이 부족한 것처럼 사람의 손으로 섬김을 받으시는 것이 아니니 이는 만민에게 생명과 호흡과 만물을 친히 주시는 이심이라 26인류의 모든 족속을 한 혈통으로 만드사 온 땅에 살게 하시고 그들의 연대를 정하시며 거주의 경계를 한정하셨으니

✛ 하나님이 지으신 것은 무엇인가요?	우주와 그 가운데 있는 만물입니다.
✛ 하나님은 지금 당신에게 무엇을 공급해 주시나요?	생명, 호흡, 만물을 공급하십니다.
✛ 하나님은 인류의 모든 족속을 어떻게 만드셨나요?	한 혈통으로 만드셨습니다.

2) 땅의 흙과 하늘의 영으로 지음 받은 나

하나님은 천지 만물을 지으셨습니다. 다른 피조물과 달리 사람을 지으실 때 특별하게 만드셨습니다. 바로 영혼의 문제입니다. 모든 생물 중에 오직 사람만이 영혼이 존재하는 영적 피조물이 되게 하셨습니다.

> **창 2:7** | 여호와 하나님이 땅의 흙으로 사람을 지으시고 생기를 그 코에 불어넣으시니 사람이 생령이 되니라
>
> **마 4:4** | 예수께서 대답하여 이르시되 기록되었으되 사람이 떡으로만 살 것이 아니요 하나님의 입으로부터 나오는 모든 말씀으로 살 것이라 하였느니라 하시니

❖ 누가 사람을 지으셨나요? | 여호와 하나님이 지으셨습니다.

❖ 여호와 하나님이 사람을 만드실 때의 구성 요소를 정리해 보세요. | 땅의 흙과 하나님이 주신 생기로 만드셔서 생령이 되게 하셨습니다.

❖ 사람이 살아가는 데에 반드시 필요한 것 두 가지를 정리해 보세요. | 떡과 하나님의 말씀입니다.

❖ 사람에게 떡과 말씀이 반드시 필요한 이유를 창조원리를 근거로 정리해 보세요. | **첫째**, 육신은 땅의 흙에서 왔기에 흙에서 온 떡이 필요하고, **둘째**, 영혼은 하나님께로부터 왔기에 영혼의 양식인 하나님의 말씀이 필요합니다.

❖ 사람이 세상에서 아무리 많은 소유를 누려도 참 만족이 없는 이유를 위의 말씀을 근거로 하여 정리해 보세요. | 육신이 아무리 많은 것을 소유해도 만족이 없음은 영혼의 필요를 채우지 못했기 때문입니다.

3) 영광과 찬송, 선한 일을 위해 살아야 할 나

나를 지으신 분은 분명히 하나님입니다. 하나님께서 나를 지으신 목적은 분명합니다. 이 세상에는 목적 없이 존재하는 것이 없음을 인정한다면, 사람이야 더 말할 나위가 없을 것입니다. 내가 존재하는 목적은 무엇인가요?

📖 아래 성경을 묵상하세요.

> **사 43:7** | 내 이름으로 불려지는 모든 자 곧 내가 내 영광을 위하여 창조한 자를 오게 하라 그를 내가 지었고 그를 내가 만들었느니라
>
> **사 43:21** | 이 백성은 내가 나를 위하여 지었나니 나를 찬송하게 하려 함이니라
>
> **엡 2:10** | 우리는 그가 만드신 바라 그리스도 예수 안에서 선한 일을 위하여 지으심을 받은 자니 이 일은 하나님이 전에 예비하사 우리로 그 가운데서 행하게 하려 하심이니라

✥ 위의 말씀에 의하면 하나님이 사람을 지으신 목적은 어디에 있나요?	하나님의 영광(기쁨)과 찬송에 있습니다.
✥ 하나님은 사람을 누구를 위해 지으셨나요?	하나님을 위해 지으셨습니다.
✥ 당신은 누구를 위해 존재하나요?	하나님을 위해 존재합니다.
✥ 당신은 하나님께 무엇을 돌려야 하나요?	영광과 찬송입니다.
✥ 하나님은 당신을 만드셨습니다. 당신은 거듭났습니다. 새로운 피조물이 되었습니다. 그리스도 안에서 당신이 존재하는 이유는 무엇인가요?	나는 그리스도 안에서 선한 일을 위해 존재합니다.

2. 육체와 영혼의 결국

하나님은 사람을 지으실 때에 육체와 영혼으로 만드셨습니다. 땅의 흙과 하나님이 주신 영으로 지으셨습니다. 이제 육체와 영혼의 결국에 대해 말씀을 듣습니다.

1) 육과 영의 종착역

우리는 위에서 육체와 영혼의 근원을 알았습니다. 이제 우리가 알아야 할 것은 육체와 영혼이 가야 할 곳입니다. 이 사실을 분명하게 알고 나면 우리의 삶은 달라질 수밖에 없습니다.

📖 아래 성경을 묵상하세요.

> 전 3:19~21 | ¹⁹인생이 당하는 일을 짐승도 당하나니 그들이 당하는 일이 일반이라 다 동일한
> 호흡이 있어서 짐승이 죽음 같이 사람도 죽으니 사람이 짐승보다 뛰어남이 없음은 모든 것이
> 헛됨이로다 ²⁰다 흙으로 말미암았으므로 다 흙으로 돌아가나니 다 한 곳으로 가거니와 ²¹인생
> 들의 혼은 위로 올라가고 짐승의 혼은 아래 곧 땅으로 내려가는 줄을 누가 알랴

✣ 인생과 짐승의 동일성을 정리하세요. | **첫째**, 동일한 호흡, **둘째**, 동일한 죽음, **셋째**, 동일하게 흙으로 돌아가는 것입니다.

✣ 인생과 짐승의 다른 점은 무엇인가요? | 짐승의 혼은 땅으로 끝나지만, 인생은 혼이 하늘로 올라갑니다.

📖 아래 성경을 묵상하세요.

> 창 3:19 | 네가 흙으로 돌아갈 때까지 얼굴에 땀을 흘려야 먹을 것을 먹으리니 네가 그것에서
> 취함을 입었음이라 너는 흙이니 흙으로 돌아갈 것이니라 하시니라
>
> 전 12:7 | 흙은 여전히 땅으로 돌아가고 영은 그것을 주신 하나님께로 돌아가기 전에 기억하라

✣ 범죄한 아담에게 하나님이 하신 말씀입니다. 사람은 어디로 돌아가야 하나요? | 흙으로 돌아가야 합니다.

✣ 사람이 흙으로 돌아가야 할 이유가 무엇인가요? | 흙에서 취하여 만든 흙 자체이기 때문입니다.

✣ 흙으로 돌아가야 할 사람의 부분은 어디인가요? | 육체입니다.

✣ 흙으로 빚어진 당신의 육체는 어디로 돌아가나요? | 땅으로 돌아가야 합니다.

✣ 당신의 영은 어디로 돌아가나요? | 그것을 주신 하나님께로 돌아가야 합니다.

2) 허무뿐인 인생

이 세상에는 인생의 삶 자체를 오직 육신적으로만 보는 사람들로 가득합니다. 심지어 예수쟁이라는 사람들조차도 영적으로 보지 못합니다. 그렇게 살면 허무요, 멸망인데 그렇게 비참하고 초라한 삶에 목숨을 겁니다.

📖 아래 성경을 묵상하세요.

> **롬 9:20~21** | 20이 사람아 네가 누구이기에 감히 하나님께 반문하느냐 지음을 받은 물건이 지은 자에게 어찌 나를 이같이 만들었느냐 말하겠느냐 21토기장이가 진흙 한 덩이로 하나는 귀히 쓸 그릇을, 하나는 천히 쓸 그릇을 만들 권한이 없느냐

✛ 사람이 하나님께 반문할 수 있을까요?	사람은 하나님께 반문할 수 없습니다.
✛ 사람이 하나님께 반문할 수 없는 이유가 무엇인가요?	하나님은 지으신 분이요, 우리는 지음 받은 존재이기 때문입니다.
✛ 위의 말씀에 의하면 하나님과 당신은 어떤 관계인가요?	하나님은 토기장이, 우리는 진흙으로 빚은 토기 그릇입니다. 즉, 창조주와 피조물의 관계입니다.

📖 아래 성경을 묵상하세요.

> **벧전 1: 24~25** | 24그러므로 모든 육체는 풀과 같고 그 모든 영광은 풀의 꽃과 같으니 풀은 마르고 꽃은 떨어지되 25오직 주의 말씀은 세세토록 있도다 하였으니 너희에게 전한 복음이 곧 이 말씀이니라

✛ 말씀에 의하면 당신의 육체는 무엇과 같나요?	풀과 같습니다.
✛ 육체가 누리는 영광은 무엇과 같나요?	풀의 꽃과 같습니다.

✤ 육체와 그 영광이 허무함에 비해 세세토록 존재하는 것은 무엇인가요? | 주의 말씀입니다.

✤ 말씀은 영혼의 양식입니다. 영혼의 양식인 말씀이 세세토록 존재한다는 것은 무엇을 의미하나요? | 양식으로 말씀을 먹는 영혼도 세세토록 존재한다는 것을 의미합니다.

✤ 이 말씀에 의하면, 당신이 육체와 함께 보이는 땅의 것만 취하면 결국 어떻게 될까요? | 허무와 비참함만 남습니다.

3. 영혼의 때를 위하여

모든 사람이 이 세상에서 육체의 때를 보내지만 육체는 반드시 이 세상을 떠날 날이 옵니다. 땅의 흙으로 지음 받은 우리가 이 세상에서 살아갈 수 있는 시간은 한정되어 있습니다. 하나님이 우리의 육체에서 영혼을 찾아가기 전까지만 땅에서 존재합니다. 이것이 확실하다면 우리가 관심을 가져야 할 부분이 어느 쪽일까요?

1) 믿음의 결국

우리가 예수님을 믿는 최종 목적은 어디에 있나요? 그것은 바로 영혼의 구원입니다. 영혼이 잘되는 것입니다.

📖 아래 성경을 묵상하세요.

> **눅 12:16~21** | ¹⁶또 비유로 그들에게 말하여 이르시되 한 부자가 그 밭에 소출이 풍성하매 ¹⁷심중에 생각하여 이르되 내가 곡식 쌓아 둘 곳이 없으니 어찌할까 하고 ¹⁸또 이르되 내가 이렇게 하리라 내 곳간을 헐고 더 크게 짓고 내 모든 곡식과 물건을 거기 쌓아 두리라 ¹⁹또 내가 내 영혼에게 이르되 영혼아 여러 해 쓸 물건을 많이 쌓아 두었으니 평안히 쉬고 먹고 마시고 즐거워하자 하리라 하되 ²⁰하나님은 이르시되 어리석은 자여 오늘 밤에 네 영혼을 도로 찾으리

✢ 당시 부자는 많은 재물로 영혼의 만족을 추구하지만 영혼이 땅의 재물로 만족을 얻을 수 있을까요?

영혼은 세상의 그 무엇으로도 만족함이 없습니다.

✢ 많은 재물이 쌓여 있어 평안히 쉬고, 먹고, 마시고, 즐거워하자 해도 영혼은 만족함이 있을까요?

영혼은 오직 하나님의 말씀과 하나님을 향한 예배를 통해서만 만족을 누릴 수 있습니다.

✢ 영혼의 필요를 모르는 부자에게 하나님이 선포한 말씀은 무엇인가요?

어리석은 자여!

✢ 이 말씀에 의하면 이 세상에서 모든 사람들이 부러워하는 사람이라도 영혼을 보지 못하면 결국 어떤 자인가요?

어리석은 자입니다.

✢ 세상에서 아무리 존귀하다 해도 하나님께 어리석은 자라는 말을 들으면 결국이 어떻게 될까요?

영혼의 때가 비참해집니다.

✢ 위의 말씀에 의하면 하나님이 찾아가시는 것이 무엇인가요?

영혼입니다.

✢ 왜 하나님이 영혼을 찾아가시나요?

하나님이 주신 것이요, 하나님이 주인이시기 때문입니다.

✢ 하나님이 영혼을 찾아가시면 무엇만 남게 되나요?

땅의 흙으로 지음 받은 육체만 남습니다.

✢ 육체만 남은 것을 시신이라 말합니다. 시신이 된 이후에 더 이상 땅의 것을 먹고, 마시고, 즐길 수가 있나요?

전혀 없습니다.

✢ 이 말씀이 진리라면 당신은 지금 어디에 더 관심을 가져야 할까요?

영혼에 관심을 가져야 합니다.

174

📖 아래 성경을 묵상하세요.

> **벧전 1:9** | 믿음의 결국 곧 영혼의 구원을 받음이라
>
> **요삼 1:2** | 사랑하는 자여 네 영혼이 잘됨 같이 네가 범사에 잘되고 강건하기를 내가 간구하노
> 라

✣ 당신이 예수님을 믿는 믿음의 결국은 어디에 있나요? | 영혼의 구원입니다.

✣ 당신의 믿음의 최종 목적이 영혼의 구원에 있다면 지금 당신이 관심을 가져야 할 부분은 어디인가요? | 영혼입니다.

✣ 하나님의 사랑을 받은 자라면 우선적으로 잘되어야 할 부분이 어디인가요? | 영혼입니다.

✣ 영혼이 잘된 후에 무엇을 간구해야 하나요? | 범사의 잘됨과 육체의 건강입니다.

2) 영혼의 때를 위하여

하나님이 우리의 육체에서 영혼을 찾아 가시면 그 영혼은 어떻게 되나요? 이제 중
요한 것은 영혼의 결국에 있습니다.

📖 아래 성경을 묵상하세요.

> **눅 16:19~24** | ¹⁹한 부자가 있어 자색 옷과 고운 베옷을 입고 날마다 호화롭게 즐기더라 ²⁰그
> 런데 나사로라 이름하는 한 거지가 헌데 투성이로 그의 대문 앞에 버려진 채 ²¹그 부자의 상에
> 서 떨어지는 것으로 배불리려 하매 심지어 개들이 와서 그 헌데를 핥더라 ²²이에 그 거지가 죽
> 어 천사들에게 받들려 아브라함의 품에 들어가고 부자도 죽어 장사되매 ²³그가 음부에서 고통
> 중에 눈을 들어 멀리 아브라함과 그의 품에 있는 나사로를 보고 ²⁴불러 이르되 아버지 아브라
> 함이여 나를 긍휼히 여기사 나사로를 보내어 그 손가락 끝에 물을 찍어 내 혀를 서늘하게 하소
> 서 내가 이 불꽃 가운데서 괴로워하나이다

✥ 부자의 삶을 정리해 보세요.

날마다 명품 옷을 갈아입고 호화롭게 즐기는 삶이었습니다.

✥ 이 부자의 삶은 곧 누가 추구하는 삶인가요?

오늘날 이 땅에 사는 거의 모든 사람이 추구합니다.

✥ 부자와 대비되는 나사로의 삶은 어떠했나요?

비참함 그 자체였습니다.

✥ 나사로가 죽었을 때 어떤 일이 벌어졌나요?

천사들에게 받들려 낙원에 들어갔습니다.

✥ 나사로의 이야기가 주는 교훈을 정리해 보세요.

첫째, 아무리 물질이 많아 마음껏 누려도 영혼의 때에는 전혀 영향을 줄 수 없다!
둘째, 물질이 아무리 많아도 영혼의 때를 처절하리만큼 비참한 고통 속에서 영원히 산다면 그것은 절대로 축복이 아니다!
셋째, 영혼의 때에는 절대로 역전의 기회가 없다!
넷째, 나사로처럼 가난하고 병들어 비참하게 살라는 말씀이 아니다!
다섯째, 아무리 고통스런 삶도 믿음만 있으면 영혼이 떠나는 순간 역전된다!
여섯째, 믿음만 있으면 그 누구라도 천사에게 받들려 영원히 안식과 영광을 누리며 산다!
일곱째, 지금 주님을 위한 고난과 재물의 유혹을 감사와 하늘 소망으로 정복하라!

✥ 부자가 죽어 장사되었습니다. 사람들이 보기에 부자의 육체는 분명히 땅의 흙으로 돌아갔습니다. 그러나 실제 부자의 영혼은 어디에 떨어졌나요?

음부(지옥)에 떨어졌습니다.

✥ 지옥에 있는 부자의 상태를 정리해 보세요.

보고, 듣고, 말할 수 있으며, 고통을 느낄 수 있는 상태에서 표현할 수 없는 불의 괴로움을 호소하고 있습니다.

✥ 이 사실을 알았다면 예수 없는 세상 지식과 명예, 권세를 부러워하지 않겠다고 결단할 수 있나요?

아멘, 아멘!

✥ 이 사실을 알았다면 이제부터 내 영혼의 때를 위해 준비하겠다고 결단할 수 있나요?

아멘, 아멘!

말씀 살기

✝ **말씀의 핵심 정리**

1. 나는 하나님이, 하나님을 위해 지으셨구나!
2. 나는 하나님의 영광과 찬송을 위하여 존재하는구나!
3. 나는 흙과 영으로 구성되었구나!
4. 땅의 흙에서 온 육체는 결국 흙으로 돌아가는구나!
5. 하나님으로부터 온 영혼은 하나님께서 도로 찾아가시는구나!
6. 영혼의 때를 위해 준비하지 않으면 결국 지옥에 떨어지는구나!
7. 아무리 힘들어도 영혼의 때에 누릴 영광을 보며, 감사와 인내로 영적인 일에 생명을 걸어야겠구나!

✝ **감사와 회개**

주여, 내가 하나님의 작품임을 깨닫게 하시니 감사합니다!

주여, 내가 흙과 영혼으로 빚어짐을 깨닫게 하시니 감사합니다!

주여, 내가 하나님의 영광과 찬송을 위해 빚어졌음을 깨닫게 하시니 감사합니다!

주여, 내 육체는 땅의 흙으로, 영혼은 주신 하나님께 돌아감을 깨닫게 하시니 감사합니다!

주여, 육체만을 위해 사는 것이 얼마나 허무한가를 깨닫게 하시니 감사합니다!

주여, 믿음의 결국이 영혼의 구원에 있음을 깨닫게 하시니 감사합니다!

주여, 내 영혼의 절대주권자가 하나님이심을 깨닫게 하시니 감사합니다!

주여, 내 자신이 하나님의 작품임을 누리지 못했음을 용서하소서!

주여, 흙으로 돌아갈 육체를 위하여 모든 것을 투자했음을 용서하소서!

주여, 지옥에 갈 영혼들을 위해 더 깊은 관심을 갖지 못했음을 용서하소서!

주여, 지옥에 간 부자처럼 재물과 쾌락에 더 관심을 가졌음을 용서하소서!

주여, 영혼의 때를 위하여 영혼이 잘되는 일에 무관심했음을 용서하소서!

✝ 명령과 선포와 결단

하나님께 영광과 찬송을 돌리는 것을 방해하는 사탄, 마귀는 떠나갈지어다!

오직 땅의 재물이 전부인 것처럼 나를 속이는 사탄, 마귀는 떠나갈지어다!

영혼의 때를 위해 준비하지 못하게 하는 사탄, 마귀는 떠나갈지어다!

영혼을 위한 일에 게으르고 무관심하게 하는 사탄, 마귀는 떠나갈지어다!

나는 이제부터 나를 지으신 하나님께 감사하며 살리라!

나는 이제부터 나의 영혼을 주관하시는 하나님께 감사하며 살리라!

나는 이제부터 영혼의 때를 위하여 전도하며 살리라!

나는 이제부터 영혼의 때를 위하여 예배에 승리하리라!

주여, 이제부터 나를 지으신 하나님의 영광과 찬송을 위해 살겠습니다!

주여, 이제부터 육신의 정욕과 물질의 유혹을 정복하며 살겠습니다!

주여, 이제부터 영원한 천국을 위해 준비하며 살겠습니다!

주여, 이제부터 영혼이 잘 되는 일에 생명을 걸겠습니다!

오, 주여! 이 모든 것을 인하여 감사, 감사합니다!

✝ 훈련의 기본 원칙 열 번 복창

"단순, 반복, 지속, 강행"

✝ 장자권의 발동, 명령과 선포 세 번 복창

"있을지어다! 그대로 되니라! 하나님 보시기에 좋았더라!"

"치료될지어다! 회복될지어다! 복 있을지어다! 충만할지어다! 정복할지어다! 다스릴지어다!"

✝ 받은 은혜 묵상 · 간증하기 말씀 요약

Birthright of
Christ and authority
of the heritor

11

보배롭고, 존귀하고,
사랑스러운 나를 누리라

신앙은 누림입니다. 그리스도인의 누림은 하나님의 말씀에 근거한 자신의 신분에 대한 분명한 확신입니다. 당신은 누구인가요? 당신은 하나님의 자녀입니다. 하나님의 장자입니다. 하나님의 장자로서 하늘나라를 상속받을 자입니다. 하늘나라 장자들의 모임에 멤버십을 소유하고 있습니다. 오늘은 "보배롭고 존귀하고 사랑스러운 나를 누리라!"는 주제로 말씀을 듣습니다. 말씀을 따라오면 자연스럽게 장자권이 누려지고 사랑스러워질 것입니다.

**암송
말씀**

야곱아 너를 창조하신 여호와께서 지금 말씀하시느니라 이스라엘아 너를 지으신 이가 말씀하시느니라 너는 두려워하지 말라 내가 너를 구속하였고 내가 너를 지명하여 불렀나니 너는 내 것이라(사 43:1)
네가 내 눈에 보배롭고 존귀하며 내가 너를 사랑하였은즉 내가 네 대신 사람들을 내어 주며 백성이 네 생명을 대신하리니(사 43:4)

1. 나는 하나님의 걸작품이다

우리 시대의 가장 큰 고통은 상대평가라는 덫일 것입니다. 거의 모든 사람들이 상대평가로 인해 힘든 삶을 살아갑니다. 죄가 들어온 후 사람들은 하나님의 시선보다 사람들의 시선을 더 의식하게 되었습니다. 이것이 외식과 상대평가의 출발입니다. 이제 우리 모두가 다 하나님의 시선에 민감하기를 바랍니다. 사람들의 시선, 상대평가의 시선으로 나를 보지 말고 하나님의 시선으로 나를 보기 바랍니다.

📖 아래 성경을 묵상하세요.

> **사 43:1** │ 야곱아 너를 창조하신 여호와께서 지금 말씀하시느니라 이스라엘아 너를 지으신 이가 말씀하시느니라 너는 두려워하지 말라 내가 너를 구속하였고 내가 너를 지명하여 불렀나니 너는 내 것이라

✤ 이 말씀은 누구의 말씀인가요?	여호와 하나님의 말씀입니다.
✤ 누가 누구를 부르고 계신가요?	여호와 하나님이 야곱을 부르고 계십니다.
✤ 야곱(이스라엘)은 누구를 가리킬까요?	영적으로 구원받은 하나님의 백성을 가리킵니다.
✤ 본문에서 야곱을 부르셨지만 오늘날 누구를 부르시고 계신가요?	이 말씀을 듣고 있는 나를 부르고 계십니다.
✤ 하나님이 이 말씀으로 당신을 부르심이 느껴지나요?	아멘, 아멘!

✛ 지금 조용히 주님의 음성으로 당신의 이름을 불러보세요.	"OOO!"
✛ 하나님은 누가 당신을 창조하셨다고 말씀하시나요?	하나님이 창조하셨다 하십니다.
✛ 하나님은 누가 당신을 지으셨다고 말씀하시나요?	하나님이 지으셨다 하십니다.
✛ 그렇다면 당신을 지으신 분이 하나님이심을 확신하나요?	아멘, 아멘!
✛ 여호와 하나님이 야곱에게 하신 선포를 정리해 보세요.	**첫째**, 너는 두려워하지 말라! **둘째**, 내가 너를 구속하였다! **셋째**, 내가 너를 지명하여 불렀다! **넷째**, 너는 내 것이다!
✛ 이 말씀이 진리이며 지금도 살아 있다고 믿나요?	아멘, 아멘!
✛ 이 말씀을 당신에게 주신 하나님의 말씀이라고 믿을 수 있나요?	아멘, 아멘!
✛ 이 말씀이 믿는 자 가운데에서 역사한다고 믿나요?	아멘, 아멘!
✛ 지금 '아멘, 아멘'이 사실이라면 당신은 누가 지었나요?	하나님이 지으셨습니다.
✛ 그렇다면 당신이 하나님의 작품임을 인정하나요?	아멘, 아멘!
✛ 당신은 우주에 단 하나라는 사실도 인정하나요?	아멘, 아멘!
✛ 지금 '아멘'이 사실이라면 당신이 하나님의 소유라는 사실도 인정하나요?	아멘, 아멘!
✛ 하나님의 말씀에 의하면 당신을 구속(속량, 죄 사함)하신 분이 누구인가요?	여호와 하나님입니다.
✛ 하나님이 당신을 구속하셨다면 이는 변하지 않는다고 확신하나요?	아멘, 아멘!
✛ 말씀에 의하면 당신을 지명하여 부르신 분이 누구인가요?	여호와 하나님입니다.

✤ 지금 당신을 부르는 분이 하나님임을 인정하나요?	아멘, 아멘!
✤ 하나님이 당신의 이름을 안다고 확신하나요?	아멘, 아멘!
✤ 그렇다면 이 말씀이 감격으로 다가오나요?	아멘, 아멘!
✤ 당신이 두려워하지 않을 수 있는 근거가 무엇인가요?	나를 창조하시고 구속하신 하나님이 나와 함께하시고 나를 굳세게 하시고 나를 도와주시며 의로운 오른손으로 나를 붙들어 주시기 때문입니다.
✤ 이 말씀이 진리임을 믿나요?	아멘, 아멘!

이 고백이 진실이라면 세상에 누가 내 이름을 몰라줘도 섭섭할 이유가 없습니다. 대통령이 내 이름을 안다면 어떤 기분일까요? 하나님이 나를 향해 "너는 내 것이라!"고 선포하셨습니다. 이 사실이 감격으로 다가와야 합니다.

세상에서 일반적인 사물의 가치 기준은 첫째 질(품질), 둘째 희소성과 셋째 필요성일 것입니다. 작품의 경우 가치는 첫째 누가 만들었나?(작가), 둘째 무엇으로 만들었나?(재료), 그리고 셋째 무엇을 위해 만들었나?(목적)에 의해서 결정됩니다. 이제 나 자신의 가치를 재평가할 시간입니다.

✤ 당신이 하나님의 작품이라면 당신의 값을 계산할 수 있을까요?	값을 계산할 수 없습니다.
✤ 당신은 누가 만들었나요?	하나님이 만드셨습니다.
✤ 이 세상 작가 중에 하나님보다 위대한 자가 있을까요?	절대 없습니다.
✤ 당신은 무엇으로 만들었나요?	땅의 흙과 하늘의 생기(영)로 만드셨습니다.
✤ 이 세상에서 하늘의 생기를 받은 것이 존재할까요?	사람 말고는 없습니다.

✣ 당신은 무슨 목적으로 만들어졌나요?	하나님의 영광을 위하여 만들어졌습니다.
✣ 이 세상에 당신과 똑같은 자가 존재할까요?	절대 존재하지 않습니다.
✣ 당신은 이 세상에 단 한 점밖에 없는 존재라면 희소성에서도 당신의 가치를 인정하나요?	아멘, 아멘!

이 말씀이 하나님의 말씀이 분명하다면 나 자신의 정체성을 찾아야 합니다. 이제 이 부분에서 선포와 명령과 축복권을 발동합시다. 이 부분이 확신되어 누려진다면 당신은 이 세상에서 가장 행복자입니다.

OO아! 너는 하나님의 작품이야! 이 세상에 하나밖에 없는 걸작품이야!
하나님이 너를 구원해 주셨어! 하나님이 너를 지명하여 불러 주셨어!
하나님이 네 이름을 아셔! 하나님이 네 이름을 불러 주셨어!
하나님이 말씀하셨어! "너는 내 것이라!" 넌 하나님의 소유야!
하나님이 말씀하셨어! "너는 두려워 말라!"
이제는 두려워하지 말자! 이제는 외롭다 하지 말자!
이제는 어깨를 펴고 당당하게 선포하자! 나는 하나님의 작품이다!
야호! 하나님이 내 이름을 아신다! 나는 하나님의 소유다!
나의 정체성을 망가뜨리는 사탄, 마귀는 물러가라!
상대평가로 나를 불행하게 만드는 사탄, 마귀는 물러가라!
나는 하나님의 장자다!

2. 하나님의 시선으로 나를 바라보라!

당신이 하나님의 작품임이 확실하다면 이제 스스로를 보는 시선에 교정이 필요합니다. 사람들의 시선, 세상이 규정해 놓은 상대평가라는 시선으로 자신을 보지 마세요. 이제는 하나님의 시선으로 보세요. 절대평가 앞에 나를 올려놓으세요. 이제 말씀으로 들어가 봅시다.

📖✝ **아래 성경을 묵상하세요.**

> **사 43:4** | 네가 내 눈에 보배롭고 존귀하며 내가 너를 사랑하였은즉 내가 네 대신 사람들을 내어 주며 백성이 네 생명을 대신하리니

✤ 누구의 시선으로 당신을 보고 있나요?	하나님의 시선으로 나를 보고 있습니다.
✤ 하나님의 시선이라면 평가에 틀림이 없다고 믿나요?	아멘, 아멘!
✤ 하나님의 감정평가라면 가짜를 구별할 능력이 있다고 믿나요?	아멘, 아멘!
✤ 하나님의 시선에 평가된 당신은 어떤 존재인가요?	첫째, 보배롭고, 둘째, 존귀하고, 셋째, 사랑스러운 존재입니다.

1) 보배로운 나

나를 하나님의 시선으로 바라보니 나는 이 세상에서 가장 보배로운 자입니다. 이제 보배로운 나를 찾아가 봅시다.

✤ 하나님의 이 평가가 절대평가임을 확신하나요?	아멘, 아멘!
✤ 이 평가에 오류가 없다고 인정하나요?	아멘, 아멘!
✤ 그렇다면 당신이 보배로운 존재임을 확신하나요?	아멘, 아멘!

✤ 당신이 존귀한 존재임을 확신하나요?	아멘, 아멘!
✤ 당신이 사랑스러운 존재임을 확신하고 있나요?	아멘, 아멘!
✤ 당신이 보배로운 존재라면 어느 정도일까요?	우주에서 단 하나밖에 없는 보배 중의 보배입니다.
✤ 이 말씀이 사실이라면 우주에서 나보다 더 보배로운 존재가 또 있을까요?	절대로 없습니다.
✤ 당신이 이렇게 보배롭다면 당신은 당신을 어떻게 대해야 할까요?	우주에 한 점 밖에 없는 보화를 다루듯이 소중하게 취급해야 합니다.
✤ 당신이 보배라면 내 가족도 보배롭다고 인정하나요?	아멘, 아멘!
✤ 당신이 보배라면 내 아내나 남편도 보배롭다고 인정하나요?	아멘, 아멘!
✤ 당신이 보배라면 지금 내 곁에 있는 모두가 다 보배라고 인정하나요?	아멘, 아멘!
✤ 솔직히 당신 자신을 평가하는 기준이 말씀 중심이었나요?	아닙니다. 세상의 기준대로 상대평가에 방치했습니다.
✤ 당신의 배우자나 자녀들을 평가하는 기준은 어떠했나요?	역시 비교의식의 지배를 받았습니다.
✤ 당신의 이웃을 평가하는 기준은 어떠했나요?	마찬가지였습니다.
✤ 지금까지 당신 자신을 어떻게 대했나요?	보배처럼 대하지 않았습니다.
✤ 혹시 당신을 쓰레기처럼 취급하지는 않았나요? 당신을 잡초처럼 취급하지는 않았나요? 지금까지 당신은 상대평가에 자신이 있었나요? 이제 절대로 상대평가에서 기죽지 않고, 주눅 들지 않을 자신이 있나요?	아멘, 아멘!
✤ 이제는 쓰레기나 잡초 의식에서 완전히 벗어날 수 있나요?	아멘, 아멘!

2) 존귀한 나

나는 그리스도 안에서 하나님의 장자가 되었습니다. 하늘나라의 황족이 된 것입니다. 이 분명한 사실 앞에 나는 어떻게 반응하고 있나요? 진리가 선포하는 사실 앞에서 이제 진실을 찾아 누려야 합니다.

✢ 오늘 말씀으로 당신이 존귀한 자임이 믿어지나요?	아멘, 아멘!
✢ 당신이 하나님의 눈에 존귀한 존재임이 분명한가요?	아멘, 아멘!
✢ 이 사실을 전에도 인정했나요?	예수님을 만나기 전에는 전혀 몰랐습니다.
✢ 당신이 주님의 시선에 존귀하다는 사실을 지금 인정하나요?	아멘, 아멘!
✢ 당신이 존귀하다면 스스로의 품격을 높일 필요가 있다고 인정하나요?	아멘, 아멘!
✢ 당신이 존귀하다면 당신의 언어나 행동에도 절제가 필요하다고 인정하나요?	이제는 존귀한 자답게 격조 있는 삶을 살겠습니다.
✢ 존귀한 자가 아무렇게나 행동할 수 있을까요?	절대로 그럴 수 없습니다.
✢ 개가 토했던 것 다시 먹고, 돼지가 다시 시궁창에 뒹구는 것처럼 살 수 있을까요?	절대로 그럴 수 없습니다. 이제 더럽고 추한 것을 멀리하고, 성결하고 질서 있는 삶을 살겠습니다.
✢ 이제 당신 삶에 보고, 듣고, 말하는 것과 행동하는 것에 존귀함이 살아나야 한다고 인정하나요?	아멘, 아멘!

지금까지 내 언어가 존귀한 자의 언어였는지, 비천한 자의 언어였는지 점검해 보세요. 하나님의 시선을 무시한 채 천박하게 행동하지는 않았는지 체크해 보세요. 아무도 보지 않는다고 음란하고 더러운 행동을 하지 않았는지 돌아보세요. 만

약 지금까지 천박하게 살아왔다면 지금 철저하게 회개합시다. 그리고 결단합시다. 이제는 하나님의 시선에 맞는 존귀함으로 살겠노라고….

✛ 당신이 존귀하다는 것이 진실로 믿어지나요?	아멘, 아멘!
✛ 그 근거가 어디에 있나요?	**첫째**, 하나님의 작품이요, **둘째**, 하나님의 장자요, **셋째**, 하늘나라의 상속자이기 때문입니다.
✛ 당신의 영적 신분이 이렇게 분명하다면 당신은 정말로 존귀하다고 확신할 수 있나요?	아멘, 아멘!
✛ 당신이 존귀하다면 당신 가족도 존귀함을 인정하나요?	아멘, 아멘!
✛ 당신 자녀와 부모의 존귀함도 인정하나요?	아멘, 아멘!
✛ 그렇다면 당신 아내나 남편을 존귀하게 섬겨야 된다고 결단할 수 있나요?	아멘, 아멘!

3) 사랑스러운 나

나는 어떤 존재인가요? 나는 이 세상에서 가장 사랑스러운 존재입니다. 당신이 스스로 그렇게 인정하고 불렀다면 문제가 있을 수도 있습니다. 그러나 나를 지으신 그분, 절대평가에 완전하신 주님의 선포이니 이는 사실입니다. 이 사실을 삶에서 누릴 수 있기를 축복합니다.

✛ 이 말씀을 통해 당신은 사랑스러운 존재라는 확신이 생겼나요?	아멘, 아멘! 하나님의 선포이시니 확신합니다.
✛ 당신은 지금 누구의 사랑을 받고 있나요?	여호와 하나님의 사랑을 받고 있습니다.

📖 아래 성경을 묵상하세요.

> **롬 5:8 |** 우리가 아직 죄인 되었을 때에 그리스도께서 우리를 위하여 죽으심으로 하나님께서 우리에 대한 자기의 사랑을 확증하셨느니라

✢ 원래는 사랑 받을 존재였나요?	죄인 된 자리에 있었습니다.
✢ 죄인 된 당신을 위해 누가 죽어 주셨나요?	예수 그리스도께서 죽어 주셨습니다.
✢ 이 사건(죄인인 당신을 위해 그리스도가 죽어 주신)이 무엇을 증명하나요?	하나님이 당신의 독생자보다 나를 더 사랑하신다는 사실을 증명합니다.
✢ 하나님이 외아들의 생명을 주시기까지 당신을 사랑하셨다면 당신은 하나님의 눈에 절대적으로 사랑스러운 존재임이 확실한가요?	아멘, 아멘!
✢ 주님이 '사랑스럽다' 하시면 사랑스러운 것이라는 확신이 있나요?	아멘, 아멘!
✢ 그렇다면 이유여하를 막론하고 당신은 사랑스러운 존재인가요?	아멘, 아멘!
✢ 당신은 사랑스러운 당신 자신을 진정으로 사랑했었나요?	상대평가에 매어서 적당하게 사랑했습니다.
✢ 이젠 당신이 당신을 사랑하기로 작정할 수 있나요?	아멘, 아멘!
✢ 하나님이 당신을 사랑하신다면 그 사랑이 절대라고 확신하나요?	아멘, 아멘!
✢ 당신이 하나님의 사랑을 받고 있다면 당신도 자신을 사랑할 수 있나요?	아멘, 아멘!
✢ 당신 자신을 외모나 소유로 평가하는 것이 세상 모든 사람의 길이라도 이제부터 당신만은 주님의 시선으로 자신을 바라볼 수 있나요?	아멘, 아멘!

✛ 그렇다면 이제부터 그렇게 살기를 결단하나요?	아멘, 아멘!
✛ 진리이신 성경의 선포요, 하나님의 선포이니 당신이 보배롭고, 존귀하고, 사랑스럽다는 사실을 만천하에 공포할 수 있나요?	아멘, 아멘!

내가 사랑하지 않는 나를 타인이 사랑할 확률이 높을 수 있을까요? 강아지 한 마리도 주인에게 사랑을 받는다면 다른 사람이 함부로 할 수 없답니다. 나도 마찬가지입니다. 내가 사랑하는 나, 내가 보배롭게 여기는 나, 내가 존귀하게 여기는 나를 그 누구도 함부로 할 수 없습니다. 자신의 자존감을 높여 놓고 스스로 그 자존감을 지키며 살려는 자는 아무도 함부로 할 수 없습니다. 특히 사탄이 짓밟는 나를 회복시켜야 합니다. 지금까지 내가 나를 무시한 것은 사탄이 파 놓은 함정임을 깨달아야 합니다.

사랑스러운 자를 대하는 자세에 대해서 잠깐 묵상하세요 이제부터 사랑스러운 나 자신과의 사랑에 빠져 보세요. 내 속 사람과의 사랑의 대화에 몰입해 보세요.

첫째, 눈으로 사랑을 말하세요. 거울을 보세요. 나 자신을 바라보세요. 그윽한 눈으로… 사랑은 눈으로 말합니다. 지금 따사로운 눈으로 자신을 바라보세요. 그리고 속삭이세요.

"○○아! 난 너를 사랑해! 난 네가 정말정말 참 좋아! 넌 사랑스러운 존재야! 넌 보배야! 넌 존귀한 자야! 넌 하나님의 장자야! 하늘나라의 상속자야! 이제부터 널 더 깊고 진하게 사랑할게. 힘내자. 파이팅!"

둘째, 사랑은 마음으로 말합니다. 지금까지 부정적인 평가를 내렸던 것을 고백해 보세요!

190

"OO아! 미안해. 난 네가 그렇게 대단한 줄을 미처 몰랐어. 사탄이 쳐놓은 상대평가라는 덫에 걸려서 너를 평가절하 한 것을 용서해 줘! 이제 너를 무시하지 않을게. 이제 너를 우리 주님의 마음으로 사랑할게. 주님이 너를 사랑하듯이 나도 너를 사랑해! 이제 우리 친하게 지내자. OOO! 사랑해! 주님의 마음으로 너를 진심으로 사랑해!"

셋째, 사랑은 입술로 말합니다. 가장 귀한 복은 자신과의 화해입니다. 이제 입을 열어 자신을 축복해 보세요. 사랑한다고 고백해 보세요.

"OO아! 사랑해. 우리 주님이 그리하셨듯이 나도 너를 그렇게 사랑해. 네가 어떤 환경에 처해도, 네가 아무것도 소유한 것이 없어도, 세상 모두가 다 너를 무시해도 나는 너를 사랑해. 네가 과거에 어떤 삶을 살아왔어도, 주님이 용서하신 것처럼 나도 너를 용서해. 그리고 주님처럼 사랑해! 미안해. 진작 널 사랑해 주지 못해서…"

넷째, 사랑은 행동으로 말합니다. 아무거나 보고, 아무렇게나 말하고, 아무렇게나 행동한다면 자신을 사랑하는 자의 행동일 수가 없습니다. 이제는 우주에서 단 하나밖에 없는 나를 위해서 스스로의 행동을 절제하기를 결단하세요.
이제 어깨를 펴고 마음을 열어 보세요! 손을 들고 두 주먹을 불끈 쥐어 보세요! 그리고 지금 외치세요!

"OO아! 너는 보배롭고, 존귀하고, 사랑스러워!" (세 번을 더 선포하세요!)

어떻습니까? 정말 자신이 보배롭고 존귀하고 사랑스럽다고 믿어지나요? 이제까지 나 자신을 과소평가하고 멸시하고 자학했던 것을 회개하세요!

"하나님! 이제까지 제 가치를 모르고 마귀에게 속았던 저를 용서하소서! 하나님의 시선에 보배롭고, 존귀하고, 사랑스러운 저를 세상의 평가로 짓밟았던 것을 용서해 주세요! 이제는 하나님의 시선으로 저를 보겠습니다! 상대평가에서 완전 자유를 선포합니다!"

이렇게 선포했음에도 사탄, 마귀는 틈만 있으면 상대평가 속으로 우리를 끌어들일 것입니다. 그리고 계속해서 미혹할 것입니다. 그러나 이제 속지 맙시다. 하나님의 자녀로서, 장자로서, 예수 이름의 권세를 앞세워 당당하게 맞섭시다. 그리고 명령합시다. 선포합시다.

더럽고 사악한 사탄, 마귀야! 이제 더 속지 않는다!
내가 예수 그리스도의 이름으로 명하노라!
너는 더 이상 나를 상대평가 속으로 끌어들일 수 없노라!
나는 이제부터 예수님의 시선으로 나를 볼 것이다!
누가 뭐라 해도 나는 여전히 보배롭고, 존귀하고, 사랑스러운 하나님의 장자다!
상대평가로 나를 비참하게 만들었던 악한 마귀는 떠나가라!
나는 못났다고 생각하고, 말하게 했던 더러운 사탄은 떠나가라!
나는 살 가치가 없다고 말하게 했던 미혹하는 영들은 떠나가라!
나는 이 세상에서 가장 존귀한 하나님의 장자다!
나는 이 세상에서 가장 보배로운 하늘나라의 상속자다!
나는 이 세상에서 가장 사랑스러운 하나님의 자녀다!
내 자신의 가치를 도적질하고 죽이고 멸망시키는 사탄, 마귀는 떠나가라!
오, 주여! 세상에서 가장 보배롭고, 존귀하고, 사랑스러운 나를 찾게 하시니 감사합니다!

3. 나는 예수님짜리다!
하나님의 작품인 당신, 하나님의 소유인 당신의 가치는 얼마나 될까요? 당신은 얼마짜리일까요? 이제 당신의 값을 알아보는 시간입니다. "당신은 예수님짜리입니다!" '예수님짜리'란 말은 예수님을 주고 샀다는 말이겠지요. "이 물건이 얼마짜리인가?"는 값을 준 만큼 결정되는 것입니다. 틀림없이 당신은 예수님짜리입니다.

📖➕ 아래 성경을 묵상하세요.

> **고전 7:22~23** | ²²주 안에서 부르심을 받은 자는 종이라도 주께 속한 자유인이요 또 그와 같이 자유인으로 있을 때에 부르심을 받은 자는 그리스도의 종이니라 ²³너희는 값으로 사신 것이니 사람들의 종이 되지 말라
>
> **계 5:9** | 그들이 새 노래를 불러 이르되 두루마리를 가지시고 그 인봉을 떼기에 합당하시도다 일찍이 죽임을 당하사 각 족속과 방언과 백성과 나라 가운데에서 사람들을 피로 사서 하나님께 드리시고

✤ 하나님은 무엇으로 당신을 사셨나요?	예수님의 목숨을 주고 사셨습니다.
✤ 그리스도가 값을 지불하고 당신을 사 주셨습니다. 이제는 누구의 종이 되어서는 안 되나요?	사람들의 종이 되어서는 안 됩니다.
✤ 그 값은 무엇인가요?	예수님의 피입니다.
✤ 예수 그리스도가 우리를 피로 값 주고 사 주셨습니다. 그 피는 예수님의 생명입니다. 그렇다면 당신은 얼마짜리인가요?	예수님짜리입니다.
✤ 그렇다면 이 세상에서 당신보다 더 가치 있는 존재가 있다고 생각하나요?	세상에서 나보다 가치 있는 존재는 없습니다.

📖➕ 아래 성경을 묵상하세요.

> **롬 5:8** | 우리가 아직 죄인 되었을 때에 그리스도께서 우리를 위하여 죽으심으로 하나님께서 우리에 대한 자기의 사랑을 확증하셨느니라

> **갈 2:20** | 내가 그리스도와 함께 십자가에 못 박혔나니 그런즉 이제는 내가 사는 것이 아니요 오직 내 안에 그리스도께서 사시는 것이라 이제 내가 육체 가운데 사는 것은 나를 사랑하사 나를 위하여 자기 자신을 버리신 하나님의 아들을 믿는 믿음 안에서 사는 것이라

✢ 언제 진행하신 일인가요?

내가 죄인인 상태에서 행하셨습니다.

✢ 누가 죽어 주셨나요?

그리스도께서 죽어 주셨습니다.

✢ 그리스도가 누구를 위해 죽어 주셨나요?

죄인 된 나를 위하여 죽어 주셨습니다.

✢ 그리스도께서 당신을 위하여 죽어 주신 사건은 무엇을 증명하고 있나요?

하나님이 독생자의 생명보다 나를 더 사랑하신다는 사실을 보여 줍니다.

✢ 왜 당신을 위한 그리스도의 죽으심이 하나님의 사랑을 증명하나요?

하나님의 시선에 나의 가치가 당신의 아들의 생명과 맞바꿀 정도로 절대 가치임이 드러났기 때문입니다.

✢ 독생자를 대속물로 주고서 당신을 살 정도라면 하나님 앞에서 당신의 가치를 인정할 수 있나요?

아멘, 아멘! 나의 가치는 우주를 주고도 바꿀 수 없는 절대 가치임을 인정합니다.

✢ 바울은 그리스도가 누구를 위하여 자기 몸을 버리셨다고 고백하나요?

바울 자신을 위하여 그리스도가 몸을 버리셨다고 고백합니다.

✢ 그렇다면 왜 몸을 버리셨나요?

바울을 사랑하셨기 때문입니다.

✢ 이 말씀이 오늘은 당신을 사랑하사 당신을 위하여 예수님이 자기 몸을 버리셨다는 사실로 받아들여지나요?

아멘, 아멘!

✢ 그리스도 안에 있는 당신은 사랑받을 존재인가요?

아멘, 아멘! 말씀에 근거하여 나는 우주에서 가장 사랑스러운 존재임을 확신합니다.

✢ 당신은 얼마짜리인가요?

예수님짜리입니다.

그렇다면 예수님의 가치는 얼마나 될지 말씀으로 들어가 봅니다.

📖➕ 아래 성경을 묵상하세요.

> 사 9:6 | 이는 한 아기가 우리에게 났고 한 아들을 우리에게 주신 바 되었는데 그의 어깨에는 정사를 메었고 그의 이름은 기묘자라, 모사라, 전능하신 하나님이라, 영존하시는 아버지라, 평강의 왕이라 할 것임이라
>
> 창 1:1 | 태초에 하나님이 천지를 창조하시니라

✤ 우리에게 나신 한 아기와 한 아들은 누구를 가리키나요?	예수 그리스도를 가리킵니다.
✤ 그(예수 그리스도)의 이름을 정리해 보세요!	기묘자, 모사, 전능하신 하나님, 영존하시는 아버지, 평강의 왕이십니다.
✤ 한 아기로 오신 예수님, 한 아들로 오신 예수님이 전능하신 하나님이라 믿나요?	아멘, 아멘!
✤ 그 하나님이신 예수님이 천지를 창조하셨다고 믿나요?	아멘, 아멘!
✤ 그렇다면 당신을 위해 생명을 주신 예수님이, 피 값으로 당신을 사 주신 예수님이 창조주 하나님이심을 믿나요?	아멘, 아멘!
✤ 그렇다면 당신의 가치는 우주를 만드신 하나님의 생명과 맞바꾼 가치임을 인정하나요?	아멘, 아멘!
✤ 이것이 사실이라면 당신의 가치가 우주보다 더 귀함을 인정하나요?	아멘, 아멘!
✤ 우주보다 더 존귀한 당신을 함부로 대할 수 있나요?	절대로 그럴 수 없습니다.
✤ 오늘부터 당신의 가치에 대한 거룩한 자부심을 가질 수 있나요?	아멘, 아멘!
✤ 이 가치를 지니고 있는 당신을 사랑할 수 있나요?	아멘, 아멘!

말씀 살기

✝ 말씀의 핵심 정리

1. 난 우주에 단 한 점밖에 없는 하나님의 걸작품이구나!
2. 하나님이 내 이름을 아시고 날 지명하여 불러 주셨구나!
3. 하나님의 시선으로 날 봐야겠구나!
4. 나는 하나님의 눈에 보배로구나!
5. 나는 하나님의 눈에 존귀하구나!
6. 나는 하나님의 눈에 사랑스럽구나!
7. 나는 예수님의 생명과 바꾼 예수님짜리구나!

✝ 감사와 회개

주여, 감사, 감사, 감사합니다!

주여, 오늘 나 자신의 가치를 분명하게 알게 하시니 감사합니다!

주여, 제가 하나님의 걸작품인 것을 알게 하시니 감사합니다!

주여, 제가 우주에 단 하나밖에 없는 절대 가치임을 알게 하시니 감사합니다!

주여, 하나님이 제 이름을 아신다는 사실을 알게 하시니 감사합니다!

주여, 제가 우주를 지으신 하나님의 피 값을 주고 바꿀 만큼 보배로운 존재임을 알게 하시니 감사합니다!

주여, 제가 우주에서 가장 존귀하다는 사실을 선명하게 알게 하시니 감사합니다!

주여, 제가 이 세상에서 가장 사랑스럽다는 사실을 확인시켜 주시니 감사합니다!

주여, 제가 예수님의 생명을 주고 바꿀 만큼 보배롭고, 존귀하고, 사랑스럽다는 사실을 알게 하시니 감사, 감사, 감사합니다!

주여, 제가 예수님짜리임을 분명하게 알게 하시니 감사합니다!

주여, 제가 하나님의 작품임을 알게 하시니 감사합니다!

주여, 제가 우주에 한 점밖에 없는 걸작품인 것을 알게 하시니 감사합니다!

주여, 이제까지 이렇게 존귀한 나를 비천하게 짓밟았던 저를 용서하소서!

주여, 이렇게 보배로운 저를 쓰레기처럼 취급했던 저를 용서하소서!

주여, 이렇게 사랑스러운 저를 사랑하지 못한 죄를 용서하소서!

주여, 제가 예수님짜리처럼 살지 못한 것을 용서하소서!

✝ 명령과 선포와 결단

주여, 이제부터 제가 하나님의 걸작품인 것을 날마다 자랑스럽게 여기겠습니다!

주여, 이제부터 주님이 제 이름을 아신다는 분명한 사실 앞에서 감격하며 살겠습니다!

주여, 이제부터 제 자신을 주님의 시선으로 보겠습니다!

주여, 이제부터 주님의 시선에 비추인 제가 진짜 나 자신임을 누리며 살겠습니다!

주여, 이제부터 제가 진짜 보배임을 확신하며 살겠습니다!

주여, 이제부터 제가 진짜 존귀하다는 사실을 누리며 살겠습니다!

주여, 이제부터 제가 우주에서 제일 사랑스럽다는 사실을 누리며 살겠습니다!

주여, 이제부터 절대로 상대평가에 저를 노출시키지 않겠습니다!

주여, 이제부터 날마다 저를 축복하고 사랑하며 살겠습니다!

주여, 이제부터 절대로 쓰레기처럼, 잡초처럼 살지 않겠습니다!

○○아! 너는 하나님의 작품이야!

우주에 단 한 점밖에 없는 하나님의 걸작품이야!

하나님이 네 이름을 아셔! 하나님이 네 이름을 불러 주셨어!

사람들이 널 알아주지 않아도 절대로 외로워하지 마!

사람들이 널 왕따 시켜도 절대로 주눅들지 마! 너는 예수님짜리야!

하나님이 예수님의 피 값으로 너를 사 주셨어!

너는 예수님의 생명과 맞바꿀 만큼 존귀한 존재야!

너는 이 세상에서 가장 존귀한 존재야!

넌 이 세상에서 가장 사랑스러워!

그 누가 뭐라 해도 너의 가치는 절대적이야!

너는 이 세상에서 가장 사랑스럽고 존귀한 존재야!

누가 뭐라 해도 너는 세상에서 가장 사랑받고 있어, 사람의 사랑에 목말라하지 마!

너의 가치는 절대 가치야, 세상이 다 널 버려도 세상을 지으신 주님이 널 사랑하셔!

다시는 사탄의 유혹에 넘어가지 말자!

다시는 너를 쓰레기처럼, 잡초처럼 방치하지 말자!

넌 하나님의 장자, 왕 같은 제사장, 하늘나라의 상속자야!

널 외모로 평가하지 마! 넌 우주에 하나밖에 없는 걸작품이야!

널 돈으로 평가하지 마! 넌 하늘에 황금보석으로 꾸민 집을 소유하고 있어!

널 지식으로 평가하지 마! 넌 성령님의 지혜를 받을 수 있어!

예수님짜리인 나를 잡초처럼 포기하게 하는 더러운 사탄아, 이제 속지 않는다!

예수님짜리인 내가 예수님 이름으로 명령하노니 내게서 떠나가라!

나는 이 순간부터 뱀과 전갈을 밟으리라!

나는 이 순간부터 원수 마귀의 모든 능력을 제어하리라!

원수 마귀야! 이제는 내 생각에서, 입술에서, 눈빛에서, 행동에서 떠나가라!

✝ 훈련의 기본 원칙 열 번 복창
"단순, 반복, 지속, 강행"

✝ 장자권의 발동, 명령과 선포 세 번 복창
"있을지어다! 그대로 되니라! 하나님 보시기에 좋았더라!"

"치료될지어다! 회복될지어다! 복 있을지어다! 충만할지어다! 정복할지어다! 다스릴지어다!"

✝ 받은 은혜 묵상 · 간증하기 말씀 요약

Birthright of
Christ and authority
of the inheritor

12

사탄과 마귀, 악하고 더러운 영들의 세계를 바로 알라

성경은 사탄, 마귀와 그의 사자들인 악하고 더러운 영들에 대해 분명하게 말씀하고 있습니다. 영적인 세계는 너무나 첨예해서 이성이나 지성으로는 다 헤아릴 수 없는 영역입니다. 이제 말씀으로 들어가서 영적인 세계를 바로 알아 분별할 힘을 길러야 합니다.

암송
말씀

큰 용이 내쫓기니 옛 뱀 곧 마귀라고도 하고 사탄이라고도 하며 온 천하를 꾀는 자라 그가 땅으로 내쫓기니 그의 사자들도 그와 함께 내쫓기니라(계 12:9)
마귀가 벌써 시몬의 아들 가룟 유다의 마음에 예수를 팔려는 생각을 넣었더라(요 13:2)

1. 사탄과 마귀, 악하고 더러운 영들은 온 천하를 미혹하는 존재

성경은 사탄, 마귀에 대해서 분명하게 말씀하셨습니다. "온 천하를 꾀는 자라"(계 12:9), "뱀이 그 간계로 하와를 미혹한 것 같이"(고후 11:3). 이들은 온 천하를 미혹하는 자들로서 할 수만 있으면 택한 자들까지도 미혹하려고 혈안이 되어 있습니다(마 24:24). 때로는 광명한 천사로 가장해서 역사하기도 합니다(고후 11:14). 이 세상에는 진리의 영이 있는가 하면 미혹의 영도 있습니다(요일 4:6).

📖✝️ 아래 성경을 묵상하세요.

> **계 12:9** | 큰 용이 내쫓기니 옛 뱀 곧 마귀라고도 하고 사탄이라고도 하며 온 천하를 꾀는 자라 그가 땅으로 내쫓기니 그의 사자들도 그와 함께 내쫓기니라
>
> **고후 11:3** | 뱀이 그 간계로 하와를 미혹한 것 같이 너희 마음이 그리스도를 향하는 진실함과 깨끗함에서 떠나 부패할까 두려워하노라
>
> **요일 4:6** | 우리는 하나님께 속하였으니 하나님을 아는 자는 우리의 말을 듣고 하나님께 속하지 아니한 자는 우리의 말을 듣지 아니하나니 진리의 영과 미혹의 영을 이로써 아느니라

❖ 큰 용의 다른 이름들을 옮겨 보세요. | 옛 뱀, 마귀, 사탄입니다.

❖ 옛 뱀인 사탄, 마귀가 하는 일은 무엇인가요? | 온 천하를 꾀는 일입니다.

❖ 그들은 하늘에서 어디로 내쫓겼나요? | 땅으로 내쫓겼습니다.

❖ 사탄, 마귀는 하늘에서 내쫓길 때에 누구와 함께 쫓겨 왔나요? | 그의 사자들과 함께 쫓겨 왔습니다.

✛ 옛 뱀인 사탄, 마귀는 하와를 어떻게 했나요?	미혹했습니다.
✛ 옛 뱀인 사탄, 마귀는 무엇으로 하와를 미혹했나요?	간계로 미혹했습니다.
✛ 옛 뱀인 사탄, 마귀는 당신의 어디에서 역사하고 있나요?	우리의 마음에서 역사합니다.
✛ 사탄, 마귀는 당신의 마음에서 어떻게 역사하나요?	마음이 그리스도를 향하는 진실함과 깨끗함에서 떠나 부패하게 합니다.
✛ 요일 4:6 말씀에 보면 진리의 영이 있는가 하면 또 어떠한 영도 있나요?	미혹의 영도 있습니다.
✛ 위의 말씀들을 근거로 분명히 미혹하는 영들이 있다는 사실을 인정하나요?	아멘, 아멘!
✛ 사탄, 마귀가 하나님과 아담 사이를 갈라놓을 만큼 지혜롭다는 사실도 인정하나요?	아멘, 아멘!
✛ 사탄, 마귀가 아담과 하와 사이도 갈라놓은 존재라는 사실을 인정하나요?	아멘, 아멘!

📖 아래 성경을 묵상하세요.

> **마 24:24** | 거짓 그리스도들과 거짓 선지자들이 일어나 큰 표적과 기사를 보여 할 수만 있으면 택하신 자들도 미혹하리라
>
> **고후 11:14~15** | ¹⁴이것은 이상한 일이 아니니라 사탄도 자기를 광명의 천사로 가장하나니 ¹⁵그러므로 사탄의 일꾼들도 자기를 의의 일꾼으로 가장하는 것이 또한 대단한 일이 아니니라 그들의 마지막은 그 행위대로 되리라
>
> **계 20:10** | 또 그들을 미혹하는 마귀가 불과 유황 못에 던져지니 거기는 그 짐승과 거짓 선지자도 있어 세세토록 밤낮 괴로움을 받으리라

✛ 거짓 그리스도들과 거짓 선지자들은 무엇으로 미혹하나요?	표적과 기사로 미혹합니다.

✛ 그들은 누구까지 미혹하려 하고 있나요?	택하신 자들까지도 미혹하려 하고 있습니다.
✛ 사탄은 자기를 어떻게 가장할 수도 있나요?	광명한 천사로 가장할 수도 있습니다.
✛ 사탄의 일꾼들도 어떻게 가장하나요?	의의 일꾼들로 가장합니다.
✛ 아무리 광명한 천사로 가장하고, 의의 일꾼들로 가장하지만 그들의 결국은 어떻게 되나요?	그들의 마지막은 그 행위대로 됩니다.
✛ 성도를 미혹하던 마귀는 결국 어디에 던져지나요?	불과 유황 못에 던져집니다.
✛ 거기서 그들은 어떤 형벌을 받게 되나요?	세세토록 밤낮 괴로움을 받습니다.
✛ 위의 말씀들을 근거로 사탄, 마귀가 지옥으로 데려가기 위해 온갖 방법으로 미혹하고 있는 것을 인정하나요?	아멘, 아멘! 인정합니다.

2. 영적인 분별력을 위해 기도하라

영적 세계는 너무나 첨예합니다. 쉽게 접근할 수 없는 영역입니다. 무시할 수는 더더욱 없습니다. 무관심할 수도 없습니다. 우리는 항상 영적인 전쟁 마당에 노출되어 있기 때문입니다. 우리는 영적 분별력을 위해 기도해야 합니다. 우리는 육적인 세계를 살고 있지만 영적인 세계를 함께하고 있습니다. 영적인 세계는 육안이나 지안으로 볼 수 없기 때문에 항상 조심해야 합니다. 무엇보다 영적인 분별력이 필요합니다.

📖 아래 성경을 묵상하세요.

> **고전 2:12~13** | [12]우리가 세상의 영을 받지 아니하고 오직 하나님으로부터 온 영을 받았으니 이는 우리로 하여금 하나님께서 우리에게 은혜로 주신 것들을 알게 하려 하심이라 [13]우리가

이것을 말하거니와 사람의 지혜가 가르친 말로 아니하고 오직 성령께서 가르치신 것으로 하니 영적인 일은 영적인 것으로 분별하느니라

고전 12:10 | 어떤 사람에게는 능력 행함을, 어떤 사람에게는 예언함을, 어떤 사람에게는 영들 분별함을, 다른 사람에게는 각종 방언 말함을, 어떤 사람에게는 방언들 통역함을 주시나니

❖ 고전 2:12 말씀에는 영의 세계를 말하고 있습니다. 정리해 보세요.

세상의 영과 하나님으로부터 온 영이 있습니다.

❖ 영적인 일은 어떻게 분별할 수 있나요?

영적인 것으로만 분별할 수 있습니다.

❖ 영적인 것을 분별하기 위해서 누구의 도움이 필요한가요?

성령의 도움이 필요합니다.

❖ 성령의 은사 가운데는 무슨 은사도 있나요?

영들 분별하는 은사도 있습니다.

❖ 성령의 은사 중에 영들 분별함의 은사가 있다는 말씀에서 당신은 무엇을 느낄 수가 있나요?

영적인 세계가 결코 간단하거나 쉽지 않다는 것을 느낄 수가 있습니다.

❖ 또 무엇을 느낄 수 있나요?

성령님 외에 영적 세계에 많은 악하고 더러운 영들이 존재하고 있다는 것을 느낄 수가 있습니다.

3. 악하고 더러운 귀신의 영들은 분명히 존재한다

성경은 분명히 악하고 더러운 영들의 세계가 있으며 그중에 귀신의 영들이 있음을 말씀하십니다. 우리 그리스도인은 이 세계를 바로 알아서 영적 싸움에 승리해야 합니다. 악하고 더러운 영들의 세계는 우리가 알거나 상상하는 것보다 훨씬 더 크고, 광범위하고, 강할 수 있습니다. 분명히 성경은 "하늘에 있는 악의 영들"(엡 6:12)과 "각종 더러운 영"(계 18:2)에 대해 말하고 있습니다.

📖† 아래 성경을 묵상하세요.

> **엡 2:2** | 그때에 너희는 그 가운데서 행하여 이 세상 풍조를 따르고 공중의 권세 잡은 자를 따랐으니 곧 지금 불순종의 아들들 가운데서 역사하는 영이라
>
> **계 16:13~14** | ¹³또 내가 보매 개구리 같은 세 더러운 영이 용의 입과 짐승의 입과 거짓 선지자의 입에서 나오니 ¹⁴그들은 귀신의 영이라 이적을 행하여 온 천하 왕들에게 가서 하나님 곧 전능하신 이의 큰 날에 있을 전쟁을 위하여 그들을 모으더라
>
> **계 18:2** | 힘찬 음성으로 외쳐 이르되 무너졌도다 무너졌도다 큰 성 바벨론이여 귀신의 처소와 각종 더러운 영이 모이는 곳과 각종 더럽고 가증한 새들이 모이는 곳이 되었도다

✛ 당신이 하나님의 전신갑주를 입어야 할 이유가 어디에 있나요?	마귀의 간계를 능히 대적하기 위해서입니다.
✛ 당신의 씨름의 대상은 누구인가요?	통치자들, 권세들, 어둠의 세상 주관자들, 하늘에 있는 악의 영들입니다.
✛ 분명히 하늘에 있는 악의 영들과의 씨름임을 인정하나요?	아멘, 아멘!
✛ 위의 말씀으로 보아 악의 영의 세계에 많은 악한 영들이 존재한다는 것을 인정하나요?	아멘, 아멘!
✛ 계 16:13~14 말씀에 의해 세 더러운 영이 귀신들의 영인 것을 인정하나요?	아멘, 아멘!
✛ 계 18:2 말씀에 의해 각종 더러운 영이 존재한다는 사실을 인정하나요?	아멘, 아멘!
✛ 각종 더러운 영이 존재한다는 사실을 인정하나요?	아멘, 아멘!
✛ 각종 더러운 영이 모이는 곳이 있다는 것도 인정하나요?	아멘, 아멘!
✛ 그렇다면 각종 악하고 더러운 일들의 배후에 "하늘에 있는 악의 영들"과 "각종 더러운 영"이 역사하고 있음을 인정할 수 있나요?	아멘, 아멘!

✤ 위의 '아멘, 아멘!'이 사실이라면 당신의 마음이 귀신의 처소가 되어서는 안 된다고 생각하나요?	아멘, 아멘!
✤ 당신의 가정이 각종 더러운 영이 모이는 곳이 되어서는 안 된다고 생각하나요?	아멘, 아멘!
✤ 그렇다면 각종 더러운 영들을 당신의 마음과 가정에서 몰아내야 한다고 인정하나요?	아멘, 아멘!

4. 악하고 더러운 영의 역사를 인정해야 한다

영적 세계에 사탄과 마귀, 악하고 더러운 영들이 존재하는 것을 기억하나요? 그렇다면 그들이 하는 일이 무엇인가요? 온 천하를 미혹하여 택한 백성이라도 넘어뜨리는 일입니다. 이제 이 세계를 분명히 인정하고 대비하여 영적인 승리를 노래해야 합니다.

📖 아래 성경을 묵상하세요.

> **딤전 4:1~2** | ¹그러나 성령이 밝히 말씀하시기를 후일에 어떤 사람들이 믿음에서 떠나 미혹하는 영과 귀신의 가르침을 따르리라 하셨으니 ²자기 양심이 화인을 맞아서 외식함으로 거짓말하는 자들이라
>
> **약 3:14~16** | ¹⁴그러나 너희 마음 속에 독한 시기와 다툼이 있으면 자랑하지 말라 진리를 거슬러 거짓말하지 말라 ¹⁵이러한 지혜는 위로부터 내려온 것이 아니요 땅 위의 것이요 정욕의 것이요 귀신의 것이니 ¹⁶시기와 다툼이 있는 곳에는 혼란과 모든 악한 일이 있음이라
>
> **고후 4:3~4** | ³만일 우리의 복음이 가리었으면 망하는 자들에게 가리어진 것이라 ⁴그중에 이 세상의 신이 믿지 아니하는 자들의 마음을 혼미하게 하여 그리스도의 영광의 복음의 광채가 비치지 못하게 함이니 그리스도는 하나님의 형상이니라

✣ 성령이 밝히 하신 말씀에 의하면 어떤 사람들이 믿음에서 떠난 이유가 어디에 있다 하나요?	미혹하는 영과 귀신의 가르침을 따랐기 때문입니다.
✣ 그렇다면 귀신과 미혹하는 영들이 믿는 사람들에게도 역사한다는 사실을 인정하나요?	아멘, 아멘!
✣ 독한 시기와 다툼의 배후에 누가 역사하고 있나요?	귀신이 역사하고 있습니다.
✣ 믿지 아니하는 자들의 마음을 혼미하게 하는 자는 누구인가요?	이 세상의 신인 악한 영들입니다.
✣ 위의 말씀을 근거로 사탄과 마귀, 악하고 더러운 영들이 믿는 우리에게도 역사한다는 것을 인정하나요?	아멘, 아멘!

아래 성경을 묵상하세요.

마 16:23 | 예수께서 돌이키시며 베드로에게 이르시되 사탄아 내 뒤로 물러가라 너는 나를 넘어지게 하는 자로다 네가 하나님의 일을 생각하지 아니하고 도리어 사람의 일을 생각하는도다

눅 8:12 | 길 가에 있다는 것은 말씀을 들은 자니 이에 마귀가 가서 그들이 믿어 구원을 얻지 못하게 하려고 말씀을 그 마음에서 빼앗는 것이요

요 13:2 | 마귀가 벌써 시몬의 아들 가룟 유다의 마음에 예수를 팔려는 생각을 넣었더라

행 5:3 | 베드로가 이르되 아나니아야 어찌하여 사탄이 네 마음에 가득하여 네가 성령을 속이고 땅 값 얼마를 감추었느냐

막 1:12~13 | 12성령이 곧 예수를 광야로 몰아내신지라 13광야에서 사십 일을 계시면서 사탄에게 시험을 받으시며 들짐승과 함께 계시니 천사들이 수종들더라

✣ 예수님 앞에서 직접 말씀을 듣는 베드로에게 누가 역사했나요?	사탄이 역사했습니다.
✣ 사탄은 이 순간도 기회만 있으면 역사한다는 것을 인정하나요?	아멘, 아멘!

✛ 당신이 말씀을 들을 때 누가 역사하나요?	마귀가 역사합니다.
✛ 왜 역사하나요?	말씀을 듣고 은혜를 받는 것을 방해하기 위해서입니다.
✛ 마귀는 누구의 마음속에 역사했나요?	가룟 유다의 마음에 역사했습니다.
✛ 어떻게 역사했나요?	유다의 마음에 예수님을 팔려는 생각을 넣었습니다.
✛ 아나니아의 마음에는 누가 역사했나요?	사탄이 역사했습니다.
✛ 사탄은 누구를 속이게 했나요?	성령을 속이게 했습니다.
✛ 예수님 당시와 초대교회에 그렇게 믿음이 대단했던 사람들도 넘어트리려 한 사탄, 마귀는 지금 당신에게도 역사할 수 있음을 인정하나요?	아멘, 아멘!
✛ 위의 말씀으로 보아 사탄, 마귀는 주로 어디에 역사했나요?	마음의 생각을 통해서 역사했습니다.
✛ 사탄, 마귀가 마음의 생각을 통해서 역사하지만 결과는 어떻게 되나요?	마음의 생각이 몸을 움직여서 죄를 짓게 만들었습니다.
✛ 그 결과는 어떻게 되나요?	마귀를 따라가면 망하고 맙니다.
✛ 그렇다면 우리를 미혹하는 사탄, 마귀는 어떻게 해야 할까요?	우리 마음의 생각 속에서 역사하는 마귀를 대적하고 쫓아내야 합니다.
✛ 간교한 사탄, 마귀는 누구까지 시험하였나요?	예수님까지 시험했습니다.
✛ 예수님까지도 시험한 사탄 마귀라면 오늘 나도 얼마든지 시험할 수 있다는 사실을 인정하나요?	아멘, 아멘!

5. 대적하고 명령해서 쫓아내야 한다

우리는 이제까지 사탄과 마귀, 악하고 더러운 영들의 세계를 돌아보았습니다. 그들의 교활하고, 악랄하고, 사악한 역사들을 말씀을 통해 살펴보았습니다. 예수님까지도 넘어트리려 했던 녀석이 사탄, 마귀입니다. 베드로에게도 역사했습니다. 이 녀석은 휴전도 없습니다. 언제나 기회를 노리는 녀석을 우리는 어떻게 해야 할까요? 믿음으로 대적하고 명령하여 쫓아내야 합니다. 우리 마음의 생각에 머물거나 역사하지 못하도록 대적해야 합니다. 명령하고 물리쳐야 합니다.

📖✝ 아래 성경을 묵상하세요.

> **약4:7** | 그런즉 너희는 하나님께 복종할지어다 마귀를 대적하라 그리하면 너희를 피하리라
>
> **벧전 5:8~9** | 8근신하라 깨어라 너희 대적 마귀가 우는 사자 같이 두루 다니며 삼킬 자를 찾나니 9너희는 믿음을 굳건하게 하여 그를 대적하라 이는 세상에 있는 너희 형제들도 동일한 고난을 당하는 줄을 앎이라
>
> **마4:10** | 이에 예수께서 말씀하시되 사탄아 물러가라
>
> **마16:23** | 예수께서 돌이키시며 베드로에게 이르시되 사탄아 내 뒤로 물러 가라 너는 나를 넘어지게 하는 자로다 네가 하나님의 일을 생각하지 아니하고 도리어 사람의 일을 생각하는도다 하시고
>
> **막9:25** | 예수께서 무리가 달려와 모이는 것을 보시고 그 더러운 귀신을 꾸짖어 이르시되 말 못하고 못 듣는 귀신아 내가 네게 명하노니 그 아이에게서 나오고 다시 들어가지 말라
>
> **행 16:18** | 바울이 심히 괴로워하여 돌이켜 그 귀신에게 이르되 예수 그리스도의 이름으로 내가 네게 명하노니 그에게서 나오라 하니 귀신이 즉시 나오니라

✢ 당신이 복종해야 할 분은 누구신가요? ┊ 오직 하나님입니다.

✢ 당신이 대적해야 할 대상은 누구인가요? ┊ 마귀입니다.

✢ 당신이 마귀를 대적하면 어떤 결과를 가져오나요? ┊ 마귀가 우리를 피합니다.

✢ 당신이 근신하고 깨어 있어야 할 이유가 어디에 있나요? ┊ 우리의 대적 마귀가 두루 다니며 삼킬 자를 찾고 있기 때문입니다.

✢ 당신의 대적 마귀는 어떤 모습으로 삼킬 자를 찾고 있나요? ┊ 우는 사자같이 찾고 있습니다.

✣ 예수님께서 당신을 시험하는 사탄을 향해 하신 명령을 그대로 옮겨 보세요.

"사탄아 물러가라!"

✣ 베드로에게서 역사하는 사탄을 향해서 예수님이 하신 명령과 선포를 옮겨 보세요.

"사탄아 내 뒤로 물러가라!"

✣ 예수님은 누구를 꾸짖으셨나요?

더러운 귀신을 꾸짖으셨습니다.

✣ 예수님께서 더러운 귀신을 꾸짖으신 내용을 옮겨 보세요.

"말 못하고 못 듣는 귀신아 내가 네게 명하노니 그에게서 나오고 다시 들어가지 말라!"

✣ 바울은 누구의 이름으로 점치는 귀신을 쫓아냈나요?

예수 그리스도의 이름으로 쫓아냈습니다.

✣ 이름은 예수 그리스도의 이름이었지만 명령은 누가 했나요?

바울이 직접 했습니다.

✣ 바울이 귀신을 향해 명령하고 선포한 대로 옮겨 보세요.

"예수 그리스도의 이름으로 내가 네게 명하노니 그에게서 나오라!"

✣ 결과는 어떻게 되었나요?

귀신이 나갔습니다.

✣ 만약 바울이 귀신에게 명령하지 않았다면 어떻게 되었을까요?

귀신은 그 여종에게 그대로 역사하고 있었을 것입니다.

✣ 우리도 바울처럼 귀신을 향해 명령할 수 있을까요?

아멘, 아멘! 명령하고 선포할 수 있습니다.

✣ 사탄, 마귀와 악하고 더러운 귀신들은 명령하고 선포해야 할 대상임이 확실한가요?

아멘, 아멘! 확실합니다.

말씀 살기

✚ 말씀의 핵심 정리

1. 사탄과 마귀, 악하고 더러운 영들은 온 천하를 꾀는 존재구나!
2. 우리에게는 영적인 분별력이 필요하구나!
3. 악하고 더러운 귀신의 영들은 분명히 존재하는구나!
4. 악하고 더러운 영들의 역사를 인정하고 대비해야 하겠구나!
5. 사탄, 마귀는 마음의 생각을 통해서 역사하는구나!
6. 사탄과 마귀, 악하고 더러운 영들에게 마음의 생각을 빼앗기면 망하는구나!
7. 사탄과 마귀, 악하고 더러운 영들은 대적하고 명령해서 쫓아내야 하는구나!

✚ 감사와 회개

주여, 영적인 세계를 바로 알게 하시니 감사, 감사합니다!

주여, 영적인 세계를 분별해야겠다는 생각을 주시니 감사, 감사합니다!

주여, 악하고 더러운 영들이 존재한다는 것을 깨닫게 하시니 감사, 감사합니다!

주여, 사탄과 마귀, 악하고 더러운 영들이 우는 사자 같이 삼킬 자를 찾고 있음을 알게 하시니 감사, 감사합니다!

사탄, 마귀가 우리 마음의 생각을 통해서 역사한다는 사실을 깨닫게 하시니 감사, 감사합니다!

주여, 사탄과 마귀, 악하고 더러운 영들을 대적하고 명령해서 물리쳐야 한다는 것을 깨닫게 하시니 감사, 감사합니다!

주여, 지금까지 영적인 세계에 대해 무지했음을 용서하소서!

주여, 지금까지 영적인 세계에 대해 무관심했던 것을 용서하소서!

주여, 영적인 세계를 분별하지 못했음을 용서하소서!

주여, 지금까지 사탄, 마귀에게 당했던 것들을 용서하소서!

주여, 사탄과 마귀, 악하고 더러운 영들을 대적하지 못했음을 용서하소서!

✝ 명령과 선포와 결단

나는 이제부터 사탄과 마귀, 악하고 더러운 영들을 인정하고 대적하리라!

나도 이제부터 예수님처럼 사탄, 마귀를 향해 명령하고 선포하리라!

나도 이제부터 예수님처럼 더러운 귀신을 향해 명령하고 선포하리라!

나도 이제부터 바울처럼 귀신을 향해 명령하고 선포하리라!

내가 예수 그리스도의 이름으로 명하노니 사탄, 마귀는 내게서 떠나갈지어다!

내가 예수 그리스도의 이름으로 명하노니 악하고 더러운 것들은 내 생각에서, 눈빛에서, 행동에서 떠나갈지어다!

내가 예수 그리스도의 이름으로 명하노니 각종 더럽고 악한 것들은 떠나갈지어다!

내가 예수 그리스도의 이름으로 명하노니 각종 미혹의 영들은 떠나갈지어다!

나는 이제부터 악하고 더러운 영들을 대적하고 다스리리라!

주여, 이제부터 믿음으로 악하고 더러운 영들을 정복하고 다스리며 살겠습니다!

주여, 이제부터 악하고 더러운 사탄, 마귀의 유혹에 넘어가지 않겠습니다!

주여, 이제부터 악하고 더러운 영들이 역사하는 죄와 싸워 이기겠습니다!

✝ 훈련의 기본 원칙 열 번 복창

"단순, 반복, 지속, 강행"

✝ 장자권의 발동, 명령과 선포 세 번 복창

"있을지어다! 그대로 되니라! 하나님 보시기에 좋았더라!"

"치료될지어다! 회복될지어다! 복 있을지어다! 충만할지어다! 정복할지어다! 다스릴지어다!"

✝ 받은 은혜 묵상 · 간증하기 말씀 요약

정복의 권세를 누리라

하나님은 아담에게 대 위임령을 주셨습니다. 그것은 정복과 다스림입니다. "땅을 정복하라! 모든 생물을 다스리라!"(창 1:28). 아담에게 내리신 이 말씀은 지금도 영적 세계를 살아가는 우리에게 살아 있음을 기억해야 합니다. 그렇다면 우리가 정복할 땅은 무엇인가요? 지구의 땅 덩어리를 마음대로 훼손하는 것이 땅을 정복하는 것일까요? 그것은 아닙니다. 이 땅은 하나님이 지으셨기에 소중하게 다루고 개발해야 합니다. 이제 우리가 정복할 땅을 목회학적인 입장에서 영적으로 접근해 봅니다. 영적 접근이기에 알레고리적이라 할 수도 있음을 미리 말씀드립니다.

 암송
말씀 내가 내 몸을 쳐 복종하게 함은 내가 남에게 전파한 후에 자신이 도리어 버림을 당할까 두려워함이로다(고전 9:27)

1. 땅에 있는 지체의 정욕을 정복하라

우리의 육체는 흙에서 왔습니다. 그러기에 흙을 떠나서는 살 수 없습니다. 반드시 땅에 발을 딛고 살아야 하고, 땅에서 나는 것을 먹어야 삽니다. 땅과 육체, 이 둘은 뗄 수 없는 관계입니다. 성경은 우리에게 땅의 흙으로 지음을 받은 지체를 죽이는 삶을 살아야 한다고 가르칩니다. 우리 그리스도인들은 땅에 있는 우리의 육체를 통해서 역사하는 각종 악하고 더러운 욕망들을 정복해야 합니다. 물론 이 욕망을 죽이는 것이 금욕주의자들이 말하는 세계가 아님을 밝힙니다.

📖➕ **아래 성경을 묵상하세요.**

> **창 1:28** | 하나님이 그들에게 복을 주시며 그들에게 이르시되 생육하고 번성하여 땅에 충만하라 땅을 정복하라 바다의 물고기와 하늘의 새와 땅에 움직이는 모든 생물을 다스리라
>
> **창 2:7** | 여호와 하나님이 땅의 흙으로 사람을 지으시고 생기를 그 코에 불어넣으시니 사람이 생령이 되니라
>
> **고전 15:47** | 첫 사람은 땅에서 났으니 흙에 속한 자이거니와 둘째 사람은 하늘에서 나셨느니라
>
> **전 12:7** | 흙은 여전히 땅으로 돌아가고 영은 그것을 주신 하나님께로 돌아가기 전에 기억하라

✤ 하나님이 아담에게 주신 복 가운데 정복에 대한 말씀이 있습니다. 무엇을 정복하라 하셨나요? | 땅을 정복하라 하셨습니다.

✤ 하나님은 사람의 육체를 무엇으로 지으셨나요? | 땅의 흙으로 지으셨습니다.

✢ 고전 15:47 말씀에서 아담은 어디서 났다고 하시나 요? | 땅에서 났다고 하십니다.

✢ 땅에서 난 사람은 육체의 소속이 어디인가요? | 흙에 속했습니다.

✢ 전 12:7 말씀에 의하면 당신의 육체를 무엇으로 말씀하고 있나요? | 흙으로 말씀하고 있습니다.

✢ 당신의 영이 하나님께로 돌아가면 흙은 어디로 돌아가나요? | 땅으로 돌아갑니다.

📖 아래 성경을 묵상하세요.

골 3:5 | 그러므로 땅에 있는 지체를 죽이라 곧 음란과 부정과 사욕과 악한 정욕과 탐심이니 탐심은 우상숭배니라

갈 5:24 | 그리스도 예수의 사람들은 육체와 함께 그 정욕과 탐심을 십자가에 못 박았느니라

고전 9:26~27 | 26그러므로 나는 달음질하기를 향방 없는 것 같이 아니하고 싸우기를 허공을 치는 것 같이 아니하며 27내가 내 몸을 쳐 복종하게 함은 내가 남에게 전파한 후에 자신이 도리어 버림을 당할까 두려워함이로다

✢ 골 3:5 말씀에 의하면 당신이 죽여야 할 것은 무엇인가요? | 나 자신의 지체입니다.

✢ 위의 말씀에서 당신이 죽여야 할 지체는 어디에 있나요? | '땅에 있는 지체'라 말씀하십니다.

✢ 이 지체는 당신의 육신을 가리킬까요? | 아닙니다. 내 몸에서 역사하는 죄악 된 각종 욕망들을 의미합니다.

✢ 그 죄악 된 욕망들에는 어떤 것들이 있나요? | 음란, 부정, 사욕, 악한 정욕, 탐심 등이 있습니다.

✢ 그렇다면 당신은 이러한 것들이 당신 육체의 정욕 안에 살아 있다고 인정하나요? | 아멘, 아멘!

❖ 이러한 것들은 죽여야 할 것들, 즉 당신이 정복해야 할 대상임을 인정하나요? | 아멘, 아멘!

❖ 당신이 정복해야 할 대상이 육체의 연약함을 붙잡고 역사하는 악하고 더러운 것들임을 인정하나요? | 아멘, 아멘!

❖ 위의 말씀에서 음란, 부정, 사욕, 악한 정욕, 탐심 중에 더 강조하는 것은 무엇인가요? | 탐심, 즉 우상숭배입니다.

❖ 그리스도 예수의 사람들이 십자가에 못 박아야 할 것은 무엇인가요? | 육체와 함께 그 안에서 역사하는 정욕과 탐심입니다.

❖ 이 말씀을 근거로 당신이 정복해야 할 대상이 육체의 정욕과 탐심임을 인정하나요? | 아멘, 아멘!

❖ 바울을 통해서 우리에게 주신 말씀에 의하면 달음질에 중요한 것은 무엇인가요? | 향방입니다.

❖ 바울은 자신이 싸워야 할 싸움의 대상을 무엇으로 표현하고 있나요? | 자신의 몸으로 표현하고 있습니다.

❖ 바울이 영적 싸움에서 자신의 몸을 쳐서 복종시켰다면 나도 그렇게 해야 한다고 인정하나요? | 아멘, 아멘!

❖ 몸을 쳐서 복종시킨다고 몸을 학대해야 할까요? | 아닙니다. 내 몸은 성전이기에 잘 가꿔야 합니다. 단, 몸의 정욕을 통해 역사하는 악하고 더러운 영을 복종시켜야 합니다.

❖ 싸움에서 중요한 것은 무엇인가요? | 허공을 치지 않고 싸움의 대상을 명확하게 파악하는 것입니다.

❖ 위의 말씀에 의하면 당신의 영적 싸움에서 가장 중요한 것은 무엇인가요? | 자신의 몸을 쳐서 복종시키는 일입니다.

❖ 바울이 싸우기를 허공을 치는 것같이 아니하여 자기의 몸을 쳐 복종시킨다는 말씀에서 그 몸은 무엇을 가리켰을까요? | 자기의 몸에서 역사하는 각종 욕망들을 가리킨 것 같습니다.

📖 아래 성경을 묵상하세요.

> **벧전 2:11** | 사랑하는 자들아 거류민과 나그네같은 너희를 권하노니 영혼을 거슬러 싸우는 육체의 정욕을 제어하라
>
> **엡 2:3** | 전에는 우리도 다 그 가운데서 우리 육체의 욕심을 따라 지내며 육체와 마음의 원하는 것을 하여 다른 이들과 같이 본질상 진노의 자녀이었더니

✛ 당신의 영혼을 거슬러 싸우는 세력은 무엇인가요?	육체의 정욕입니다.
✛ 당신이 제어해야 할 것은 무엇인가요?	육체의 정욕입니다.
✛ 왜 당신이 육체의 정욕을 제어해야 할까요?	육체의 욕심을 따라 지내며 육체와 마음의 원하는 것을 하는 것은 진노의 자녀인 불신자들의 행위이기 때문입니다.
✛ 위의 말씀들을 통해서 당신이 정복해야 할 세계가 육체의 정욕임을 인정하나요?	아멘, 아멘!

2. 음행의 세계를 정복하라

우리가 살아가는 세상은 가히 상상불허의 세계입니다. 과학 문명의 세계는 인류에게 편리함을 주었지만 수많은 폐해를 안기고 있습니다. 그중 인터넷의 발달은 지구촌을 하나로 묶는 중요한 수단이 되었습니다. 그런데 여기에 영적으로 엄청난 문제가 도사리고 있습니다. 오늘날 컴퓨터나 어린아이의 손에까지 들려 있는 스마트폰에는 기괴한 것들이 들어 있어서 인간성을 말살시키면서 사람 냄새를 앗아가고 있습니다. 그중 음란의 세계는 가히 충격적입니다. 이미 초등학생들이 음란물을 접하고 있습니다. 더러운 사탄, 마귀는 모든 수단을 다 동원해서 영혼 사냥에 혈안이 되어 있습니다. 오늘 이 음란의 세계를 정복하지 못하면 영적 승리는 요원합니다. 우리는 기필코 이 음행의 세계를 정복해야 합니다.

📖➕ 아래 성경을 묵상하세요.

> **고전 6:15~20** | ¹⁵너희 몸이 그리스도의 지체인 줄을 알지 못하느냐 내가 그리스도의 지체를 가지고 창녀의 지체를 만들겠느냐 결코 그럴 수 없느니라 ¹⁶창녀와 합하는 자는 그와 한 몸인 줄을 알지 못하느냐 일렀으되 둘이 한 육체가 된다 하셨으니 ¹⁷주와 합하는 자는 한 영이니라 ¹⁸너희 몸은 너희가 하나님께로부터 받은 바 성령의 전인 줄을 알지 못하느냐 너희는 너희 자신의 것이 아니라 값으로 산 것이 되었으니 그런즉 너희 몸으로 하나님께 영광을 돌리라

✛ 고전 6:15 말씀에 의하면 당신의 몸은 누구의 지체 인가요?

그리스도의 지체입니다.

✛ 그리스도의 지체인 당신의 몸을 창녀의 지체로 만들 수 있나요?

결코 그럴 수 없습니다.

✛ 당신이 만약 창녀와 간음한다면 당신의 몸은 곧 누구와 하나가 되나요?

음행을 행하는 상대방과 하나가 됩니다.

✛ 당신이 피해야 할 것은 무엇인가요?

음행입니다.

✛ 음행을 피해야 할 이유가 무엇인가요?

자기 몸에 죄를 짓게 만들기 때문입니다.

✛ 왜 당신의 몸에 죄를 짓게 해서는 안 되나요?

제 몸이 그리스도의 지체이기 때문입니다.

✛ 예수를 영접하여 하나님의 장자가 된 당신의 몸에는 누가 계시나요?

성령님이 계십니다.

✛ 성령님이 계신 당신의 몸은 무엇인가요?

성령의 전인 성전입니다.

✛ 당신의 몸이 성전이라면, 성전 된 당신의 몸을 음란의 소굴로 만들 수 있을까요?

절대 그럴 수 없습니다.

✛ 성전 된 당신의 몸으로 각종 더럽고 악한 죄를 저지를 수 있을까요?

절대 그럴 수 없습니다.

✛ 당신 몸은 자신의 것인가요?

아닙니다. 예수의 피 값으로 산 하나님의 것입니다.

✣ 그렇다면 이 몸으로 죄를 지으면 될까요?　│　절대로 그래서는 안 됩니다. 제 몸으로 하나님께 영광을 돌려야 합니다.

📖 아래 성경을 묵상하세요.

> **고전 3:16~17** │ ¹⁶너희는 너희가 하나님의 성전인 것과 하나님의 성령이 너희 안에 계시는 것을 알지 못하느냐 ¹⁷누구든지 하나님의 성전을 더럽히면 하나님이 그 사람을 멸하시리라 하나님의 성전은 거룩하니 너희도 그러하니라
>
> **계 18:2** │ 힘찬 음성으로 외쳐 이르되 무너졌도다 무너졌도다 큰 성 바벨론이여 귀신의 처소와 각종 더러운 영들이 모이는 곳과 각종 더럽고 가증한 새들이 모이는 곳이 되었도다
>
> **살전 5:23** │ 평강의 하나님이 친히 너희를 온전히 거룩하게 하시고 또 너희의 온 영과 혼과 몸이 우리 주 예수 그리스도께서 강림하실 때에 흠 없게 보전되기를 원하노라

✣ 고전 3:16 말씀에 의하면 당신의 몸은 무엇인가요?　│　성전입니다.

✣ 누구의 성전인가요?　│　하나님의 성전입니다.

✣ 왜 당신의 몸이 하나님의 성전인가요?　│　하나님의 성령이 제 안에 계시기 때문입니다.

✣ 하나님은 누구를 멸한다 하시나요?　│　하나님의 성전을 더럽히는 자를 멸한다 하십니다.

✣ 하나님의 성전은 곧 무엇을 가리키나요?　│　저의 몸을 가리킵니다.

✣ 하나님의 성전인 당신의 몸을 더럽힐 수 있나요?　│　더럽힐 수 없습니다.

✣ 왜 더럽힐 수 없나요?　│　하나님의 성전은 거룩하기 때문입니다.

✣ 계 18:2 말씀에 의해서 영들의 세계에 '각종 더러운 영들'이 있다는 것을 알 수 있나요?　│　예, 말씀에 의지해서 '각종 더러운 영들'이 존재한다는 사실을 인정합니다.

✣ 악하고 더러운 영들이 하는 일들은 무엇일까요?　│　각종 사악하고 더러운 일들입니다.

✣ 그렇다면 음행을 저지르는 곳에 거룩하신 성령이 역사하고 계실까요?　│　성령님은 그런 곳에 계시지 않습니다.

✣ 그렇다면 당신이 음행을 저지른다면 그 가운데 누가 역사할까요?	각종 더러운 영들이 역사한다고 생각합니다.
✣ 그리스도인인 당신이, 성전인 당신의 몸을 더러운 음행으로 더럽힐 수 있나요?	절대로 없습니다.
✣ 이제 이 더럽고 음란하게 하는 영들을 대적하고 명령하여 쫓아내야 한다고 인정하나요?	아멘, 아멘 인정합니다.
✣ 살전 5:23 말씀에 의하면 우리 주님이 다시 오실 때 당신이 흠 없게 보존해야 할 것들은 무엇인가요?	영과 혼과 몸입니다.
✣ 당신의 몸이 흠 없게 보존되려면 어떻게 해야 할까요?	음행 등 온갖 더럽고 악한 세력들을 정복해야 합니다.

📖 아래 성경을 묵상하세요.

> **엡 5:3** | 음행과 온갖 더러운 것과 탐욕은 너희 중에서 그 이름이라도 부르지 말라 이는 성도의 마땅한 바니라
>
> **히 13:4** | 모든 사람은 혼인을 귀히 여기고 침소를 더럽히지 않게 하라 음행하는 자들과 간음하는 자들을 하나님이 심판하시리라
>
> **계 22:15** | 개들과 점술가들과 음행하는 자들과 살인자들과 우상숭배자들과 및 거짓말을 좋아하는 자는 다 성 밖에 있으리라

✣ 성도가 그 이름이라도 부르지 말아야 할 것들은 무엇인가요?	음행, 온갖 더러운 것, 탐욕입니다.
✣ 모든 그리스도인이 귀히 여겨야 할 것은 무엇인가요?	혼인입니다.
✣ 모든 그리스도인들이 더럽히지 말아야 할 것은 무엇인가요?	결혼한 부부간의 침소입니다.
✣ 정상적인 부부가 어떠한 상황에서든 음행을 저지를 수 있나요?	절대로 없습니다.

✣ 결혼하지 않은 사람이 다른 사람과 성적인 관계를 가져도 되나요?	절대로 그럴 수 없습니다.
✣ 하나님은 누구를 심판하신다 하시나요?	음행하는 자와 간음하는 자를 심판 하신다 하십니다.
✣ 계 22:15 말씀에 의하면 거룩한 성 새 예루살렘에 들어갈 수 없는 자 중 누가 포함되었나요?	음행하는 자가 포함되어 있습니다.
✣ 이렇게 많은 말씀들이 음행에 대해 경고한다면 하나님의 장자인 당신은 어떻게 해야 할까요?	음행을 이기고 거룩한 삶을 살아야 합니다.

3. 육체의 한계 상황을 극복하라

예수님은 육체의 한계 상황을 벗어나는 피땀을 쏟는 기도를 드리셨습니다. 이렇게 기도를 드리시는 예수님에게 천사들이 힘을 도왔다고 말씀하십니다. 육체의 한계를 뛰어넘어 진액을 쏟는 간절한 기도를 드리셨던 예수님의 기도를 배우러 가 봅시다.

📖 아래 성경을 묵상하세요.

> **눅 22:39~46** | 39예수께서 나가사 습관을 따라 감람산에 가시매 제자도 따라갔더니 40그곳에 이르러 그들에게 이르시되 유혹에 빠지지 않게 깨어 있어 기도하라 하시고 41 그들을 떠나 돌 던질 만큼 가서 무릎을 꿇고 기도하여 42 이르시되 아버지여 만일 아버지의 뜻이거든 이 잔을 내게서 옮기시옵소서 그러나 내 원대로 마옵시고 아버지의 원대로 되기를 원하나이다 하시니 43 천사가 하늘로부터 예수께 나타나 힘을 돕더라 44 예수께서 힘쓰고 애써 더욱 간절히 기도 하시니 땀이 땅에 떨어지는 핏방울 같이 되더라 45기도 후에 일어나 제자에게 가서 슬픔으로 인하여 잠든 것을 보시고 46이르시되 어찌하여 자느냐 시험에 들지 않게 일어나 기도하라 하시니라
>
> **마 26:41** | 시험에 들지 않게 깨어 기도하라 마음에는 원이로되 육신이 약하도다 하시고

✤ 눅 22:39 말씀에 예수님은 어디에 가셨나요?   감람산에 가셨습니다.

✤ 같이 간 사람들은 누구인가요?   제자입니다.

✤ 위의 말씀에 의하면 예수님은 어떤 습관이 있나요?   기도하는 습관이 계셨습니다.

✤ 감람산에 가신 예수님은 제자에게 무엇을 명령하셨나요?   "유혹에 빠지지 않게 기도하라!"

✤ 당신이 온 천하를 미혹하는 사탄, 마귀의 유혹에 빠지지 않으려면 어떻게 해야 하나요?   깨어 기도해야 합니다.

✤ 예수님은 어떤 자세로 기도하셨나요?   무릎을 꿇고 기도하셨습니다.

✤ 예수님의 기도가 얼마나 간절했던지 하늘로부터 누가 나타났나요?   천사가 나타났습니다.

✤ 천사가 한 일은 무엇이었나요?   기도하시는 예수님의 힘을 도왔습니다.

✤ 무슨 의미일까요?   예수님은 육체의 한계를 뛰어 넘는 진액을 쏟는 기도를 드리셨다는 것을 암시하는 것 같습니다.

✤ 예수님의 기도는 어느 정도였나요?   땀이 땅에 떨어지는 핏방울같이 될 만큼 간절한 기도였습니다.

✤ 그 간절함을 어떻게 표현하고 있나요?   힘쓰고, 애써, 더욱 간절히 기도하시니…

✤ 당신도 가끔은 예수님과 같은 이러한 기도를 드리는 것이 좋다고 생각하나요?   아멘, 아멘!

✤ 예수님이 기도를 마쳤을 때 제자는 어떤 상태였나요?   다 잠을 자고 있었습니다.

✤ 잠든 제자에게 예수님이 하신 첫 번째 말씀을 옮겨 보세요.   "어찌하여 자느냐?"

✤ 이 말씀을 지금 주님께서 당신에게 들려주시는 말씀으로 들어보세요.   "OOO! 어찌하여 자느냐!"

✤ 예수님의 다음 말씀도 옮겨 보세요.   "시험에 들지 않게 일어나 기도하라!"

✢ 이 말씀에 의하면 기도하지 않으면 시험에 빠질 수 있다고 믿나요?

아멘, 아멘!

✢ 누가 시험에 빠질 수 있나요?

바로 오늘 내가 빠질 수 있습니다.

✢ 누구의 시험에 빠질 수 있나요?

사탄, 마귀의 시험에 빠질 수 있습니다.

✢ 시험에 들지 않기 위해서 지금 당신에게 가장 시급한 것이 무엇인가요?

깨어 기도하는 일입니다.

✢ 시험에 들지 않기 위하여 기도해야 하는데 무엇이 약하다 하셨나요?

육신이 약하다 하셨습니다.

✢ 여기서 시험은 무엇을 가리킬까요?

사탄, 마귀의 유혹을 가리킵니다.

✢ 그렇다면 사탄, 마귀는 당신을 시험에 들게 하려고 무엇을 붙잡고 역사한다는 것인가요?

육신을 붙잡고 역사하고 있습니다.

✢ 당신이 육신의 연약함을 핑계로 기도하지 않으면 어떤 결과를 가져올 수 있나요?

사탄, 마귀의 유혹에 빠질 수 있습니다.

✢ 당신은 육신의 약함을 핑계로 기도를 게을리했던 것을 회개하고 기도에 깨어 있기를 결단할 수 있나요?

아멘, 아멘 결단합니다.

✢ 이 말씀을 통해 결국 사탄 마귀는 무엇을 통해서 역사하고 있음을 알 수 있나요?

나의 육신의 연약함을 통해서 역사하는 것을 알 수 있습니다.

✢ 겟세마네의 예수님의 기도 현장에서 제자와 예수님 중에 누가 더 피곤하였을까요?

예수님이 더 피곤하셨을 것입니다.

✢ 정황으로 보아 더 피곤하신 예수님과 그래도 덜 피곤할 제자의 차이가 무엇이었나요?

예수님은 육체의 한계 상황을 뛰어넘는 기도를 드리셨지만, 제자는 육체의 한계 상황에 무릎 꿇었다는 것이 다릅니다.

✢ 당신이 정말 피곤하고 힘이 들어도 꼭 해야 할 것은 무엇인가요?

예수님과 같은 기도입니다.

4. 정복하지 못한 책임은 당신 자신에게 있다

우리가 사탄, 마귀의 유혹을 이기지 못하고 그에게 넘어가 죄를 짓는다면 그 모든 책임은 결국 우리에게 돌아옵니다. 아담과 하와가 옛 뱀인 사탄, 마귀를 정복하지 못하고 넘어간 결과 사탄, 마귀도 정죄를 받았지만 그에 미혹된 아담과 하와도 책임을 면할 수 없었습니다. 우리는 어떤 일이 있어도 사탄, 마귀의 온갖 죄악을 물리쳐야 합니다. 하와처럼 뱀에게 책임을 전가할 수 없기 때문입니다.

📖† 아래 성경을 묵상하세요.

> **요 13:2** | 마귀가 벌써 시몬의 아들 가룟 유다의 마음에 예수를 팔려는 생각을 넣었더라
>
> **행 5:3** | 베드로가 이르되 아나니아야 어찌하여 사탄이 네 마음에 가득하여 네가 성령을 속이고 땅 값 얼마를 감추었느냐
>
> **눅 10:19** | 내가 너희에게 뱀과 전갈을 밟으며 원수의 모든 능력을 제어할 권능을 주었으니 너희를 해할 자가 결코 없으리라

✤ 당신이 아는 대로는 본래부터 마귀의 일은 무엇인가요? | 죄를 짓게 하는 일입니다.

✤ 그렇다고 죄를 짓는 책임을 마귀에게 전가할 수 있나요? | 절대 그럴 수 없습니다.

✤ 왜 그럴 수가 없나요? | 그 모든 책임은 결국 내 자신에게 돌아오기 때문입니다.

✤ 그런 말씀이 성경에 있을까요? | 예, 있습니다. 가룟 유다와 아나니아가 대표적입니다.

✤ 마귀가 가룟 유다의 마음에 넣어 준 것은 무엇이었나요? | 예수를 팔려는 생각을 넣어주었습니다.

✤ 그 생각을 물리치지 못한 가룟 유다는 결국 어떻게 되었나요? | 비참한 멸망을 받았습니다.

✠ 이제 당신의 생각 속에도 사탄, 마귀가 역사할 수 있다는 사실을 인정할 수 있나요? | 아멘, 아멘!

✠ 이제 당신은 담대하게 사탄, 마귀가 넣어주는 온갖 죄의 생각들을 명령하여 쫓아내야 한다고 믿나요? | 아멘, 아멘!

✠ 당신의 생각을 통해서 역사하는 사탄, 마귀의 온갖 더럽고 악한 것들을 물리치지 못하면 결국 어떤 결과를 가져올 수 있나요? | 우리도 망할 수 있습니다.

✠ 부동산을 정리해서 헌금을 드리기로 한 아나니아와 삽비라 속에 누가 가득했나요? | 사탄이 가득했습니다.

✠ 사탄의 지배를 받은 아나니아의 결국은 어떻게 되었나요? | 비참하게 망했습니다.

✠ 그렇다고 죄의 책임을 사탄에게 물을 수 있을까요? | 없습니다. 죄의 책임은 전적으로 죄를 지은 자신에게 있습니다.

✠ 위의 말씀으로 보아 죄를 짓도록 미혹하는 사탄, 마귀를 물리쳐야 할 분명한 이유를 확실히 알게 되었나요? | 아멘, 아멘!

✠ 사탄이 당신의 생각을 통해 악하고 더러운 죄로 우리를 유혹한다는 사실을 인정한다면, 당신이 대적해야 할 대상이 사탄, 마귀임을 분명히 알 수 있나요? | 아멘, 아멘!

✠ 이제 바울이 싸움의 대상으로 자기의 몸을 쳐서 복종시킨다는 의미를 이해할 수 있나요? | 아멘, 아멘!

✠ 이제 죄의 원흉인 사탄, 마귀와 그의 하수자들인 악하고 더러운 영들을 정복하기로 결단할 수 있나요? | 아멘, 아멘!

✠ 예수님은 제자에게 무슨 권세를 주셨나요? | 뱀과 전갈을 밟고 원수 마귀의 능력을 제어할 권능을 주셨습니다.

✠ 이 권능이 오늘 당신에게도 주어졌다고 믿나요? | 아멘, 아멘!

✠ 그렇다면 이 권능으로 사탄, 마귀가 붙들고 역사하는 당신의 육체의 연약함과 그 정욕을 정복할 수 있나요? | 아멘, 아멘!

말씀 살기

✛ 말씀의 핵심 정리

1. 우리는 정복의 권세를 누려야 하는구나!
2. 우리는 땅의 흙으로 빚어진 육체 안에서 움직이는 육신의 정욕을 정복해야 하는구나!
3. 우리가 정복할 또 하나는 음행이구나!
4. 우리의 몸이 거룩한 성전이니 이 성전을 깨끗하게 지켜야 하겠구나!
5. 사탄, 마귀는 흙으로 빚어진 우리 육체의 연약함을 통해서 역사하는구나!
6. 육체의 한계 상황을 극복하고 기도에 힘써야 하겠구나!
7. 사탄, 마귀의 미혹을 물리치지 않으면 결국 모든 책임은 내가 지는구나!

✛ 감사와 회개

주여, 땅의 흙으로 빚어진 육체의 정욕을 정복해야 함을 깨닫게 하시니 감사, 감사합니다!

주여, 우리 몸에서 역사하는 각종 욕망들을 정복해야 함을 깨닫게 하시니 감사, 감사합니다!

주여, 성전 된 우리 육체를 깨끗하게 지켜야 함을 깨닫게 하시니 감사합니다!

주여, 육체의 한계 상황을 극복하고 기도에 승리해야 함을 깨닫게 하시니 감사, 감사합니다!

주여, 육체의 정욕을 정복하지 못한 모든 책임을 나 스스로가 져야 함을 깨닫게 하시니 감사, 감사합니다!

주여, 정과 욕심을 십자가에 못 박지 못했음을 용서하소서!

주여, 음란한 동영상이나 온갖 더러운 것들에 약했음을 용서하소서!

주여, 육신의 연약함을 핑계로 기도에 깨어 있지 못했음을 용서하소서!

주여, 사탄과 마귀, 온갖 더럽고 악한 영들을 정복하지 못했음을 용서하소서!

✝ 명령과 선포와 결단

예수 그리스도의 이름으로 명하노니 육체의 정욕을 통해서 역사하는 악하고 더러운 영들은 떠나갈지어다!

예수 그리스도의 이름으로 명하노니 음란한 생각을 하게 하는 더러운 영은 떠나갈지어다!

예수 그리스도의 이름으로 명하노니 기도를 방해하는 세력은 떠나갈지어다!

예수 그리스도의 이름으로 명하노니 각종 악하고 더러운 세력은 떠나갈지어다!

나는 이제부터 육체의 정욕을 정복하며 살리라!

나는 이제부터 음란한 생각을 정복하며 살리라!

나는 이제부터 음란한 동영상 등을 절대 보지 않으리라!

나는 이제부터 기도에 깨어 있으리라!

나는 이제부터 육체의 연약함을 핑계하지 않으리라!

나는 이제부터 모든 삶을 성령님께 순종하리라!

나는 이제부터 오직 성령으로 충만한 삶을 살리라!

오, 주여! 이제부터 육체의 정욕을 정복하며 살겠습니다!

오, 주여! 이제부터 육체의 온갖 더러운 음행을 정복하며 살겠습니다!

오, 주여! 이제부터 육체의 정욕을 붙잡고 역사하는 사탄, 마귀를 정복하며 살겠습니다!

✝ 훈련의 기본 원칙 열 번 복창

"단순, 반복, 지속, 강행"

✝ 장자권의 발동, 명령과 선포 세 번 복창

"있을지어다! 그대로 되니라! 하나님 보시기에 좋았더라!"

"치료될지어다!회복될지어다!복 있을지어다! 충만할지어다! 정복할지어다! 다스릴지어다!"

✝ 받은 은혜 묵상 · 간증하기 말씀 요약

14

다스림의 권세를 누리라

당신이 하나님의 자녀라면 삼위 하나님과 천사의 세계를 제외한 모든 악하고 더러운 영적 세계를 다스릴 권세가 주어졌음을 확신해야 합니다. 삼위 하나님 외에 그 무엇도 두렵지 않아야 합니다. 우리는 이미 예수 이름으로 명령하고 선포할 수 있는 특권을 부여 받은 자들입니다. 이 권세를 누리며 살기를 위해 기도해야 합니다.

암송
말씀

[6]여호와께서 가인에게 이르시되 네가 분하여 함은 어찌 됨이며 안색이 변함은 어찌 됨이냐 [7]네가 선을 행하면 어찌 낯을 들지 못하겠느냐 선을 행하지 아니하면 죄가 문에 엎드려 있느니라 죄가 너를 원하나 너는 죄를 다스릴지니라(창 4:6~7)

1. 우리를 다스릴 분은 삼위 하나님밖에 없다

당신은 하나님의 자녀입니다. 하나님의 자녀로서 하늘나라를 상속받을 장자입니다. 미래 사회를 걱정할 필요가 없습니다. 중요한 것은 당신 아버지의 통치만을 확실히 누려야 합니다. 그분의 통치에 온전히 순종해야 합니다. 아버지의 통치에 순종하면 아버지께서 다 알아서 해 주십니다.

1) 하나님의 통치를 확신하라

당신은 하나님이 다스리시는 세상을 살아가고 있습니다. 당신이 살고 있는 지구를 비롯해서 태양계의 신비와 우주의 신비를 안고 살아가고 있습니다. 이 모든 세계를 하나님이 지으셨고 지금도 다스리십니다. 그 안에 당신이 있습니다. 당신의 삶도 온전히 그분의 통치 안에 있음을 확신해야 합니다. 오직 아버지의 통치 안에 있음을 누려야 합니다.

📖➕ 아래 성경을 묵상하세요.

> **시 103:19 |** 여호와께서 그의 보좌를 하늘에 세우시고 그의 왕권으로 만유를 다스리시도다
>
> **계 19:6 |** 또 내가 들으니 허다한 무리의 음성과도 같고 많은 물 소리와도 같고 큰 우렛소리와도 같은 소리로 이르되 할렐루야 주 우리 하나님 곧 전능하신 이가 통치하시도다

✣ 여호와는 그 보좌를 어디에 세우셨나요?　　　　하늘에 세우셨습니다.

✤ 여호와는 하늘의 보좌에서 무엇을 하시나요?	만유를 통치하십니다.
✤ 무엇으로 통치하시나요?	왕권으로 통치하십니다.
✤ 계 19:6 말씀에 의하면 대대로 영원히 통치하시는 하나님은 어떤 분이신가요?	전능하신 분입니다.
✤ 전능하신 하나님이 당신의 삶을 다스리심을 믿나요?	아멘, 아멘!

2) 오직 하나님의 말씀에 순종하라

당신이 하나님의 통치를 받는 길은 그분의 말씀에 순종하는 것입니다. 주님이 당신의 주인 되심이 확실하다면 당신은 무조건 그분의 말씀에 순종해야 합니다. 당신의 순종은 어디까지여야 하나요? 당신의 순종은 예수 그리스도처럼이어야 합니다.

📖 아래 성경을 묵상하세요.

> **롬 5:19** | 한 사람이 순종하지 아니함으로 많은 사람이 죄인 된 것같이 한 사람이 순종하심으로 많은 사람이 의인이 되리라
>
> **빌 2:5~8** | 5너희 안에 이 마음을 품으라 곧 그리스도 예수의 마음이니 6그는 근본 하나님의 본체시나 하나님과 동등됨을 취할 것으로 여기지 아니하시고 7오히려 자기를 비워 종의 형체를 가지사 사람들과 같이 되셨고 8사람의 모양으로 나타나사 자기를 낮추시고 죽기까지 복종하셨으니 곧 십자가에 죽으심이라

✤ 죄는 누구로부터 왔나요?	한 사람으로부터 왔습니다.
✤ 그 한 사람은 누구인가요?	아담입니다.
✤ 한 사람 아담의 무엇으로부터 죄가 출발했나요?	불순종입니다.
✤ 아담이 무엇을 불순종했나요?	하나님이 따 먹지 말라는 선악과를 따 먹은 것입니다.

✤ 많은 사람, 그 가운데 오늘의 당신이 의인이 되어 의롭다 함을 얻은 것은 누구로 말미암았나요?	역시 한 사람으로 말미암았습니다.
✤ 그 한 사람은 누구신가요?	예수 그리스도이십니다.
✤ 예수 그리스도의 어떠한 행동이 당신을 의롭게 하였나요?	순종하심이 나(우리)를 의롭게 만드셨습니다.
✤ 당신이 하나님의 자녀, 하나님의 장자가 된 것은 누구의 무엇으로 말미암았나요?	예수 그리스도의 순종하심으로 말미암았습니다.
✤ 예수 그리스도의 근본을 성경대로 말씀해 보세요.	하나님의 본체로 하나님과 동등하신 하나님입니다.
✤ 하나님이신 예수님이 어떤 모양으로 이 세상에 오셨나요?	종의 형체를 가지고 사람의 모양으로 오사 사람들과 같이 되셨습니다.
✤ 예수님이 이 세상에 오셔서 하신 일이 무엇인가요?	자기를 낮추시고, 죽기까지 복종하신 일입니다.
✤ 예수님의 순종이 당신에게 의롭다 함을 주셨다면 그 순종은 어느 정도의 순종인가요?	십자가에 죽기까지의 순종입니다.
✤ 당신이 하나님의 통치를 믿는다면 당신의 순종도 이와 같아야 한다고 믿나요?	아멘, 아멘!

2. 하나님이 허락하신 권세를 누리라

우리는 하나님의 자녀입니다. 하늘나라를 상속받을 하나님의 장자입니다. 하나님께는 철저하게 순종을 해야 합니다. 그러나 천사의 세계를 제외한 모든 영적인 세계는 다스려야 합니다. 우리는 악하고 더러운 세력들의 지배를 받으며 살아서는 안 됩니다.

1) 당신에게 부여된 하나님의 자녀의 권세를 누리라

당신에게는 하나님의 자녀의 권세, 장자의 권세가 있습니다. 자녀인 당신에게는 다스릴 권세가 있습니다. 하나님은 당신에게 처음부터 다스림의 권세를 주셨습니다. 이 다스림의 권세를 누리는 것이 당신에게 주어진 특권입니다.

📖 아래 성경을 묵상하세요.

> **요 1:12** | 영접하는 자 곧 그 이름을 믿는 자들에게는 하나님의 자녀가 되는 권세를 주셨으니
>
> **롬 8:17** | 자녀이면 또한 상속자 곧 하나님의 상속자요 그리스도와 함께한 상속자니 우리가 그와 함께 영광을 받기 위하여 고난도 함께 받아야 할 것이니라

✛ 지금 당신은 예수 그리스도를 주로 영접했나요?	아멘, 아멘!
✛ 지금 당신은 예수 그리스도를 당신을 죄에서 구원하신 주로 믿나요?	아멘, 아멘!
✛ 그렇다면 지금 당신이 하나님의 자녀라는 확신이 있나요?	아멘, 아멘!
✛ 당신이 하나님의 자녀가 확실하다면 당신에게 권세가 주어졌다는 것도 확신하나요?	아멘, 아멘!
✛ 당신이 하나님의 자녀라면 하나님의 상속자가 확실한가요?	아멘, 아멘! 확실합니다.
✛ 어떻게 확신할 수 있나요?	롬 8:17 말씀에 "자녀이면 상속자 곧 하나님의 상속자"라고 확실하게 말씀하시기 때문입니다.
✛ 하나님의 상속자인데 누구와 함께 상속을 받나요?	그리스도와 함께 상속을 받습니다.
✛ 성경에서 상속의 개념으로 당신은 하나님의 장자가 확실한가요?	아멘, 아멘! 확실합니다.
✛ 당신이 하나님의 자녀로서 그분의 상속자인 장자가 확실하다면 이 신분은 죽은 후에만 누리는 신분인가요?	아닙니다. 이 세상에서도 누릴 수 있어야 합니다.

✣ 이 세상에서도 분명히 하나님의 자녀로서 누려야 할 권세가 있음을 확신하나요? | 아멘, 아멘! 확신합니다.

✣ 당신이 하나님의 자녀가 확실하다면 삼위 하나님 외에는 두려울 것이 없어야 한다고 확신하나요? | 아멘, 아멘! 확신합니다.

---

2) 예수님이 당신에게 허락하신 권세를 누리라

당신은 스스로 하나님의 자녀의 권세가 있다고 확신했습니다. 그렇다면 그 권세는 누가 주었나요? 당신의 아버지이신 하나님이 주셨습니다. 당신의 구주이신 예수님이 주셨습니다. 당신은 자녀에게 허락된 권세, 누리라고 주신 권세는 반드시 누려야 합니다. 당신은 이제 이 권세를 회복하여 누릴 차례입니다.

📖➕ 아래 성경을 묵상하세요.

> **눅 10:19** | 내가 너희에게 뱀과 전갈을 밟으며 원수의 모든 능력을 제어할 권능을 주었으니 너희를 해칠 자가 결코 없으리라
>
> **막 16:17~18** | 17믿는 자들에게는 이런 표적이 따르리니 곧 그들이 내 이름으로 귀신을 쫓아내며 새 방언을 말하며 18뱀을 집어 올리며 무슨 독을 마실지라도 해를 받지 아니하며 병든 사람에게 손을 얹은즉 나으리라 하시더라
>
> **빌 2:9~11** | 9이러므로 하나님이 그를 지극히 높여 모든 이름 위에 뛰어난 이름을 주사 10하늘에 있는 자들과 땅에 있는 자들과 땅 아래에 있는 자들로 모든 무릎을 예수의 이름에 꿇게 하시고 11모든 입으로 예수 그리스도를 주라 시인하여 하나님 아버지께 영광을 돌리게 하셨느니라

✣ 예수님은 제자에게 무슨 권세를 주셨나요? | 뱀과 전갈을 밟을 권세를 주셨습니다.

✣ 또 무슨 권세를 주셨나요? | 원수의 모든 능력을 제어할 권능을 주셨습니다.

✣ 예수님이 주신 이 권세 아래서 제자를 해할 자가 있나요? | 없습니다.

✤ 지금 당신은 예수님이 제자에게 주신 권능이 당신에게도 주어졌다고 믿나요?	아멘, 아멘! 믿습니다.
✤ 막 16:17 말씀에 근거해서 믿는 자들에게 표적이 따름을 확신하나요?	아멘, 아멘! 확신합니다.
✤ 요 1:12* 말씀에 근거해서 믿는 자는 곧 하나님의 자녀들임을 확신하나요?	아멘, 아멘! 확신합니다.
✤ 그렇다면 이 말씀은 하나님의 자녀인 당신에게 주신 말씀임이 확실한가요?	아멘, 아멘! 확실합니다.
✤ 당신에게는 예수님의 이름을 앞세울 권세가 안겨졌다고 믿나요?	아멘, 아멘!
✤ 그렇다면 지금 당신의 삶에도 이 표적이 따라야 된다고 믿나요?	아멘, 아멘! 믿습니다.
✤ 믿는 자들 곧 하나님의 자녀들에게 주신 특권 가운데 악한 영과 관계된 것을 말해 보세요.	'귀신을 쫓아내며, 뱀을 집어 올리며…'
✤ 지금 당신도 예수 이름을 앞세워 이 권세를 누릴 수 있다고 확신하나요?	아멘, 아멘! 확신합니다.
✤ 당신이 앞세울 예수 이름에 무릎을 꿇는 세계를 빌 2:9 말씀을 근거로 정리해 보세요.	**첫째**, 하늘에 있는 자, 영적 세계로 천사를 포함한 사탄, 마귀, 악하고 더러운 영들. **둘째**, 땅에 있는 자, 모든 사람. **셋째**, 땅 아래에 있는 자, 모든 만물입니다.**
✤ 이들 가운데는 악하고 더러운 사탄, 마귀와 그의 사자들인 악하고 더러운 영들도 포함된다고 믿나요?	아멘, 아멘!
✤ 그렇다면 하나님의 자녀인 당신은 예수의 이름을 앞세워 이 모든 세력과의 영적 싸움에서 승리할 수 있나요?	아멘, 아멘! 저도 승리할 수 있습니다.

---

* [요 1:12] 영접하는 자 곧 그 이름을 믿는 자들에게는 하나님의 자녀가 되는 권세를 주셨으니

** 그리스도에게 복종해야 할 대상을 세 가지로 언급하는데 '하늘에 있는 자들'(에푸라니온) '땅에 있는 자들'(에피게이온) '땅 아래 있는 자들'(카타크도니온)입니다. 이상의 세 헬라어는 남성과 중성 두 가지로 해석이 가능합니다. 필자는 중성을 택해서 '땅 아래 있는 자들'을 만물로 표기했습니다.

3) 예수님이 약속하신 권세를 누리라

예수님은 이 세상을 떠나가시기 전에 분명하게 약속해 주셨습니다. 그 약속은 지금도 살아 있습니다. 이제 당신이 주님의 약속하신 권세를 누릴 차례입니다.

📖➕ 아래 성경을 묵상하세요.

> **요 14:12** | 내가 진실로 진실로 너희에게 이르노니 나를 믿는 자는 내가 하는 일을 그도 할 것이요 또한 그보다 큰일도 하리니 이는 내가 아버지께로 감이라

✢ 요 14:12 말씀은 예수님이 십자가를 지시기 전 고별 설교에서 하신 말씀입니다. 예수님은 이 말씀에서 무엇을 약속하고 계신가요?	예수님을 믿는 자는 예수님이 하신 일을 동일하게 할 수 있다고 약속하셨습니다.
✢ 이 말씀이 진리라 믿습니까?	아멘, 아멘! 진리라 믿습니다.
✢ 그렇다면 이 말씀은 당신에게도 적용된다고 믿습니까?	아멘, 아멘! 적용된다고 믿습니다.
✢ 지금 그 아멘이 진짜라면 지금 당신도 이 말씀의 주인공이라는 사실을 확신하나요?	아멘, 아멘! 확신합니다.

3. 죄를 다스려라

지금 당신에게 다스릴 권세가 있습니다. 하나님은 첫 사람 아담을 지으신 후 그에게 다스릴 권세를 주셨습니다. 이 권세는 누리라고 주신 것입니다. 이제 이 권세를 누려야 합니다. 〈창세기〉 1장 26~28절에서 하나님이 아담에게 주신 다스림의 권세는 지금 당신에게 어떤 의미로 다가와야 할까요? 말씀으로 들어가 봅니다.

1) 죄를 다스려라

당신은 악하고 더러운 사탄, 마귀의 존재를 부인하지 않습니다. 당신은 그 세계를 어느 정도는 체험했고, 앞으로도 그 세계와의 거룩한 싸움을 하면서 주님 앞에 서야 할 것입니다. 악하고 더러운 사탄, 마귀는 도적질하고, 죽이고, 멸망시키는 일이 주 업무입니다. 그는 무엇으로 이런 일들을 할까요? 바로 죄입니다. 이제 이 세계를 말씀을 통해 들어가 봅니다.

📖 아래 성경을 묵상하세요.

> 요 10:10 | 도둑이 오는 것은 도둑질하고 죽이고 멸망시키려는 것뿐이요 내가 온 것은 양으로 생명을 얻게 하고 더 풍성히 얻게 하려는 것이라
>
> 창 4:6~7 | 6여호와께서 가인에게 이르시되 네가 분하여 함은 어찌 됨이며 안색이 변함은 어찌 됨이냐 7네가 선을 행하면 어찌 낯을 들지 못하겠느냐 선을 행하지 아니하면 죄가 문에 엎드려 있느니라 죄가 너를 원하나 너는 죄를 다스릴지니라

✢ 예수님의 말씀에 의하면 도둑은 무엇 하러 오나요?	도둑질하고, 죽이고, 멸망시키러 옵니다.
✢ 여기서 도둑은 영적으로 누구를 가리킬까요?	사탄, 마귀를 가리킵니다.
✢ 예수님은 무엇 하러 오셨나요?	양으로 생명을 얻게 하고 풍성히 얻게 하려 하심입니다.
✢ 가인이 아우를 죽이고 싶은 마음이 들었을 때 그 마음은 곧 무엇이라 하시나요?	죄라 하십니다.
✢ 성경대로 표현해 볼까요?	"죄가 너를 원한다."
✢ 하나님은 가인에게 그 죄를 어떻게 하라 하셨나요?	"너는 죄를 다스릴지니라!"
✢ 이 말씀에서 가장 진하게 다가오는 것이 있다면 무엇일까요?	죄는 다스려야 한다는 것입니다.
✢ 이 말씀에 의하면 하나님의 자녀인 당신이 다스려야 할 것이 죄임을 인정하나요?	아멘, 아멘!

238

✣ 요 8:44* 말씀에서 마귀는 처음부터 살인했다는데 가인이 아벨을 죽인 사건도 마귀가 역사한 것임을 인정할 수 있나요?	아멘, 아멘! 인정합니다.
✣ 그렇다면 가인이 다스려야 할 죄의 배후에는 누가 도사리고 있었나요?	사탄, 마귀가 도사리고 있었습니다.
✣ 결국 당신이 다스려야 할 대상은 죄를 짓게 만드는 마귀임을 인정하나요?	아멘, 아멘! 인정합니다.

2) 죄를 짓는 자는 죄의 종임을 명심하라

당신은 죄의 원흉인 사탄, 마귀의 세계를 어느 정도 알고 있습니다. 그 세계는 당신이 알고 있는 세계보다 훨씬 더 세밀하고 광범위하며, 악랄하고 더러우며, 지저분하고 어두운 악의 영들의 세계입니다. 당신이 죄를 분별하지 못하고 그 죄에 빠져버리면 당신은 죄의 종, 곧 사탄, 마귀의 종처럼 아버지 보시기에 비참한 삶을 살게 되는 것입니다.

📖 아래 성경을 묵상하세요.

> **요 8:34~35 |** ³⁴예수께서 대답하시되 진실로 진실로 너희에게 이르노니 죄를 범하는 자마다 죄의 종이라 ³⁵종은 영원히 집에 거하지 못하되 아들은 영원히 거하나니
>
> **롬 8:15 |** 너희는 다시 무서워하는 종의 영을 받지 아니하고 양자의 영을 받았으므로 우리가 아빠 아버지라고 부르짖느니라

✣ 예수님의 말씀에 의하면 죄를 짓는 자는 누구의 종인가요?	죄의 종입니다.

---

* [요 8:44] 너희는 너희 아비 마귀에게서 났으니 너희 아비의 욕심대로 너희도 행하고자 하느니라 그는 처음부터 살인한 자요 진리가 그 속에 없으므로 진리에 서지 못하고 거짓을 말할 때마다 제 것으로 말하나니 이는 그가 거짓말쟁이요 거짓의 아비가 되었음이라

✢ 당신이 배운 말씀에 의하면 죄의 배후에는 누가 도사리고 있나요?	옛 뱀인 사탄, 마귀가 도사리고 있습니다.
✢ 그렇다면 죄의 종은 곧 마귀의 종인가요?	그렇습니다.
✢ 죄의 종은 결국 어떻게 되나요?	영원히 아버지의 집에 거할 수가 없습니다.
✢ 롬 8:15 말씀에 의하면 당신은 무슨 영을 받았나요?	양자의 영이신 성령을 받았습니다.
✢ 이제 당신은 무서워하는 종의 영에서 자유를 선포할 수 있나요?	아멘, 아멘!
✢ 당신이 하나님을 향하여 부를 수 있는 호칭은 무엇인가요?	"아빠, 아버지!"입니다.
✢ 지금 세 번만 크게 불러 볼까요?	"아빠, 아버지! 아빠, 아버지! 아빠, 아버지!"
✢ 당신이 하나님의 자녀, 하나님의 장자가 되었다면 죄를 다스릴 수 있다고 믿나요?	아멘, 아멘!
✢ 하나님의 자녀인 당신이 절대로 죄의 종이 될 수 없다고 결단할 수 있나요?	아멘, 아멘!
✢ 죄의 종이 된다는 것은 곧 무엇을 의미하나요?	사탄, 마귀의 종이 된다는 것을 의미합니다.
✢ 하나님의 자녀인 당신이 사탄, 마귀의 종이 될 수 있나요?	절대로 그럴 수 없습니다.

3) 죄의 원흉인 사탄, 마귀를 다스리라

당신은 방금 죄의 종에 대한 말씀을 들었습니다. 이제 당신은 죄의 종에서 완전히 해방을 받은 하나님의 자녀이자 의의 종이 되었습니다. 이제 죄의 배후에서 더럽고 악랄하게 역사하는 세력인 사탄, 마귀를 다스려야 할 차례입니다. 말씀으로 들어가 봅시다.

📖✝ 아래 성경을 묵상하세요.

> **요일 3:4~5** │ ⁴죄를 짓는 자마다 불법을 행하나니 죄는 불법이라 ⁵그가 우리 죄를 없애려고 나타나신 것을 너희가 아나니 그에게는 죄가 없느니라
>
> **요일 3:8** │ 죄를 짓는 자는 마귀에게 속하나니 마귀는 처음부터 범죄함이라 하나님의 아들이 나타나신 것은 마귀의 일을 멸하려 하심이라
>
> **계 12:9** │ 큰 용이 내쫓기니 옛 뱀 곧 마귀라고도 하고 사탄이라고도 하며 온 천하를 꾀는 자 그가 땅으로 내쫓기니 그의 사자들도 그와 함께 내쫓기니라

✤ 요일 3:4 말씀에 의하면 죄를 짓는 자마다 무엇을 행하나요?

불법을 행합니다.

✤ 죄는 곧 무엇이라 하시나요?

불법이라 하십니다.

✤ 하나님의 아들 예수 그리스도는 죄가 있으신가요?

죄가 없으십니다.

✤ 예수님은 무엇 하러 오셨나요?

죄를 없애려고 오셨습니다.

✤ 요일 3:8 말씀에 의하면 죄를 짓는 자는 누구에게 속하나요?

마귀에게 속합니다.

✤ 당신이 죄를 짓는다면 누구에게 속한 것인가요?

마귀에게 속한 것입니다.

✤ 하나님의 자녀, 하늘나라의 상속자인 당신이 마귀의 다스림을 받을 수 있나요?

절대로 그럴 수 없습니다.

✤ 마귀는 언제부터 범죄했나요?

처음부터 범죄했습니다.

✤ 하나님의 아들이신 예수님이 나타나신 목적은 어디에 있으셨나요?

마귀의 일을 멸하러 나타나셨습니다.

✤ 마귀의 일은 무엇인가요?

죄를 짓게 하는 일입니다.

✤ 그렇다면 결국 하나님의 아들 예수님은 당신의 죄 문제를 해결하려고 오셨다는 것을 믿습니까?

아멘, 아멘!

✤ 계 12:9 말씀에 의하면 마귀의 다른 이름에는 무엇이 있나요?

큰 용, 옛 뱀, 사탄 등이 있습니다.

❖ 여기서 옛 뱀이란 무엇을 가리킬까요? | 창 3장에서 아담과 하와를 미혹한 뱀을 말합니다.

❖ 옛 뱀인 마귀는 본래 무엇 하는 녀석인가요? | 온 천하를 미혹하는 녀석입니다.

📖 아래 성경을 묵상하세요.

> **창 1:26** | 하나님이 이르시되 우리의 형상을 따라 우리의 모양대로 우리가 사람을 만들고 그들로 바다의 물고기와 하늘의 새와 가축과 온 땅과 땅에 기는 모든 것을 다스리게 하자 하시고
>
> **창 1:28** | 하나님이 그들에게 복을 주시며 하나님이 그들에게 이르시되 생육하고 번성하여 땅에 충만하라, 땅을 정복하라, 바다의 물고기와 하늘의 새와 땅에 움직이는 모든 생물을 다스리라 하시니라

❖ 창 1:26 말씀에 의해 하나님께서 사람에게 다스림의 권세를 주셨다고 믿나요? | 아멘, 아멘!

❖ 무엇을 다스리라 하셨나요? | 바다의 물고기, 하늘의 새, 가축, 온 땅, 땅에 기는 모든 것을 다스리게 하셨습니다.

❖ 이 말씀에서 옛 뱀과 연결되는 것이 무엇인가요? | 땅에 기는 것이 여러 가지 있겠지만 그중에 뱀도 해당됩니다.

❖ 창 1:28 말씀에서 하나님은 무엇을 다스리라 하셨나요? | 바다의 물고기, 하늘의 새, 땅에 움직이는 모든 생물입니다.

❖ 창 1:26, 28 말씀에서 옛 뱀과 연결되는 것이 있다면 무엇일까요? | 땅에 기면서 움직이는 생물이라는 것입니다.

❖ 이 부분을 영적으로 해석한다면, 하나님의 자녀인 당신이 영적으로 다스려야 할 대상이 옛 뱀인 사탄, 마귀임을 인정하나요? | 아멘, 아멘! 인정합니다.

❖ 다시 한 번 묻습니다. 당신이 다스려야 할 영역은 옛 뱀인 사탄, 마귀가 조종하는 죄임을 인정하나요? | 아멘, 아멘! 인정합니다.

❖ 이제 죄를 다스리기로 결단할 수 있나요? | 아멘, 아멘! 결단합니다.

말씀 살기

✝ 말씀의 핵심 정리

1. 내가 다스림을 받을 분은 삼위 하나님밖에 없구나!
2. 우주 만물과 내 삶은 전체를 하나님이 통치하시는구나!
3. 내가 먼저 예수님처럼 하나님의 말씀에 순종해야 하는구나!
4. 하나님의 자녀인 내게 엄청난 권세가 주어졌구나!
5. 나는 이 권세를 누려야 하겠구나!
6. 내가 다스릴 것은 죄구나!
7. 내가 다스릴 세력은 죄의 원흉인 사탄, 마귀로구나!

✝ 감사와 회개

주여, 이 모든 말씀을 인해 감사, 감사합니다!

주여, 영적 세계를 선명하게 분별하게 하시니 감사, 감사합니다!

주여, 예수님의 이름에 모든 무릎이 꿇려짐을 알게 하시니 감사합니다!

주여, 오늘도 하나님의 다스림을 받고 살게 하시니 감사, 감사합니다!

주여, 오늘도 제게 주신 권세를 누리며 살게 하시니 감사, 감사합니다!

주여, 제가 다스릴 것이 죄임을 알게 하시니 감사, 감사합니다!

주여, 제가 다스릴 대상이 죄의 원흉인 옛 뱀인 사탄, 마귀임을 알게 하시니 감사, 감사합니다!

주여, 제게 주신 자녀의 권세를 마음껏 누리지 못했음을 용서하소서!

지금까지 예수 이름을 마음껏 앞세우지 못했음을 용서하소서!

지금까지 위임받은 다스림의 권세를 누리지 못했음을 용서하소서!

지금까지 예수 이름과 그 권세를 앞세워 담대하게 명령하고 선포하지 못했음을 용서하소서!

✝ 명령과 선포와 결단

예수 그리스도의 이름으로 명하노니 불순종하게 하는 악하고 더러운 사탄, 마귀는 떠나갈지어다!

예수 그리스도의 이름으로 명하노니 하나님의 자녀의 권세를 누리지 못하게 하는 세력들은 떠나갈지어다!

예수 그리스도의 이름으로 명하노니 온갖 죄를 통해 미혹하는 사탄, 마귀는 떠나갈지어다!

나는 이제부터 오직 하나님의 통치만을 받으리라!

나는 이제부터 내게 주신 하나님의 자녀의 권세를 마음껏 누리리라!

나는 이제부터 죄의 원흉인 악하고 더러운 사탄, 마귀를 다스리리라!

예수님의 이름은 존재하는 모든 이름 중에 뛰어난 이름이시다!

예수님의 이름 앞에는 천사도, 마귀도 다 무릎을 꿇는다!

예수님의 이름 앞에는 사람도, 만물도 다 무릎을 꿇는다!

예수님의 이름은 모든 입이 주라 시인할 유일한 이름이시다!

나는 예수 이름과 그 권세에 합당한 권세를 누리리라!

모든 이름 위에 뛰어난 예수님의 이름으로 명하노라!

예배를 방해하는 온갖 더럽고 악한 영들은 떠나가라!

모든 무릎을 꿇게 하신 예수님의 이름으로 명하노라!

온갖 질병과 두려움은 떠나가라!

교만과 불순종, 탐심과 거짓으로 역사하는 영은 떠나가라!

미움과 불평과 분리와 책임 전가로 역사하는 영은 떠나가라!

모든 무릎을 꿇게 하신 예수님의 이름으로 선포하노라!

나는 이제부터 예수 이름과 권세를 앞세워 다스림의 권세를 누리며 살리라!

나는 이제부터 예수 이름과 권세를 앞세워 마음껏 명령하고 선포하며 살리라!

하나님의 장자로서 누릴 모든 좋은 것이 내 삶과 가정과 교회와 이 민족에 넘칠지어다!

✝ 훈련의 기본 원칙 열 번 복창

"단순, 반복, 지속, 강행"

✝ 장자권의 발동, 명령과 선포 세 번 복창

"있을지어다! 그대로 되니라! 하나님 보시기에 좋았더라!"

"치료될지어다! 회복될지어다! 복 있을지어다! 충만할지어다! 정복할지어다! 다스릴지어다!"

✝ 받은 은혜 묵상 · 간증하기 말씀 요약

_____

_____

_____

_____

_____

_____

_____

_____

_____

_____

_____

_____

15

예수님의 명령과
선포 현장을 배우라

당신의 영원한 스승이신 예수님은 당신에게 많은 본을 보여 주셨습니다. 이제 당신의 믿음의 주가 되시는 예수님의 사역 현장에 들어갑니다. 이제 그분의 사역 현장에서 일어난 명령과 선포의 현장을 눈여겨봅시다. 그리고 그분의 명령과 선포 현장을 배웁시다. 그리고 그것을 당신의 삶의 현장으로 옮겨 놓읍시다.

 암송 말씀

이는 예수께서 이미 더러운 귀신을 명하사 그 사람에게서 나오라 하셨음이라(눅 8:29)
내가 진실로 진실로 너희에게 이르노니 나를 믿는 자는 내가 하는 일을 그도 할 것이요
또한 그보다 큰일도 하리니 이는 내가 아버지께로 감이라(요 14:12)

1. 제자를 향하신 명령과 선포

예수님의 사역 가운데 가장 중요한 사역을 들라면 제자의 선택이셨을 것입니다. 예수님은 제자를 선택하실 때에 그들의 사정이나 형편을 묻지 않으셨습니다. 예수님은 아무 조건이나 제시도 없이 그냥 명령하시고 선포하셨습니다. 이제 당신의 주가 되신 예수 그리스도의 명령과 선포 현장에 들어가 봅시다.

📖✝ 아래 성경을 묵상하세요.

> **마 4:18~22** | ¹⁸갈릴리 해변에 다니시다가 두 형제 곧 베드로라 하는 시몬과 그의 형제 안드레가 바다에 그물 던지는 것을 보시니 그들은 어부라 ¹⁹말씀하시되 나를 따라오라 내가 너희를 사람을 낚는 어부가 되게 하리라 하시니 ²⁰그들이 곧 그물을 버려 두고 예수를 따르니라 ²¹거기서 더 가시다가 다른 두 형제 곧 세베대의 아들 야고보와 그의 형제 요한이 그의 아버지 세베대와 함께 배에서 그물 깁는 것을 보시고 부르시니 ²²그들이 곧 배와 아버지를 버려 두고 예수를 따르니라
>
> **마 9:9** | 예수께서 그곳을 떠나 지나가시다가 마태라 하는 사람이 세관에 앉아 있는 것을 보시고 이르시되 나를 따르라 하시니 일어나 따르니라

✢ 어디에서 일어난 일인가요?

갈릴리 해변에서 일어난 일입니다.

✢ 누구를 만나셨나요?

베드로라 하는 시몬과 그의 형제 안드레를 만났습니다.

✢ 무엇하는 자들이었나요?

어부들이었습니다.

✢ 주님의 명령과 선포를 정리하세요!

명령: 나를 따라오라! 선포: 내가 너희를 사람 낚는 어부 되게 하겠다!

✢ 예수님의 명령과 선포에 그들의 반응은 어떠했나요?   곧 그물을 버리고 예수님을 따랐습니다.

✢ 그 후에 만난 사람들은 누구인가요?   야고보와 요한입니다.

✢ 누구의 아들들인가요?   세베대의 아들들입니다.

✢ 세베대의 아들들은 무엇을 하고 있었나요?   아버지와 배에서 그물을 깁고 있었습니다.

✢ 예수님의 부르심에 그들은 어떻게 반응했나요?   즉시 예수님을 따랐습니다.

✢ 예수님의 제자 선택에 인간적인 특별한 기준이 있었나요?   전혀 없었습니다.

✢ 인간적으로 예수님의 명령과 선포에 순종하는 일이 쉬웠을까요?   쉽지는 않았을 것입니다.

✢ 예수님의 명령과 선포에 순종하면 결과가 어떠하다고 생각하나요?   반드시 최상으로 보상하신다고 생각합니다.

✢ 예수님께서 누구를 만나셨나요?   마태를 만나셨습니다.

✢ 마태는 무엇 하는 사람이었나요?   세관에서 세금을 다루는 세리였습니다.

✢ 예수님의 명령과 마태의 반응을 정리하세요.   나를 따르라! 일어나 따르니라!

✢ 예수님이 마태의 집에서 음식 잡수실 때에 함께한 사람들은 어떤 자들이었나요?   세리와 죄인들이었습니다.

✢ 당시의 세리들은 어떤 취급을 받고 있었나요?   창기와 같이 취급을 받고 있었습니다.

✢ 바리새인은 예수님에 대해 무어라 책을 잡았나요?   어찌하여 너희 선생은 세리와 죄인들과 함께 잡수시느냐?

✢ 그들의 말에 대한 예수님의 선포적 답을 정리하세요.   "건강한 자에게 의사가 쓸 데 없고 병든 자에게 의사가 쓸 데 있다."

✢ 예수님은 이 세상에 무엇 하러 오셨나요?   죄인을 부르러 오셨습니다.

✢ 죄인을 부르러 오신 예수님이 죄인을 제자로 부르시는 것이 이상한 일일까요?   당연한 일입니다.

✢ 위의 말씀들을 근거로 예수님의 제자 선택 기준을 정리하세요.

첫째. 사랑하는 자를 선택하셨습니다. **둘째.** 빈부귀천을 가리지 않으셨습니다. **셋째.** 죄의 유무를 가리지 않으셨습니다. **넷째.** 말씀에 순종하는 자를 세우셨습니다.

✢ 오늘 나도 예수님의 가장 사랑받는 제자가 되기로 결단할 수 있나요?

아멘, 아멘!

✢ 사랑받는 제자가 되기 위해 주님의 말씀을 배우는 이 시간이 행복하다고 고백할 수 있나요?

아멘, 아멘!

✢ 제자로서 예수님의 모든 명령에 '아멘!' 하고 순종할 수 있나요?

아멘, 아멘!

2. 병자들을 향한 예수님의 명령과 선포

예수님은 제자 선택에만 특별한 명령과 선포를 하신 것이 아닙니다. 모든 병을 고치실 때에도 명령과 선포를 통해 고치셨습니다.

📖 아래 성경을 묵상하세요.

> **마 8:2~3** | 2한 나병환자가 나아와 절하며 이르되 주여 원하시면 저를 깨끗하게 하실 수 있나이다 하거늘 3예수께서 손을 내밀어 그에게 대시며 이르시되 내가 원하노니 깨끗함을 받으라 하시니 즉시 그의 나병이 깨끗하여진지라
>
> **마 8:13** | 예수께서 백부장에게 이르시되 가라 네 믿은 대로 될지어다 하시니 그 즉시 하인이 나으니라
>
> **눅 4:39** | 예수께서 가까이 서서 열병을 꾸짖으신대 병이 떠나고 여자가 곧 일어나 그들에게 수종드니라

✢ 예수님께 찾아온 사람은 어떤 환자였나요?

나병환자였습니다.

✤ 예수님의 행동과 명령과 결과를 정리하세요.	**행동**: 손을 내밀어 그에게 대셨습니다. **명령**: 내가 원하노니 깨끗함을 받으라! **결과**: 즉시 그의 나병이 나았습니다.
✤ 백부장의 믿음을 보시고 예수님께서 하신 명령, 선포와 그 결과를 정리하세요.	**명령**: 가라! **선포**: 네 믿은 대로 될지어다! **결과**: 그 즉시 하인이 나으니라!
✤ 예수님은 시몬 베드로의 장모의 열병을 어떻게 치유하셨나요?	열병을 꾸짖으셨습니다.
✤ 예수님의 치유 사역 현장은 명령과 선포였으며 때로는 꾸짖음도 있었음을 인정하나요?	아멘, 아멘!
✤ 당신도 예수 이름으로 명령과 선포를 할 수 있다고 믿나요?	아멘, 아멘!

우리는 예수님의 사역 가운데 치유에 대한 사역을 살펴보았습니다. 예수님은 명령과 선포를 통해 많은 치유를 행하셨습니다. 우리도 예수 이름으로 질병과 병자를 향해 명령하고 선포할 때 치유자 되시는 주님의 권세를 누릴 수 있습니다.

3. 자연을 향한 명령과 선포

예수님의 사역은 다양했습니다. 예수님은 자연을 향해서도 명령하시고 선포하셨습니다. 그분은 자연을 창조하신 분이시기에 그 모든 것을 넉넉하게 다스리실 수 있습니다. 그 현장으로 들어가 봅시다.

📖 아래 성경을 묵상하세요.

> **눅 8:22~25** | 23행선할 때에 예수께서 잠이 드셨더니 마침 광풍이 호수로 내리치매 배에 물이 가득하게 되어 위태한지라 24제자가 나아와 깨워 이르되 주여 주여 우리가 죽겠나이다 한대

예수께서 잠을 깨사 바람과 물결을 꾸짖으시니 이에 그쳐 잔잔하여지더라 ²⁵제자에게 이르시되 너희 믿음이 어디 있느냐 하시니 그들이 두려워하고 놀랍게 여겨 서로 말하되 그가 누구이기에 바람과 물을 명하매 순종하는가 하더라

✛ 어디에서 일어난 사건인가요?	갈릴리 호수에 있는 배 안에서 일어난 사건입니다.
✛ 언제 일어난 사건인가요?	예수님이 잠이 드신 때에 일어난 사건입니다.
✛ 광풍으로 위태한 상황에서 제자의 행동을 옮겨 보세요.	예수님을 깨우면서 '주여, 주여, 우리가 죽겠나이다!'
✛ 잠을 깨신 예수님이 하신 일이 무엇이었나요?	바람과 물결을 꾸짖으셨습니다.
✛ 결과에 대한 제자의 반응을 옮겨 보세요.	'그가 누구이기에 바람과 물을 명하매 순종하는가?'
✛ 지금도 예수님은 이 역사를 이루실 수 있음을 확신하나요?	아멘, 아멘!

4. 영적 세계를 향한 명령과 선포

예수님은 자연만 다스리신 것이 아닙니다. 예수님은 영적 세계도 다스리십니다. 예수님께서 더러운 귀신을 다스리신 사건이 성경에 많이 나와 있습니다. 그 현장을 살펴봅니다.

📖✝ 아래 성경을 묵상하세요.

막 1:23~26 | ²³마침 그들의 회당에 더러운 귀신 들린 사람이 있어 소리 질러 이르되 ²⁴나사렛 예수여 우리가 당신과 무슨 상관이 있나이까 우리를 멸하러 왔나이까 나는 당신이 누구인 줄 아노니 하나님의 거룩한 자니이다 ²⁵예수께서 꾸짖어 이르시되 잠잠하고 그 사람에게서 나오

라 하시니 ²⁶더러운 귀신이 그 사람에게 경련을 일으키고 큰 소리를 지르며 나오는지라

막 9:25~27 | ²⁵예수께서 무리가 달려와 모이는 것을 보시고 그 더러운 귀신을 꾸짖어 이르시되 말 못하고 못 듣는 귀신아 내가 네게 명하노니 그 아이에게서 나오고 다시 들어가지 말라 하시매 ²⁶귀신이 소리 지르며 아이로 심히 경련을 일으키게 하고 나가니 그 아이가 죽은 것 같이 되어 많은 사람이 말하기를 죽었다 하나 ²⁷예수께서 그 손을 잡아 일으키시니 이에 일어서니라

✤ 회당 안에서 예수님은 귀신에게 어떻게 하셨나요?	귀신을 꾸짖으며 "잠잠하고 그 사람에게서 나오라"고 명령하셨습니다.
✤ 예수님의 명령의 결과는 어떠했나요?	더러운 귀신이 그 사람에게 경련을 일으키고 큰 소리를 지르며 나왔습니다.
✤ 무리 중의 한 사람은 누구를 예수님께 데리고 왔나요?	말 못하게 귀신 들린 아들을 데리고 왔습니다.
✤ 무리가 달려와 모이는 것을 보신 예수님께서 어떻게 하셨나요?	더러운 귀신을 꾸짖으며 "말 못하고 못 듣는 귀신아! 그 아이에게서 나오고 다시 들어가지 말라" 명령하셨습니다.
✤ 예수님의 명령의 결과는 어떠했나요?	귀신이 소리 지르며 아이로 심히 경련을 일으키게 하고 나갔습니다.

5. 죽은 자를 향해 명령하신 예수님

예수님은 영계와 자연계를 향해 명령하시는 분입니다. 그분은 창조주이기 때문이지요. 그분의 이름 앞에 모든 이름이 무릎을 꿇습니다. 마지막으로 하나 더 살펴봅니다. 예수님은 죽은 자를 향해서도 명령하셔서 살리시는 분입니다.

📖 아래 성경을 묵상하세요.

막 5:41~42 | ⁴¹그 아이의 손을 잡고 이르시되 달리다굼 하시니 번역하면 곧 내가 네게 말하노니 소녀야 일어나라 하심이라 ⁴²소녀가 곧 일어나서 걸으니 나이가 열두 살이라 사람들이

곧 크게 놀라고 놀라거늘

눅 7:13~15 | 13주께서 과부를 보시고 불쌍히 여기사 울지 말라 하시고 14가까이 가서 그 관에 손을 대시니 멘 자들이 서는지라 예수께서 이르시되 청년아 내가 네게 말하노니 일어나라 하시매 15죽었던 자가 일어나 앉고 말도 하거늘 예수께서 그를 어머니에게 주시니

요 11:39 | 예수께서 이르시되 돌을 옮겨 놓으라 하시니 그 죽은 자의 누이 마르다가 이르되 주여 죽은 지가 나흘이 되었으매 벌써 냄새가 나나이다

요 11:43~44 | 43이 말씀을 하시고 큰 소리로 나사로야 나오라 부르시니 44죽은 자가 수족을 베로 동인 채로 나오는데 그 얼굴은 수건에 싸였더라 예수께서 이르시되 풀어 놓아 다니게 하라 하시니라

✛ 회당장 야이로의 딸이 죽어 있는 현장입니다. 예수님은 죽은 아이에게 어떻게 하셨나요?

아이의 손을 잡고 "소녀야 일어나라"고 명령하셨습니다.

✛ 예수님의 명령의 결과는 어떠했나요?

소녀가 곧 일어나서 걸었습니다.

✛ 나인 성의 과부의 아들이 죽어 장례 행렬 가운데 일어난 일입니다. 예수님은 누구를 보시고 불쌍히 여기셨나요?

과부를 보시고 불쌍히 여기셨습니다.

✛ 예수님께서 관에 손을 대고 하신 명령을 옮겨 보세요.

"청년아 내가 네게 말하노니 일어나!"

✛ 예수님의 명령의 결과가 어떻게 되었나요?

죽었던 자가 살아났습니다.

✛ 나사로가 죽은 현장에서 일어난 일입니다. 그가 죽은 지 얼마나 되었나요?

나흘이 되었습니다.

✛ 죽은 나사로를 향한 예수님의 명령을 옮겨 보세요.

"나사로야 나오라"

✛ 예수님의 명령의 결과는 어떠했나요?

죽은 자가 수족을 베로 동인 채로 걸어나왔습니다.

✛ 예수님은 죽은 자들을 어떻게 살리셨나요?

명령으로 살리셨습니다.

예수님은 회당장 야이로의 딸, 나인 성 과부의 아들뿐만 아니라, 죽은 지 나흘이

나 되는 나사로도 명령으로 살리셨습니다. 이제 그 예수님과 우리의 관계를 살펴봅니다.

6. 우리도 할 수 있다

예수님은 이 세상을 떠나시면서 마지막 설교에서 당신에게 놀라운 말씀을 하셨습니다. 예수님이 하신 일을 당신도 할 수 있다는 것입니다. 그냥 하는 말이 아닙니다. 예수님의 약속입니다.

📖 아래 성경을 묵상하세요.

> **요 14:12 |** 내가 진실로 진실로 너희에게 이르노니 나를 믿는 자는 내가 하는 일을 그도 할 것이요 또한 그보다 큰일도 하리니 이는 내가 아버지께로 감이라
>
> **마 28:18~20 |** 18예수께서 나아와 말씀하여 이르시되 하늘과 땅의 모든 권세를 내게 주셨으니 19그러므로 너희는 가서 모든 민족을 제자로 삼아 아버지와 아들과 성령의 이름으로 세례를 베풀고 20내가 너희에게 분부한 모든 것을 가르쳐 지키게 하라 볼지어다 내가 세상 끝날까지 너희와 항상 함께 있으리라 하시니라
>
> **눅 10:19 |** 내가 너희에게 뱀과 전갈을 밟으며 원수의 모든 능력을 제어할 권능을 주었으니 너희를 해칠 자가 결코 없으리라

✤ 예수님을 믿는 자들이 할 수 있는 일의 범위를 정리하세요.

예수님이 하신 일도 할 수 있지만 그보다 더 큰일도 할 수 있습니다.

✤ 예수님의 말씀이 진리라면 이 말씀대로 이루어진다고 믿나요?

아멘, 아멘!

✤ 당신이 예수님이 하신 일 그리고 그보다 큰일도 할 수 있는 이유는 무엇인가요?

예수님께서 약속하셨기 때문입니다.

❖ 하늘과 땅의 모든 권세는 누가 가지고 계신가요?	예수님이 가지고 계십니다.
❖ 우리가 예수 이름을 가지고 담대하게 정복하고 다스리며 살아야 할 이유가 있다면 무엇인가요?	하늘과 땅의 모든 권세를 가지신 예수님이 세상 끝날까지 우리와 항상 함께하시기 때문입니다.
❖ 예수님은 우리에게 무슨 권능을 주셨나요?	뱀과 전갈을 밟으며 원수의 모든 능력을 제어할 권능을 주셨습니다.
❖ 우리는 이 권능을 누려야 한다고 믿나요?	아멘, 아멘! 누려야 한다고 믿습니다.
❖ 당신을 통해 예수님이 하신 일들이 재현된다면 그것은 누가 하신 일인가요?	예수님이 행하신 일입니다.
❖ 그렇다면 당신의 사역에서 어떤 기사와 표적이 나타난다 해도 전혀 자랑할 수 없음을 인정하나요?	아멘, 아멘! 인정합니다.
❖ 당신의 사역에서 어떤 역사가 일어나도 오직 누구만 존귀하게 되어야 하나요?	오직 예수님만 존귀하게 높임을 받으셔야 합니다.

말씀 살기

✝ 말씀의 핵심 정리

1. 예수님의 사역은 명령과 선포이셨구나!
2. 예수님의 명령에 순종함이 복이구나!
3. 제자처럼 나도 예수님의 말씀에 그대로 순종해야겠구나!
4. 예수님의 명령에는 질병도, 자연도 순종하는구나!
5. 예수님의 명령에는 아무리 악한 귀신들이라도 순종하는구나!
6. 예수님은 죽은 자를 살리실 때에도 명령으로 살리셨구나!
7. 나도 말씀에 의지하여 예수님이 하신 일보다 더 큰일도 할 수 있구나!

✝ 감사와 회개

주여, 저로 하여금 예수 그리스도의 명령과 선포 현장을 바로 보게 하시니 감사, 감사합니다!

주여, 예수님이 죄인을 부르러 오심을 다시 깨닫게 하시니 감사, 감사합니다!

주여, 예수님의 명령과 선포에 모든 것이 다 순종하는 현장을 보게 하시니 감사, 감사합니다!

주여, 욕심의 영이 얼마나 끈질긴지 알게 하시니 감사, 감사합니다!

주여, 예수님의 이름을 사용할 권세를 주시니 감사, 감사합니다!

주여, 내게 예수님의 하신 일을 할 수 있게 하시니 감사, 감사합니다!

주여, 지금까지 이 진리를 누리지 못했음을 용서하소서!

주여, 예수님의 이름으로 더 많이 기도하지 못했음을 용서하소서!

주여, 나의 이성이 반응하는 만큼만 믿었던 것을 용서하소서!

주여, 욕심 때문에 말씀에 순종하지 못했음을 용서하소서!

주여, 예수님의 이름을 마음껏 누리지 못했음을 용서하소서!

✝ 명령과 선포와 결단

나는 예수님의 말씀이 살아 계시고 이루어짐을 믿는다!

예수님이 하신 일이라면 나도 할 수 있다!

진리이신 성경이 그렇게 말씀하고 계시니 나도 하리라!

나는 이제 병자들을 위해 기도하고 예수 이름으로 명령하고 선포하리라!

예수님이 하셨으니 나도 할 수 있다!

나는 귀신 들린 사람을 위해 명령하고 선포하리라!

예수 이름으로 명령하고 선포하리라!

군대 귀신처럼 악한 귀신이라도 담대히 명령하리라!

귀신아, 그 사람에게서 나오라!

어떤 상황이라도 믿음으로 명령하고 선포하리라!

주님이 하신 일이라면 나도 할 수 있음을 선포하노라!

지금 악하고 더러운 영은 활동을 중지할지어다!

내 몸의 모든 질병은 깨끗하게 치료될지어다!

죽어가는 병들어가는 내 영이 치유되고 회복될지어다!

주여, 이제부터 예수님의 명령과 선포 현장을 누리며 살겠습니다!

주여, 이제부터 예수님처럼 병자를 위해서도 명령하고 선포하겠습니다!

주여, 이제부터 예수님의 뜻 안에서라면 자연을 향해서도 명령하고 선포하겠습니다!

주여, 이제부터 예수님처럼 악하고 더러운 영의 세계를 향해서도 명령하고 선포하겠습니다!

주여, 이제부터 예수님의 말씀대로 예수님이 하신 일을 나도 이루며 살겠습니다!

✝ 훈련의 기본 원칙 열 번 복창

"단순, 반복, 지속, 강행"

✝ 장자권의 발동, 명령과 선포 세 번 복창

"있을지어다! 그대로 되니라! 하나님 보시기에 좋았더라!"

"치료될지어다! 회복될지어다! 복 있을지어다! 충만할지어다! 정복할지어다! 다스릴지어다!"

✝ 받은 은혜 묵상 · 간증하기 말씀 요약

_____

_____

_____

예수 이름의 권세를 앞세우라

이번 과에서는 당신에게 주어진 장자권의 누림과 함께, 하나님의 자녀로서 누릴 선포와 명령권을 발동할 말씀들을 중심으로 훈련에 들어갑니다. 강조하지만 훈련은 강할수록 유사시에 빛을 발하게 되어 있습니다. 반복과 지속을 통해 훈련의 강도가 더해집니다. 용광로의 열기가 올라갈수록 순금은 빛을 발합니다. 당신이 믿음의 용사로서 빛을 발하려면 훈련의 강도를 높여야 합니다. 다시 강조합니다. 훈련은 "단순, 반복, 지속, 강행"입니다. 계속되는 힘든 훈련이지만 이 훈련을 따라서 당신의 내일이 달라질 것입니다.

암송
말씀

믿는 자들에게는 이런 표적이 따르리니 곧 그들이 내 이름으로 귀신을 쫓아내며 새 방언을 말하며 뱀을 집어 올리며 무슨 독을 마실지라도 해를 받지 아니하며 병든 사람에게 손을 얹은즉 나으리라 하시더라 (막 16:17~18)

1. 믿는 자들에게는

예수님을 주인으로 영접한 당신이 기억할 것은 스스로에게 주어진 특권을 누리는 것입니다. 예수님은 피로 값을 주고 사신 당신의 종들, 당신을 믿는 자에게 놀라운 은총을 주셨습니다. 공평하신 하나님은 모든 믿는 자에게 따르는 표적을 동일하게 주셨습니다. 오늘 이 말씀을 나누는 당신이 바로 믿는 자임을 기억하세요. 오늘 배우는 말씀은 곧 당신을 위해 주신 말씀임을 잊지 마세요.

📖✝ 아래 성경을 묵상하세요.

> **막 16:14~18** | ¹⁴그 후에 열한 제자가 음식 먹을 때에 예수께서 그들에게 나타나사 그들의 믿음 없는 것과 마음이 완악한 것을 꾸짖으시니 이는 자기가 살아난 것을 본 자들의 말을 믿지 아니함일러라 ¹⁵또 이르시되 너희는 온 천하에 다니며 만민에게 복음을 전파하라 ¹⁶믿고 세례를 받는 사람은 구원을 얻을 것이요 믿지 않는 사람은 정죄를 받으리라 ¹⁷믿는 자들에게는 이런 표적이 따르리니 곧 그들이 내 이름으로 귀신을 쫓아내며 새 방언을 말하며 ¹⁸뱀을 집어 올리며 무슨 독을 마실지라도 해를 받지 아니하며 병든 사람에게 손을 얹은즉 나으리라 하시더라

✢ 믿는 사람에게 따르는 것은 무엇인가요?

표적이 따릅니다.

✢ 믿는 자들은 누구의 이름을 앞세우나요?

예수 이름을 앞세웁니다.

✢ 믿음으로 예수 이름이 앞서면 따르는 표적 다섯 가지를 정리하세요.

첫째, 귀신을 쫓아내며. **둘째**, 새 방언을 말하며. **셋째**, 뱀을 집어 올리며. **넷째**, 무슨 독을 마실지라도 해를 받지 아니하며. **다섯째**, 병든 사람에게 손을 얹은즉 나으리라.

✛ 여기서 예수 이름을 앞세울 자는 누구인가요?	믿는 자입니다.
✛ 예수 이름을 사용하여 표적을 행할 자는 목사나 직분자만일까요?	모든 믿는 자들에게 동일하게 주신 권세입니다.
✛ 목사나 특별한 자가 아니고 믿는 자들이라면 당신도 포함된다고 믿나요?	아멘, 아멘!
✛ 그렇다면 당신에게도 예수 이름 사용권이 주어졌다는 확신이 있나요?	아멘, 아멘!
✛ 당신이 지금 예수 그리스도를 영접하여 하나님의 자녀가 된 믿는 자임을 확신하나요?	아멘, 아멘!
✛ 다시 강조하지만 지금 당신에게도 예수 이름 사용권이 주어졌다고 확신하나요?	아멘, 아멘!
✛ 믿는 자들에게 이런 표적이 따른다면 당신에게도 나타나야 된다고 믿나요?	아멘, 아멘!
✛ 이제 당신에게도 이런 표적이 따를 수 있다고 확신하나요?	아멘, 아멘!

2. 예수 이름 사용권

하나님의 장자인 당신에게 주신 복 중의 복이요, 은총 중의 은총은 예수 이름 사용권이 주어졌다는 것입니다. 예수 이름의 사용권! 이 권세는 아무리 강조해도 부족합니다. 예수 이름에는 당신이 상상할 수 없는 놀라운 특권이 담겨 있습니다. 그 이름이 구원을 줍니다. 이제 오늘의 말씀을 통하여 이 놀라운 특권을 마음껏 누릴 수 있기를 축복합니다.

📖 아래 성경을 묵상하세요.

> **빌 2:9~11** | 9이러므로 하나님이 그를 지극히 높여 모든 이름 위에 뛰어난 이름을 주사 10하늘에 있는 자들과 땅에 있는 자들과 땅 아래에 있는 자들로 모든 무릎을 예수의 이름에 꿇게 하시고 11모든 입으로 예수 그리스도를 주라 시인하여 하나님 아버지께 영광을 돌리게 하셨느니라

✤ 이 세상에 존재하는 모든 이름 위에 뛰어난 이름은 누구의 이름인가요?

예수 이름입니다.

✤ 예수님의 이름 앞에 무릎을 꿇는 대상을 정리하세요.

첫째, 하늘에 있는 자들로 천사장을 포함한 모든 천사의 세계와 마귀, 사탄과 그의 사자들인 악하고 더러운 영들(귀신들)의 세계입니다. **둘째**, 땅에 있는 자들로 모든 인간 세계입니다. **셋째**, 땅 아래 있는 자들로 모든 생물의 세계입니다.

✤ 모든 입으로 주라 시인할 이름은 누구의 이름인가요?

예수 그리스도의 이름입니다.

1) 더럽고 악한 귀신을 쫓아내라

예수님의 이름을 믿는 자들에게 반드시 따르는 것이 귀신을 쫓아내는 일입니다. 이 권세가 지금 예수님을 믿는 내게 안겨졌다는 사실을 의심 없이 믿어야 합니다.

📖 아래 성경을 묵상하세요.

> **마 10:1** | 예수께서 그의 열두 제자를 부르사 더러운 귀신을 쫓아내며 모든 병과 모든 약한 것을 고치는 권능을 주시니라

✤ 예수님이 제자를 선택하고 그들에게 무엇을 주셨나요?

귀신을 쫓아내며, 모든 병과 모든 약한 것을 고치는 권능을 주셨습니다.

✧ 믿는 자들이 귀신을 쫓아낸다면 나도 쫓아낼 수 있 | 아멘, 아멘!
다고 믿나요?

✧ 내 능력이 아니라 예수 이름으로 쫓아낸다고 하는데 | 아멘, 아멘!
이 사실이 믿어지나요?

✧ 진리이신 성경이 귀신의 존재를 말씀하고 계십니다. | 아멘, 아멘!
당신은 귀신의 존재를 인정하고 있나요?

✧ 귀신이 있다면 그 귀신은 쫓아내야 할 만큼 악하고 | 아멘, 아멘!
더럽다는 사실도 인정하나요?

📖 아래 성경을 묵상하세요.

마 12:43 | 더러운 귀신이 사람에게서 나갔을 때에 물 없는 곳으로 다니며 쉬기를 구하되 쉴
곳을 얻지 못하고

✧ 귀신에게 붙여진 형용사를 적어 보세요. | 더러운 귀신

✧ 귀신을 향해 '더러운 귀신'이란 형용사를 사용했습 | 진리이신 말씀이 증거하시니 그대
니다. 그렇다면 더러운 일을 하는 곳에 더러운 귀신 | 로 믿습니다.
들이 역사한다고 믿나요?

✧ 지금 당신에게 더러운 생각이나 말이나 행동을 하게 | 아멘, 아멘!
하는 세력이 더러운 귀신들의 장난이라고 인정할 수
있나요?

✧ 그렇다면 지금 예수님 이름으로 이 더러운 것들을 | 아멘, 아멘!
쫓아내야 한다고 믿나요?

✧ 지금 예수님의 이름으로 명령해 보세요. | "더러운 귀신아! 하나님의 자녀인
내가 예수 그리스도의 이름으로 명
하노니 나의 생각과 말과 행동에서
활동을 중지하고 떠나가라!"

✛ 스스로의 생각에 더러운 것이라 인정하는 것이 내 안에 존재한다면 어떻게 해야 할까요?	계속 예수님의 이름으로 명령하고 선포하여 쫓아내야 합니다.

📖➕ 아래 성경을 묵상하세요.

> **마 12:45** | 이에 가서 저보다 더 악한 귀신 일곱을 데리고 들어가서 거하니 그 사람의 나중 형편이 전보다 더욱 심하게 되느니라 이 악한 세대가 또한 이렇게 되리라

✛ 여기서 귀신에게 붙여진 형용사는 무엇인가요?	악한 귀신
✛ 귀신을 향해 '악한 귀신'이란 표현을 썼습니다. 그렇다면 악한 일을 하는 곳에 악한 귀신들이 역사한다고 믿나요?	아멘, 아멘!
✛ 이제 악하고 더러운 일을 하는 정체와 그 내용을 알았습니다. 당신이 이런 일을 한다면 당신 안에 누가 역사하는 것이라 생각하나요?	더럽고 악한 귀신들이 역사하고 있다고 생각합니다.
✛ 당신 안에 이런 일을 하는 세력이 악하고 더러운 귀신이라면 당신은 어떻게 해야 하나요?	내게 주어진 예수 이름 사용권을 발동하여 악하고 더러운 귀신들을 쫓아내야 합니다.
✛ 지금 예수 이름으로 명령권과 선포권을 발동해 보세요.	"더럽고 악한 귀신아! 하나님의 자녀인 내가 예수 그리스도의 이름으로 명하노니 내 생각, 입술, 행동에서 지금 떠나가라!"

2) 새 방언을 말하라

예수 이름을 믿는 자들에게 따르는 표적 가운데 두 번째는 새 방언을 말하는 것입니다. 방언은 말입니다. 언어입니다. 성경의 언어는 사람을 대한 것도 있지만 하나님을 향한 것도 있습니다. 여기서는 성경에서 말씀하는 방언도 포함되지만, 예수 그리스도를 믿는 자들의 새로운 언어도 말씀하고 있습니다.

✛ 믿는 자, 곧 예수님을 영접하여 하나님의 장자가 된 자들에게는 예수 이름으로 새 방언을 말하는 표적이 따른다는 사실이 진리임을 믿나요?	아멘, 아멘!
✛ 당신은 지금 방언 은사를 받았나요?	
✛ 방언이 성경에 있다면 그 방언 은사를 나도 받아야 한다는 사실을 인정하나요?	아멘, 아멘!
✛ 바울 같은 사람도 다른 사람보다 방언을 더 말함을 하나님께 감사했습니다(고전 14:18).* 이제 새방언의 은사를 사모하시나요?	아멘, 아멘!
✛ 방언은 하나님의 은사로 그분이 주시는 선물입니다. 사모하며 기도하면 즉시 주실 것입니다. 다시 강조 하지만 지금 방언을 사모하시나요?	아멘, 아멘!
✛ 믿는 자가 새 방언을 말한다는 말씀은 성경에서 말 씀하는 방언만이 아니고, 언어의 개혁이라는 사실도 인정하나요?	아멘, 아멘!

지금까지 당신이 한 말을 점검해 보세요. 더럽고 악한 말, 음란하고 방탕한 말, 어둡고 칙칙하거나, 부정적이고 불신앙적인 말, 비판적이고 무시하는 말이나, 교만하고 자랑하는 말, 불평, 원망하는 말이거나, 낙심하고 절망하는 말, 거짓된 말, 죽겠다, 못한다, 할 수 없다는 말, 두렵다, 무섭다는 말, 죽고 싶다는 사망의 언어를 사용하지는 않았나요?

이런 모든 불신앙적인 말, 예수 그리스도 밖에 있을 때에 사용하던 말을 버리고, 예수 이름으로 새 방언인 천국의 언어를 사용해야 합니다. 밝고, 맑고, 향기롭고,

---

* [고전 14:18] 내가 너희 모든 사람보다 방언을 더 말하므로 하나님께 감사하노라

기름지고, 풍성한 언어를 사용해야 합니다. 긍정적이고 복된 믿음의 언어를 사용해야 합니다. 입을 열면 하늘의 언어가 쏟아져 나와야 합니다. 상대방이 당신에게 어떤 말을 쏟아내도 당신은 천국의 방언을 말해야 합니다.

저주의 언어를 축복의 언어로, 사망의 언어를 생명의 언어로, 부정적인 언어를 긍정적인 언어로, 어둡고 칙칙한 언어를 밝고 맑은 언어로, 원망 불평의 언어를 감사의 언어로, 과거 지향적 언어를 미래 지향적 언어로, 낙심 절망의 언어를 꿈과 환상의 언어로, 불신앙의 언어를 믿음의 언어로, "할 수 없다"의 언어를 "할 수 있다"의 언어로, 정죄와 비판의 언어를 화해와 용서의 언어로, 미움과 증오의 언어를 사랑과 이해의 언어로 바꾸어야 합니다. 지금 실습해 보세요.

"사랑해요! 감사해요! 고마워요! 축복해요! 다 이해해요! 다 용서해요! 난 할 수 있어요! 당신도 할 수 있어요! 우린 하나님의 장자예요! 힘을 내세요! 주님이 함께하세요! 내가 기도할게요! 나는 당신을 믿어요! 엄마 아빠는 너를 믿는다! 넌 할 수 있어!"

3) 뱀을 집어 올리며

믿는 자들에게 주신 특권 가운데 놀라운 권세는 뱀을 집어 올리는 것입니다. 주님은 당신에게 옛 뱀인 마귀, 사탄을 정복할 권세를 주셨습니다. 사탄, 마귀는 영적 존재이기에 죽지 않습니다. 이제 뱀과의 전쟁에서 승리하기를 축복하며 말씀을 들어가 봅니다.

📖† 아래 성경을 묵상하세요.

> **눅 10:19** | 내가 너희에게 뱀과 전갈을 밟으며 원수의 모든 능력을 제어할 권능을 주었으니 너희를 해칠 자가 결코 없으리라
>
> **약 4:7** | 그런즉 너희는 하나님께 복종할지어다 마귀를 대적하라 그리하면 너희를 피하리라

✛ 예수님이 칠십 인의 제자에게 주신 권세는 무엇인가요?	뱀과 전갈을 밟으며, 원수의 모든 능력을 제어할 권능을 주셨습니다.
✛ 이 권능이 당신에게도 주어졌다고 믿나요?	아멘, 아멘!
✛ 성경에서 뱀이란 말은 많은 경우 옛 뱀인 마귀, 사탄을 의미하는 것을 인정하나요?	아멘, 아멘!
✛ 그렇다면 이 권능으로 옛 뱀인 마귀, 사탄을 물리칠 수 있다고 확신하나요?	아멘, 아멘!
✛ 당신이 예수 이름으로 마귀를 대적하면 마귀는 어떻게 되나요?	나를 피합니다.
✛ 예수 이름을 믿는 자가 뱀을 밟고 집어 올린다는 사실을 인정하나요?	아멘, 아멘!
✛ 뱀을 집어 올린다는 것은 옛 뱀인 마귀, 사탄을 두려워하지 않는 것임도 인정하나요?	아멘, 아멘!
✛ 뱀을 집어 올린다는 것은 옛 뱀인 사탄, 마귀를 이미 정복한 것임을 인정하나요?	아멘, 아멘!
✛ 그렇다면 당신은 예수 이름으로 마귀, 사탄을 정복할 수 있다고 확신하나요?	아멘, 아멘!

4) 무슨 독을 마실지라도 해를 받지 마라

사악하고 더러운 사탄, 마귀는 온갖 상처로 당신을 괴롭힙니다. 각종 독화살을 쏘아서 당신을 아프게 합니다. 이미 받은 상처 주위에 착 달라붙어서 할 수만 있으면 믿는 자라도 삼키려 하고 고통을 주려 하고 있습니다. 이제 하나님의 장자인 당신은 믿는 자에게 따르는 표적 가운데 무슨 독을 마실지라도 해를 받지 않는다는 말씀을 누려야 합니다.

무슨 독이라는 말씀을 문자적으로 해석해서 극약을 먹는 시험을 해 볼 수 있다고 생각하면 안 됩니다. 하나님을 시험하는 일은 불경이요, 불신이기 때문입니다.

✤ 당신이 상처받는 독 가운데 가장 강하고 흔한 독이 무슨 독이라 생각하나요?	언어, 눈빛, 폭행, 사기를 통해 받은 손해, 왕따 등의 소외감 등이 있습니다.

당신이 상처받은 경험이 있다면 무엇 때문이었는지 기억해 보세요. 사람의 언어로 받은 상처, 무시하거나 저주하는 말로 받은 상처, 부정적인 평가로 인해 받은 상처, 경멸이나 무시, 미움과 증오의 눈빛으로 인해 받은 상처, 믿을 만한 사람에게 받은 배신감으로 인한 상처, 부모나 형제나 친구에게 심한 폭행으로 인한 상처, 성추행이나 성폭행 등 성적인 상처, 사기나 속임으로 인한 상처가 있었나요?

✤ 지금까지는 이런 독을 마시고 상처로 해를 받았지만, 이제 예수 이름 앞에 왔으니 이런 독이 만든 상처를 깨끗하게 치료받아야 한다고 믿나요?	아멘, 아멘!
✤ 과거에 받은 상처가 현재의 내 삶에 유익을 줄 수 있나요?	유익이 없습니다.
✤ 그렇다면 당신이 과거에 받은 독을 지금도 뽑아내지 못하고 그 독에 지배를 받는 것이 당신에게 유익이 있을까요?	전혀 유익이 없습니다.
✤ 당신에게 전혀 유익하지 않은 과거의 독으로 인한 상처가 지금까지 당신을 괴롭히는 데에는 누가 역사한다고 생각하나요?	마귀, 사탄과 악하고 더러운 영들이 역사하고 있습니다.

✛ 과거의 상처에 매여서 고통을 받는 것이 불신임을 인정하나요?	아멘, 아멘!
✛ 그렇다면 이제 과거에 마신 모든 독을 해독할 예수님의 이름과 보혈을 의지하여 모든 상처의 치료를 선포할 수 있나요?	아멘, 아멘!
✛ 이제 예수 그리스도의 이름으로 모든 상처와 해 받음을 떨쳐버릴 수 있나요?	아멘, 아멘!
✛ 지금 모든 상처를 정복해야 한다고 믿나요?	아멘, 아멘!
✛ 무슨 독을 마셔도 해를 받지 않음이 믿는 당신에게 주어진 표적이요, 특권임을 믿나요?	아멘, 아멘!
✛ 이제 과거에 당신을 힘들게 하고, 아프게 했던 모든 사람들을 과감하게 용서할 수 있나요?	아멘, 아멘!
✛ 성폭행, 물질 손해, 인격적 모독 등 어떤 가해자도 다 용서를 선포할 수 있나요?	아멘, 아멘!
✛ 이제 상처에 강력한 접착제를 붙여 놓고 당신을 괴롭히는 사탄, 마귀를 과감하게 정복할 수 있나요?	아멘, 아멘!

이제 담대하게 시원하게 선포하고 명령해 보세요.

하나님의 장자인 나 〇〇〇이가 예수 그리스도의 이름으로 명령하고 선포한다!
하나님의 장자인 나 〇〇〇이는 예수님의 이름으로 내가 과거에 마신 온갖 독으로부터
자유와 해방을 선포하노라!
하나님의 장자인 나 〇〇〇이가 예수님의 이름으로 명령하노라!
과거의 독으로부터 나를 고통스럽게 했던 모든 상처들은 치료될지어다!
내가 받은 상처 주위에 붙어서 나를 괴롭혔던 악하고 더러운 영들은 지금 떠나가라!

나 ○○○이는 예수 그리스도 안에서 새로운 피조물임을 선포하노라!

나 ○○○이에게 옛 것은 이미 지나갔음을 선포하노라!

나 ○○○이는 이제 모든 상처에서 완전히 치유받았음을 선포하노라! 아멘, 아멘!

5) 온갖 병에서 치료 받고, 치료자가 되라

이제 마지막 당신에게 주어진 표적인 육체의 질병에서의 치유에 대한 말씀을 듣습니다. 오늘날 많은 질병이 하나님의 장자인 당신을 괴롭히고 있습니다. 당신은 하나님의 장자로서 질병에서도 자유를 선포해야 합니다. 당신에게 주어진 장자권을 발동하여 각종 질병으로부터 치유를 명령하고 선포해야 합니다.

✣ 믿는 자에게 따르는 표적 가운데 "병든 자에게 손을 얹은 즉 나으리라"는 말씀을 믿나요?	아멘, 아멘!
✣ 여기서 믿는 자란 특별히 신유의 은사를 받은 자가 아니라, 지금 이 자리에 앉아 있는 당신 자신이라는 사실을 믿나요?	아멘, 아멘!
✣ 이 말씀을 받고 있는 당신이 병든 자에게 손을 얹어도 나을 수 있다고 믿나요?	아멘, 아멘!
✣ 당신 자신이나 자녀 등 가족에게 병이 있을 때도 당신이 손을 얹고 기도하면 나을 수 있다고 믿나요?	아멘, 아멘!
✣ 당신의 힘이 아니라 예수님의 이름이 역사한다고 믿나요?	아멘, 아멘!
✣ 그렇다면 이후로 병든 자를 위해 기도하고 손을 얹을 것을 약속할 수 있나요?	'아멘, 아멘!

✣ 지금 옆에 있는 사람의 아픈 곳에 손을 얹고 기도하면 낫는다는 믿음이 있나요?	아멘, 아멘!
✣ 바울이나 베드로처럼 장자권을 발동하면서 예수 이름으로 병을 치료할 수 있다고 믿나요?	아멘, 아멘!
✣ 지금 질병이 있다면 목사, 전도사, 장로, 안수집사, 권사, 집사를 찾지 않고도 목장이나 가정에서 해결할 수 있다고 믿나요?	아멘, 아멘!
✣ 예수 이름 앞에 암세포도 정복됨을 믿나요?	아멘, 아멘!
✣ 예수 이름 앞에 각종 불치병이 치료됨을 믿나요?	아멘, 아멘!

그렇다면 지금 시도해 보세요. 믿음은 실재이며 현재입니다. 믿음은 선포요, 명령입니다. 진리는 지금 믿는 자에게 역사하십니다. 당당하고 강하게 명령하고 선포하세요.

하나님의 장자인 나 ○○○이가 예수 그리스도의 이름으로 명령하고 선포하노라!
내 몸에 기생하는 모든 병은 지금 내게서 활동을 중지하고 떠나가라!
각종 암을 포함한 모든 성인병들은 지금 떠나가라!
온갖 불치의 병들도 지금 떠나가라!
나 ○○○이는 예수 그리스도의 이름으로 모든 질병에서 치료되었음을 선포하노라!
나 ○○○이는 예수 그리스도의 보혈의 권세 아래 모든 질병이 떠나간 것을 선포하노라!
내 몸에 기생하는 모든 질병은 지금 떠나가라!

말씀 살기

✝ 말씀의 핵심 정리

1. 믿는 자들에게 따르는 표적은 동일하구나!
2. 지금 나에게도 예수님의 이름 사용권이 주어졌구나!
3. 내게도 귀신을 쫓아낼 권세가 주어졌구나!
4. 나도 천국백성의 새 방언을 말해야 하는구나!
5. 나도 옛 뱀인 사탄, 마귀를 정복하고 다스릴 수 있구나!
6. 나는 무슨 독에도 해를 받지 않아야 하는구나!
7. 나는 병을 치료받으며, 치료해 주는 자로 살아야겠구나!

✝ 감사와 회개

주여, 놀라운 복음을 받게 하시니 감사합니다!

주여, 예수 이름 사용권을 주시니 감사합니다!

주여, 제게도 따르는 표적을 주시니 감사합니다!

주여, 지금까지 하나님의 장자권을 누리지 못했음을 용서하소서!

주여, 지금까지 예수 이름 사용권을 누리지 못했음을 용서하소서!

주여, 하나님의 장자에게 따르는 표적을 누리지 못했음을 용서하소서!

주여, 마귀, 사탄과 악하고 더러운 영들을 정복하지 못했음을 용서하소서!

주여, 내게 아픔과 상처를 준 사람들을 용서하지 못했음을 용서하소서!

✝ 명령과 선포와 결단

예수 이름으로 명하노니 옛 뱀인 사탄, 마귀와 그의 사자들은 지금 떠나가라!

예수 이름으로 명하노니 예수님까지 시험한 사탄, 마귀는 지금 떠나가라!

예수 이름으로 명하노니 온갖 더럽고 흉악한 귀신은 떠나가라!

예수 이름으로 명하노니 내 혀를 추하고 더럽게 하는 악하고 더러운 세력은 떠나가라!

예수 이름으로 명하노니 어려운 환경이나 과거의 상처에 매어 고통받게 하는 것들은 떠나가라!

예수 이름으로 명하노니 사람의 말과 눈빛에 상처를 받게 하는 것들은 떠나가라!

예수 이름으로 명하노니 모든 질병은 떠나가라!

예수 이름으로 명하노니 각종 암, 관절염, 피부병은 떠나가라!

예수 이름으로 명하노니 이목구비의 모든 질병이 치료되라!

예수 이름으로 명하노니 모든 성인병, 부인병이 치료되라!

주여, 이제부터 예수님의 이름을 사용하며 살겠습니다!

주여, 이제부터 악하고 더러운 귀신들을 명령하여 쫓아내며 살겠습니다!

주여, 이제부터 천국 백성의 새 언어를 사용하며 살겠습니다!

주여, 이제부터 옛 뱀인 사탄, 마귀를 정복하고 통치하며 살겠습니다!

주여, 이제부터 무슨 독을 마셔도 해(마음의 상처)를 받지 않겠습니다!

주여, 이제부터 각종 병에서 치료받으며, 치료해 주며 살겠습니다!

나는 내게 주신 예수님의 이름 권세를 사용하여 승리하며 살리라!

나는 이제부터 예수 이름으로 옛 뱀인 마귀를 밟고 더러운 귀신을 쫓아내리라!

나는 이제부터 예수 이름으로 새 방언을 말하리라!

나는 이제부터 예수 이름으로 뱀 곧 마귀, 사탄을 정복하리라!

나는 이제부터 예수 이름으로 어떠한 독에도 해를 받지 않으리라!

나는 이제부터 과거의 상처에 매어 살지 않으리라!

나는 이제부터 사람의 말에, 눈빛에 상처받지 않으리라!

나는 이제부터 성폭행이나 성추행의 상처에서 자유하리라!

나는 이제부터 천만인의 왕따에도 상처받지 않으리라!

나는 이제부터 예수 이름으로 병을 물리치며, 치료자로 살리라!

나는 이제부터 병든 자에게 치료를 선포하고 명령하리라!

나는 이제부터 모든 일에 예수 이름의 권세를 발동하리라!

오, 주여! 이 모든 은혜에 감사, 감사, 감사드립니다!

✝ **훈련의 기본 원칙** 열 번 복창

"단순, 반복, 지속, 강행"

✝ **장자권의 발동, 명령과 선포** 세 번 복창

"있을지어다! 그대로 되니라! 하나님 보시기에 좋았더라!"

"치료될지어다! 회복될지어다! 복 있을지어다! 충만할지어다! 정복할지어다! 다스릴지어다!"

✝ **받은 은혜 묵상 · 간증하기** 말씀 요약

17

초대교회 성도의 명령과
선포 현장을 재현하라

당신은 이미 예수님의 명령과 선포 현장을 체험했습니다. 혹자는 '예수님이시니 그렇지'라고 생각할 수 있습니다. 정말 그럴까요? 예수님이시기에 그럴까요? 그렇지 않습니다. 예수님께서 이 세상을 떠나신 후 제자에게도 동일한 역사는 얼마든지 일어났습니다. 믿음으로 선포하고 명령하면 주님은 항상 책임져 주셨습니다. 이제 제자의 사역 현장을 방문해 봅시다. 그리고 당신의 삶에도 동일한 역사가 일어나기를 기도합시다.

 암송 말씀 베드로가 이르되 은과 금은 내게 없거니와 내게 있는 이것을 네게 주노니 나사렛 예수 그리스도의 이름으로 일어나 걸으라 하고 (행 3:6)

1. 예수님이 허락하신 명령과 선포

예수님은 이미 살아 계실 때 제자에게 명령과 선포에 대해 분명하게 말씀해 주셨습니다. 이제 당신이 성경대로 예수님의 명령과 선포 현장을 배우고 누려야 합니다. 예수님의 말씀을 따라가 봅시다.

📖 아래 성경을 묵상하세요.

> **마 17:18~20** | [18]이에 예수께서 꾸짖으시니 귀신이 나가고 아이가 그때부터 나으니라 [19]이때에 제자가 조용히 예수께 나아와 이르되 우리는 어찌하여 쫓아내지 못하였나이까 [20]이르시되 너희 믿음이 작은 까닭이니라 진실로 너희에게 이르노니 만일 너희에게 믿음이 겨자씨 한 알 만큼만 있어도 이 산을 명하여 여기서 저기로 옮겨지라 하면 옮겨질 것이요 또 너희가 못할 것이 없으리라

✢ 예수님은 귀신을 향해 어떻게 하셨나요?

꾸짖으셨습니다.

✢ 예수님이 꾸짖으시자 어떻게 되었나요?

귀신이 나가고 아이가 바로 나음을 입었습니다.

✢ "우리는 어찌하여 쫓아내지 못하였나이까?"라는 제자의 질문에 예수님은 무어라 답하셨나요?

"너희 믿음이 작은 까닭이니라"고 답하셨습니다.

✢ 예수님은 제자에게 믿음이 겨자씨 한 알 만큼만 있어도 무엇을 할 수 있다 하셨나요?

산을 향하여 "여기서 저기로 옮겨지라"고 명령할 수 있다 하셨습니다.

✢ 믿음으로 명령하면 어떤 결과가 일어난다고 하셨나요?

"그대로 된다" 하셨습니다.

📖 아래 성경을 묵상하세요.

> **눅 10:5~6** | ⁵어느 집에 들어가든지 먼저 말하되 이 집이 평안할지어다 하라 ⁶만일 평안을 받을 사람이 거기 있으면 너희의 평안이 그에게 머물 것이요 그렇지 않으면 너희에게로 돌아오리라

✛ 누가 누구에게 하신 말씀이었나요?	예수님이 칠십 인의 제자에게 하신 말씀이었습니다.
✛ 어느 집에 들어가든지 먼저 무엇을 하라 하셨나요?	"이 집이 평안할지어다!"
✛ 당신도 어느 집에 들어가든지 "이 집이 평안할지어다!" 하고 명령하고 선포할 수 있나요?	아멘, 아멘!
✛ 당신이 명령하고 선포한 평안은 그대로 이루어짐을 믿나요?	아멘, 아멘!
✛ 당신이 명령하고 선포한 평안을 받을 사람이 그 집에 있으면 어떻게 되나요?	그 사람에게 평안이 머물게 됩니다.
✛ 만약 당신이 명령하고 선포한 평안을 받을 사람이 그 집에 없으면 어떤 결과가 나타나나요?	그 명령하고 선포한 평안이 내게로 돌아옵니다.
✛ 그렇다면 일단 당신의 입을 통해서 나간 평안의 효력은 살아 있다고 믿나요?	아멘, 아멘!
✛ 정말 당신 입술의 선포가 살아 있다고 믿나요?	아멘, 아멘!
✛ 그것을 진짜 믿는다면 당신의 입술을 열어서 복된 명령과 선포를 많이 해야겠다고 결단할 수 있나요?	아멘, 아멘!

2. 베드로의 명령과 선포 현장

당신은 베드로의 사역 현장을 초대교회를 통해서 볼 수 있습니다. 베드로의 사역 현장은 어쩌면 예수님 때보다 더 많은 역사가 일어났다고 해도 과언이 아닐 만큼

엄청난 역사가 일어났습니다. 심지어 병든 사람이 베드로의 그림자라도 닿을까 하여 병자들을 침상에 뉘어서 길가에 내다 놓을 정도였으니까요. 이제 그 베드로의 사역 현장에 들어가 봅니다.

📖✝ **아래 성경을 묵상하세요.**

> **행 3:6~8** | ⁶베드로가 이르되 은과 금은 내게 없거니와 내게 있는 이것을 네게 주노니 나사렛 예수 그리스도의 이름으로 일어나 걸으라 하고 ⁷오른손을 잡아 일으키니 발과 발목이 곧 힘을 얻고 ⁸뛰어 서서 걸으며 그들과 함께 성전으로 들어가면서 걷기도 하고 뛰기도 하며 하나님을 찬송하니
>
> **행 4:4** | 말씀을 들은 사람 중에 믿는 자가 많으니 남자의 수가 약 오천이나 되었더라

✣ 베드로가 나면서 못 걷게 된 그에게 선포한 명령을 정리하세요.

첫째, 은과 금은 내게 없다! **둘째**, 내게 있는 것으로 네게 준다! **셋째**, 나사렛 예수 그리스도의 이름으로 일어나 걸으라!

✣ 베드로가 그를 잡아 일으키자 어떤 현상이 일어났나요?

첫째, 발과 발목이 곧 힘을 얻어, **둘째**, 뛰어 서서 걸으며, **셋째**, 제자와 함께 찬송하며 성전으로 들어갔습니다.

✣ 베드로는 당신과 동일한 성도이자 제자일 뿐입니다. 그가 사역 현장에서 이러한 일을 했다면 당신도 할 수 있다고 믿나요?

아멘, 아멘! 베드로가 했으면 나도 할 수 있습니다.

✣ 베드로를 통해서 주님이 일으켜 주신 장애인의 치유를 통해서 얼마나 많은 사람이 예수를 믿었나요?

남자의 수만 약 오천 명이나 되었습니다.

✣ 당신이 복음을 전파할 때 치유가 일어나야 할 이유가 있다면 무엇일까요?

그로 인해 복음의 전파가 빠르게 확산되기 때문입니다.

✣ 오늘 당신의 삶에도 이런 표적과 치유가 일어난다면 복음 전파에 많은 유익을 줄 것이라 믿나요?

아멘, 아멘!

📖 아래 성경을 묵상하세요.

> **행 9:32~35** | ³²그때에 베드로가 사방으로 두루 다니다가 룻다에 사는 성도에게도 내려갔더니 ³³거기서 애니아라 하는 사람을 만나매 그는 중풍병으로 침상 위에 누운 지 여덟 해라 ³⁴베드로가 이르되 애니아야 예수 그리스도께서 너를 낫게 하시니 일어나 네 자리를 정돈하라 한대 곧 일어나니 ³⁵룻다와 사론에 사는 사람들이 다 그를 보고 주께로 돌아오니라
>
> **행 4:30** | 손을 내밀어 병을 낫게 하옵시고 표적과 기사가 거룩한 종 예수의 이름으로 이루어지게 하옵소서

✛ 어디에서 누구와 누구 사이에 일어난 사건인가요?

룻다에서 베드로와 애니아 사이에 일어난 일입니다.

✛ 당시 애니아의 상태는 어떠했나요?

중풍병으로 8년 간 침상에 누워 있었습니다.

✛ 베드로가 애니아를 향한 명령과 선포를 정리하세요.

선포: 예수 그리스도께서 너를 낫게 하신다! **명령**: 일어나 네 자리를 정돈하라!

✛ 베드로의 명령과 선포는 어떤 결과를 낳았나요?

애니아가 곧 일어났습니다.

✛ 베드로의 명령과 선포의 특징은 무엇인가요?

문제 앞에서 기도한 다음에 주님께 맡긴 것이 아니라, 직접 문제를 향해서 선포하고 명령하여 해결한 것입니다.

✛ 베드로가 한 이런 역사가 성경에 기록되어 있다면 당신도 그렇게 할 수 있다고 믿나요?

아멘, 아멘!

✛ 애니아의 치유를 통해서 교회에 어떤 유익이 나타났나요?

룻다와 사론에 사는 사람들이 다 그를 보고 주께로 돌아왔습니다.

✛ 당신 주위에서 이런 역사가 일어난다면 복음의 전파에 정말 유익할 것을 믿나요?

아멘, 아멘!

✛ 이런 치유와 표적이 당신 교회와 삶에 많이 나타나기를 기도할 수 있나요?

아멘, 아멘!

✤ 초대교회인 예루살렘교회가 공적으로 기도할 때에 치유와 표적과 기사를 위해 기도한 이유를 이해할 수 있나요?	아멘, 아멘!

📖 아래 성경을 묵상하세요.

> **행 9:40~43** | ⁴⁰베드로가 사람을 다 내보내고 무릎을 꿇고 기도하고 돌이켜 시체를 향하여 이르되 다비다야 일어나라 하니 그가 눈을 떠 베드로를 보고 일어나 앉는지라 ⁴¹베드로가 손을 내밀어 일으키고 성도와 과부들을 불러 들여 그가 살아난 것을 보이니 ⁴²온 욥바 사람이 알고 많은 사람이 주를 믿더라

✤ 욥바에서 다비다가 죽어 시체를 씻어 다락에 눕혀 놓은 상태였습니다. 다비다가 죽은 상태에서 제자는 누구를 초청했나요?	베드로를 초청했습니다.
✤ 초청을 받은 베드로가 한 행동과 명령과 선포를 정리하세요.	**첫째**, 먼저 무릎을 꿇고 기도하고 **둘째**, 시체를 향해 "다비다야, 일어나라!" 명령했습니다.
✤ 베드로가 명령할 때에 예수님의 이름을 사용했나요?	사용하지 않았습니다.
✤ 당신이 주목해야 할 것이 무엇인가요?	먼저 기도한 후에 명령하고 선포할 수 있다는 것입니다.
✤ 베드로가 명령했을 때 결과는 어떠했나요?	다비다(도르가)가 눈을 떠 일어났습니다.
✤ 이런 일들이 믿음만 있으면 당신에게도 일어날 수 있다고 믿나요?	아멘, 아멘!

3. 바울의 명령과 선포 현장

바울 역시 예수님의 사역에 버금갈 정도의 엄청난 역사를 일으킨 사역자입니다.

그의 손수건이나 앞치마만 갖다 대도 병이 치료될 정도였으니까요. 지금 당신도 기독교 역사상 위대했던 사도 바울의 사역 현장을 체험하기 원합니다. 이제 그 바울의 명령과 선포의 현장을 가 봅니다.

📖✝ 아래 성경을 묵상하세요.

> **행 14:8~10** | ⁸루스드라에 발을 쓰지 못하는 한 사람이 앉아 있는데 나면서 걷지 못하게 되어 걸어 본 적이 없는 자라 ⁹바울이 말하는 것을 듣거늘 바울이 주목하여 구원받을 만한 믿음이 그에게 있는 것을 보고 ¹⁰큰 소리로 이르되 네 발로 바로 일어서라 하니 그 사람이 일어나 걷는지라

✛ 어디에서 일어난 일인가요?

루스드라에서 일어난 일입니다.

✛ 누가 등장하나요?

나면서부터 걷지 못하는 장애인이 등장합니다.

✛ 그가 무엇을 듣고 있나요?

바울이 하는 말씀을 듣고 있습니다.

✛ 바울은 그 장애인의 무엇을 보았다고 하나요?

구원받을 만한 믿음이 그에게 있는 것을 보았습니다.

✛ 바울은 장애인을 향해 어떻게 명령하고 있나요?

큰 소리로 "네 발로 바로 일어서라!" 명령하고 선포하고 있습니다.

✛ 바울이 선포한 현장은 어떠했나요?

말씀을 전하다가 그 자리에서 명령하고 선포했습니다.

✛ 결과는 어떠했나요?

그 자리에서 일어나 걸었습니다.

✛ 바울의 믿음이 당신에게 살아난다면 당신도 그런 일을 할 수 있다고 믿나요?

아멘, 아멘!

✛ 대부분은 문제가 있을 때 하나님께 기도하고 맡기는 것으로 끝납니다. 그러나 베드로나 바울은 어떻게 했는지 정리해 보세요.

첫째, 형편에 따라서 기도한 후에 명령하고 선포할 수도 있고, **둘째**, 예수님의 이름을 사용해서 명령하고 선포하기도 했지만, **셋째**, 장자권을 사용해서 즉시 명령하고 선포하기도 했습니다.

📖 아래 성경을 묵상하세요.

> **행 16:16~18** | 16우리가 기도하는 곳에 가다가 점치는 귀신 들린 여종 하나를 만나니 점으로 그 주인들에게 큰 이익을 주는 자라 17그가 바울과 우리를 따라와 소리 질러 이르되 이 사람들은 지극히 높은 하나님의 종으로서 구원의 길을 너희에게 전하는 자라 하며 18이같이 여러 날을 하는지라 바울이 심히 괴로워하여 돌이켜 그 귀신에게 이르되 예수 그리스도의 이름으로 내가 네게 명하노니 그에게서 나오라 하니 귀신이 즉시 나오니라

✛ 바울과 실라가 무엇 하러 가다가 일어난 사건인가요?	기도하러 가다가 일어난 일입니다.
✛ 누구를 만났나요?	귀신 들려 점치는 여종을 만났습니다.
✛ 그 여종은 주인에게 어떤 존재였나요?	큰 이익을 주는 자였습니다.
✛ 그 귀신 들린 여종이 바울 일행에게 한 말을 정리하세요.	이 사람들은 지극히 높은 하나님의 종으로 구원의 길을 너희에게 전하는 자라.
✛ 여종은 이 말을 한 번만 했나요?	여러 날 계속했습니다.
✛ 바울이 명령하고 선포한 것은 누구에게 한 것인가요?	귀신에게 한 것입니다.
✛ 내용을 옮겨 보세요.	점치는 귀신에게 "예수 그리스도의 이름으로 내게 네게 명하노니 그에게서 나오라!"
✛ 바울이 명령하고 선포한 결과는 어떠했나요?	즉시 귀신이 나왔습니다.
✛ 바울이 했으면 당신도 할 수 있다고 믿나요?	아멘, 아멘

4. 안수집사인 빌립의 사역 현장

지금까지 베드로와 바울을 통해서 주님께서 역사하신 현장을 목격했습니다. 이제 소위 평신도라고 부르는 안수집사 빌립의 사역 현장에 들어가 봅니다. 성경은 어떤 위대한 표적을 사도이기 때문에 일으켰다고 말씀하지 않습니다. 믿는 자들에게 동일한 역사를 일으키게 하셨습니다.

📖 아래 성경을 묵상하세요.

> 행 8:4~8 | ⁴그 흩어진 사람들이 두루 다니며 복음의 말씀을 전할새 ⁵빌립이 사마리아 성에 내려가 그리스도를 백성에게 전파하니 ⁶무리가 빌립의 말도 듣고 행하는 표적도 보고 한마음으로 그가 하는 말을 따르더라 ⁷많은 사람에게 붙었던 더러운 귀신들이 크게 소리를 지르며 나가고 또 많은 중풍병자와 못 걷는 사람이 나으니 ⁸그 성에 큰 기쁨이 있더라

✜ 당시에 사마리아 성에 간 사람은 누구인가요?	안수집사인 빌립이었습니다.
✜ 당시에 사마리아 성은 유대인들과 어떤 사이였나요?	남북 이스라엘 시대부터 견원지간으로 도저히 하나 될 수 없는 사이였습니다.
✜ 빌립은 그 사마리아에서 무엇을 했나요?	그리스도를 백성에게 전파했습니다.
✜ 빌립이 말씀을 전하면서 표적을 행한 결과는 어떠했나요?	무리가 한마음으로 빌립의 말을 따랐습니다.
✜ 이로 보아 전도할 때 표적이 따르면 어떤 결과가 나타날까요?	말씀의 권위가 나타나 예수 그리스도의 복음이 효과적으로 전파됨을 알 수 있습니다.
✜ 빌립이 행한 표적의 내용은 무엇인가요?	많은 사람에게 붙었던 더러운 귀신들이 소리를 지르며 떠나가고 많은 중풍병자와 못 걷는 사람이 나음을 입었습니다.
✜ 빌립도 당신과 같은 평신도입니다. 빌립이 했다면 당신도 할 수 있다고 확신하나요?	아멘, 아멘!

📖 아래 성경을 묵상하세요.

> 요 14:12 | 내가 진실로 진실로 너희에게 이르노니 나를 믿는 자는 내가 하는 일을 그도 할 것이요 또한 그보다 큰일도 하리니 이는 내가 아버지께로 감이라

✤ 위의 말씀이 진리라고 믿나요?	아멘, 아멘!
✤ 예수님을 믿는 당신도 예수님이 하신 일을 할 수 있다고 믿나요?	아멘, 아멘!

잊지 마세요. 주님이 고별 설교 시에 약속하신 말씀을…

"내가 하는 일을 그도 할 것이요, 그보다 큰일도 하리라!"

말씀 살기

✛ 말씀의 핵심 정리

1. 초대교회 성도는 문제 앞에서 명령, 선포했구나!
2. 주로 예수 이름을 사용했지만, 자녀의 권세로 직접 명령할 때도 있었구나!
3. 문제 앞에서 주님께 기도했지만, 경우에 따라서는 그 자리에서 자녀의 권세를 발동했구나!
4. 기도는 먼저 드리고 문제를 향해서는 명령, 선포할 수도 있구나!
5. 예수님의 말씀대로 주님 하신 일을 할 수 있구나!
6. 베드로나 바울이나 빌립 같은 믿음의 사람들도 다 명령과 선포를 했구나!
7. 나도 이렇게 할 수 있어야겠구나!

✛ 감사와 회개

주여, 예수님의 이름을 앞세울 권세를 주심에 감사, 감사합니다!

주여, 제게 명령과 선포를 할 수 있는 특권을 주시니 감사, 감사합니다!

주여, 사도들과 집사들의 명령과 사역현장을 보게 하시니 감사, 감사합니다!

주여, 내 삶과 전도 현장에도 예수님의 이름을 앞세워 명령하고 선포하며 살도록 결단하게 하시니 감사, 감사합니다!

주여, 지금까지 예수님의 이름으로 이 역사를 일으키지 못했음을 용서하소서!

주여, 지금까지 자녀의 권세를 누리지 못했음을 용서하소서!

주여, 지금까지 더 깊고 뜨거운 기도를 드리지 못했음을 용서하소서!

✝ **명령과 선포와 결단**

나는 예수님의 말씀을 그대로 믿는다!

베드로도 나와 같은 성정을 가진 믿음의 사람이다!

베드로가 병자를 향해 명령했으면 나도 명령할 수 있다!

빌립이 했다면 나도 할 수 있다!

바울이 했다면 나도 할 수 있다!

바울이 귀신을 쫓아냈다면 나도 할 수 있다!

바울이 예수님의 이름을 사용하여 귀신에게 명령했다면 나도 명령할 수 있다!

나도 이제부터 예수 이름과 장자권을 마음껏 누리리라!

주여, 이제부터 예수님의 이름으로 명령하고 선포하며 살겠습니다!

주여, 이제부터 병자가 있으면 기도하고 명령, 선포하여 치료해 주겠습니다!

주여, 이제부터 귀신 들린 사람을 보면 예수님 이름으로 쫓아내겠습니다!

주여, 이제부터 주님이 하신 일들을 전도 현장에서 누리며 살겠습니다!

주여, 이제부터 베드로나 바울, 빌립처럼 믿음으로 표적을 누리며 살겠습니다!

✝ **훈련의 기본 원칙 열 번 복창**

"단순, 반복, 지속, 강행"

✝ **장자권의 발동, 명령과 선포 세 번 복창**

"있을지어다! 그대로 되니라! 하나님 보시기에 좋았더라!"

"치료될지어다! 회복될지어다! 복 있을지어다! 충만할지어다! 정복할지어다! 다스릴지어다!"

✝ **받은 은혜 묵상 · 간증하기 말씀 요약**

_____

_____

_____

보혈의 권세를 누리라

성경은 피가 강물같이 흐르는 책입니다. 〈창세기〉부터 〈요한계시록〉까지 성경에는 예수님의 피가 흘러넘치고 있습니다. 이제 이 피의 강을 헤엄치기 원합니다. 그 피의 강에서 생명을 얻고 풍성하게 누릴 수 있기를 축복합니다. 피는 생명의 원천입니다. 육체의 생명만 피로 존재하는 것은 아닙니다. 영적 생명도 피로 존재합니다. 피는 영과 육의 생명을 존재하게 하는 힘, 자체입니다. 피가 육체의 생명의 근원이듯이, 영적 생명의 근원은 예수님의 보배로운 피, 보혈입니다.

암송
말씀

⁷증언하는 이가 셋이니 ⁸성령과 물과 피라 또한 이 셋은 합하여 하나이니라(요일 5:7~8)

1. 사망을 이기는 보혈의 권세

모든 인생에게 절대적인 명제가 있습니다. 그것은 바로 죽음이라는 과제입니다. 이 세상에서 그 누구도 사망의 권세를 이길 능력을 소유한 사람은 없습니다. 그리스도인은 누구인가요? 바로 사망의 권세를 이긴 예수님의 보혈로 사망의 권세와 두려움을 이겨 낸 사람들입니다.

1) 어린양의 피

하나님은 죽어야 할 아담을 위해 짐승의 피를 흘렸습니다. 그 짐승의 제사가 완벽할 수 없어 영원한 제사를 드린 분이 계십니다. 바로 하나님의 아들 예수님입니다. 그분이 보혈을 흘리셨습니다. 예수님의 보혈의 예표인 출애굽 당시의 유월절로 들어가 봅니다.

📖✝ 아래 성경을 묵상하세요.

> 출 12:5~7, 13 | 5너희 어린양은 흠 없고 일 년 된 수컷으로 하되 양이나 염소 중에서 취하고 6이 달 열 나흗날까지 간직하였다가 해 질 때에 이스라엘 회중이 그 양을 잡고 7그 피를 양을 먹을 집 좌우 문설주와 인방에 바르고 … 13내가 애굽 땅을 칠 때에 그 피가 너희가 사는 집에 있어서 너희를 위하여 표적이 될지라 내가 피를 볼 때에 너희를 넘어가니 재앙이 너희에게 내려 멸하지 아니하리라

❖ 어린양의 자격 조건은 어떠했나요?　　　양이나 염소 중에 흠 없고 1년 된 수컷입니다.

✣ 어린양을 잡은 후 제일 먼저 무엇을 해야 하나요?	피를 문설주와 좌우 인방에 발라야 했습니다.
✣ 하나님이 애굽 땅을 치실 때에 표적으로 주신 것은 무엇인가요?	어린양의 피입니다.
✣ 무엇을 보고 죽음의 재앙이 넘어가나요?	어린양의 피를 보면 넘어갑니다.
✣ 어린양의 피는 결국 무엇을 이기는 힘이자 길인가요?	사망 권세를 이기는 힘이자 길입니다.

📖 아래 성경을 묵상하세요.

요 1:29 | 이튿날 요한이 예수께서 자기에게 나아오심을 보고 이르되 보라 세상 죄를 지고 가는 하나님의 어린양이로다

✣ 세례 요한이 보라고 외친 분은 누구였나요?	예수님입니다.
✣ 세례 요한이 보라고 외친 예수님은 무엇을 지고 가시나요?	세상 죄를 지고 가십니다.
✣ 그 예수님은 곧 누구셨나요?	하나님의 어린양이십니다.
✣ 이 말씀으로 보아 구약의 유월절 어린양은 곧 누구를 예표하고 있나요?	영원한 어린양인 예수님입니다.
✣ 유월절 어린양의 피가 장자의 죽음을 이기게 했다면 영원한 어린양 예수님의 피의 효력은 무엇인가요?	예수님 안에 오는 모두를 사망에서 생명으로 옮기십니다.

2. 죄를 사하는 보혈의 권세

하나님은 구약의 율법에서 죄를 사하는 짐승의 피의 권세에 대해 우리에게 말씀을 통해 알려 주셨습니다. 피의 권세를 알면 그 피가 얼마나 귀한지 알 수 있습니다. 이제 피, 곧 어린양의 피에 담겨 있는 죄 사함을 찾아가 봅니다.

1) 피가 죄를 속하나니

하나님은 죄를 싫어하십니다. 죄의 결과는 죽음이기 때문입니다. 하나님은 이 세상에 모든 사람이 죄인임을 아십니다. 그 죄인에게 죄 사함의 길을 주셨는데 바로 짐승의 피로 대속을 이루신 사건입니다. 하나님은 첫 사람 아담에게 이 은혜를 안겨 주셨습니다. 그 후로 하나님은 제사의 피를 통해 사람의 죄를 사하시고 하나님께 나아갈 길을 열어 주셨습니다.

📖 아래 성경을 묵상하세요.

> **레 17:11** | 육체의 생명은 피에 있음이라 내가 이 피를 너희에게 주어 제단에 뿌려 너희의 생명을 위하여 속죄하게 하였나니 생명이 피에 있으므로 피가 죄를 속하느니라
>
> **히 9:22** | 율법을 따라 거의 모든 물건이 피로써 정결하게 되나니 피흘림이 없은즉 사함이 없느니라

✤ 육체의 생명은 어디에 있나요?	피에 있습니다.
✤ 하나님은 죄지은 사람을 속죄시키기 위해 무엇을 하게 하셨나요?	짐승의 피를 제단에 뿌리게 하셨습니다.
✤ 하나님의 제단에 뿌려진 짐승의 피의 효력은 무엇인가요?	제단에 제물의 피를 뿌린 자의 죄를 사하는 효력이 있습니다.
✤ 피가 죄를 속하는 이유가 어디에 있나요?	생명이 피에 있기 때문입니다.
✤ 율법에 의하면 모든 물건이 정결하게 되는 길이 어디에 있나요?	피에 있습니다.
✤ 피 흘림이 없으면 무엇도 없나요?	죄 사함이 없습니다.

2) 어린양 예수님의 피

구약의 율법에서 짐승의 피는 순간의 죄를 용서하지만 그 효력이 영원할 수가 없

었습니다. 하나님은 범죄한 사람들의 죄를 위해 영원한 속죄를 이루실 계획을 세우셨습니다. 그 계획에 의해 하나님은 독생자 예수님을 보내 주셨지요. 이제 그 복음의 강으로 헤엄쳐 들어가 봅시다.

📖✝ 아래 성경을 묵상하세요.

> **마 26:26~28** | ²⁶그들이 먹을 때에 예수께서 떡을 가지사 축복하시고 떼어 제자에게 주시며 이르시되 받아서 먹으라 이것은 내 몸이니라 하시고 ²⁷또 잔을 가지사 감사 기도 하시고 그들에게 주시며 이르시되 너희가 다 이것을 마시라 ²⁸이것은 죄 사함을 얻게 하려고 많은 사람을 위하여 흘리는 바 나의 피 곧 언약의 피니라

✣ 예수님이 제자에게 잔을 주시면서 하신 말씀입니다. 무엇을 위해 흘리는 피였나요? | 죄 사함을 얻게 하려고 흘리는 피입니다.

✣ 죄 사함의 대상은 누구인가요? | 많은 사람입니다.

✣ 누구의 피였나요? | 예수님의 피였습니다.

✣ 그 피는 어떠한 피라 하시나요? | 언약의 피라 하셨습니다.

✣ 예수님의 피를 어떻게 하라 하시나요? | 받아 마시라 하셨습니다.

📖✝ 아래 성경을 묵상하세요.

> **요 6:53~55** | ⁵³예수께서 이르시되 내가 진실로 진실로 너희에게 이르노니 인자의 살을 먹지 아니하고 인자의 피를 마시지 아니하면 너희 속에 생명이 없느니라 ⁵⁴내 살을 먹고 내 피를 마시는 자는 영생을 가졌고 마지막 날에 내가 그를 다시 살리리니 ⁵⁵내 살은 참된 양식이요 내 피는 참된 음료로다

✣ 예수의 살을 먹고 예수의 피를 마시지 아니하면 어떤 결과가 오나요? | 우리 속에 생명이 없습니다.

✣ 예수의 살을 먹고 예수의 피를 마시는 자는 무엇을 가졌나요?　영생을 가졌습니다.

✣ 당신에게 참된 양식과 참된 음료는 무엇인가요?　예수님의 살과 피입니다.

✣ 예수님의 살과 예수님의 피를 먹고 마시는 자에게는 어떤 복이 임하나요?　주님과 동거하는 복, 너는 내 안에 나는 네 안에 거하는 복이 임합니다.

📖† 아래 성경을 묵상하세요.

> **벧전 1:18~19** | ¹⁸너희가 알거니와 너희 조상이 물려준 헛된 행실에서 대속함을 받은 것은 은이나 금 같이 없어질 것으로 된 것이 아니요 ¹⁹오직 흠 없고 점 없는 어린양 같은 그리스도의 보배로운 피로 된 것이니라
>
> **히 9:12** | 염소와 송아지의 피로 하지 아니하고 오직 자기의 피로 영원한 속죄를 이루사 단번에 성소에 들어가셨느니라

✣ 조상이 물려준 헛된 행실에서 무엇을 받았나요?　대속함을 받았습니다.

✣ 조상이 물려준 헛된 행실에서 대속함을 받은 것은 무엇으로 말미암지 않았나요?　금이나 은 같이 없어질 것으로 말미암지않습니다.

✣ 원죄에서 대속함을 받았음은 무엇으로 말미암나요?　흠 없고 점 없는 어린양 같은 그리스도의 보배로운 피(보혈)로 말미암았습니다.

✣ 예수 그리스도는 누구의 피로 속죄를 이루셨나요?　자기의 피로 속죄를 이루셨습니다.

✣ 예수님의 피의 효능은 무엇인가요?　영원한 속죄입니다.

✣ 예수님의 피가 오늘 당신의 죄를 영원히 사하셨다는 사실을 확신하나요?　아멘, 아멘!

---

3. 치유하는 보혈의 권세

당신은 예수님의 보혈이 얼마나 위대한지를 선명하게 알게 되었습니다. 보혈은 사

망을 이기고 죄를 사하는 권세가 있습니다. 이뿐만 아니라 보혈은 치유의 권세가 있습니다. 이제 말씀을 통해 치유하는 보혈의 권세를 확인합시다.

📖 아래 성경을 묵상하세요.

> **사 53:4~5** | ⁴그는 실로 우리의 질고를 지고 우리의 슬픔을 당하였거늘 우리는 생각하기를 그는 징벌을 받아 하나님께 맞으며 고난을 당한다 하였노라 ⁵그가 찔림은 우리의 허물 때문이요 그가 상함은 우리의 죄악 때문이라 그가 징계를 받으므로 우리는 평화를 누리고 그가 채찍에 맞으므로 우리는 나음을 받았도다
>
> **마 8:16~17** | ¹⁶저물매 사람들이 귀신 들린 자를 많이 데리고 예수께 오거늘 예수께서 말씀으로 귀신들을 쫓아내시고 병든 자들을 다 고치시니 ¹⁷이는 선지자 이사야를 통하여 하신 말씀에 우리의 연약한 것을 친히 담당하시고 병을 짊어지셨도다 함을 이루려 하심이더라

✤ 예수님이 찔리심은 무엇 때문인가요?	우리의 허물 때문입니다.
✤ 예수님이 상하심은 무엇 때문인가요?	우리의 죄악 때문입니다.
✤ 그가 징계를 받으므로 어떤 은혜가 주어졌나요?	평화를 누립니다.
✤ 그가 채찍에 맞음으로 어떤 은총이 주어졌나요?	나음을 입었습니다.
✤ 예수님의 치료 사건이 주는 의미는 무엇인가요?	이사야 선지자가 한 말씀을 이루려 하심입니다.
✤ 이사야의 예언을 신약성경이 재해석하고 있습니다. 옮겨보세요.	우리의 연약한 것을 친히 담당하고 병을 짊어지셨습니다.
✤ 이 말씀이 진리라면 예수님께서 채찍에 맞으면서 흘리신 보혈이 당신의 모든 병을 치료한다고 믿나요?	아멘, 아멘!
✤ 예수님의 보혈이 당신의 모든 병을 치료한다면 지금 그 보혈의 권세를 누리고 싶은가요?	아멘, 아멘!
✤ 지금 당신의 모든 연약함과 질병을 예수님의 보혈 앞에 내려놓을 수 있나요?	아멘, 아멘!

✢ 지금 그 보혈을 의지하여 모든 병을 치료받았다고   아멘, 아멘!
   선포할 수 있나요?

4. 보혈의 권세와 능력

보혈은 절대 권세를 가지고 있습니다. 보혈이 가지는 품격은 전능 그 자체입니다. 왜냐하면 보혈은 하나님의 생명이기 때문입니다. 이제 성경을 통해서 보혈이 차지하는 자리와 권세를 살펴봅니다.

📖✝ **아래 성경을 묵상하세요.**

> **요일 5:5~8** | ⁵예수께서 하나님의 아들이심을 믿는 자가 아니면 세상을 이기는 자가 누구냐 ⁶이는 물과 피로 임하신 이시니 곧 예수 그리스도시라 물로만 아니요 물과 피로 임하셨고 증언하는 이는 성령이시니 성령은 진리니라 ⁷증언하는 이가 셋이니 ⁸성령과 물과 피라 또한 이 셋은 합하여 하나이니라

✢ 세상을 이기는 자는 어떤 자인가요?   하나님께로부터 난 자입니다.

✢ 세상을 이기는 승리는 무엇인가요?   우리의 믿음입니다.

✢ 세상을 이기려면 반드시 무엇을 믿어야 하나요?   예수님은 사람이기 이전에 하나님의 아들이심을 믿어야 합니다.

✢ 예수님은 이 세상에 어떻게 임했다고 말씀하나요?   물과 피로 임한다 하셨습니다.

✢ 예수님이 물과 피로 임하심을 증언하는 분은 누구인가요?   성령님입니다.

✢ 증언하는 이가 셋이라 하면서 이 셋이 합하여 하나라 하셨는데 그 셋은 무엇인가요?   성령과 물과 피입니다.

✛ 그렇다면 예수님의 보혈은 누구와 같은 격을 소유하고 있나요?	성령과 말씀과 같은 위치에 있습니다.
✛ 이 사실이 믿어진다면 보혈의 권세는 성령의 권세임을 인정하나요?	아멘, 아멘!
✛ 이 사실이 믿어진다면 보혈의 자리와 권세는 말씀과 동일하다고 믿나요?	아멘, 아멘!
✛ 성령과 물과 피가 하나라면 예수님의 보혈의 권세에 대해 분명히 믿어지나요?	아멘, 아멘!
✛ 보혈의 능력이 이렇게 절대적 권세를 가지고 있다면 그 보혈 안에서 모든 문제가 다 해결된다는 사실을 믿나요?	아멘, 아멘!

📖✝ 아래 성경을 묵상하세요.

> **요 3:5** | 예수께서 대답하시되 진실로 진실로 네게 이르노니 사람이 물과 성령으로 나지 아니하면 하나님의 나라에 들어갈 수 없느니라
>
> **벧전 1:23** | 너희가 거듭난 것은 썩어질 씨로 된 것이 아니요 썩지 아니할 씨로 된 것이니 살아 있고 항상 있는 하나님의 말씀으로 되었느니라
>
> **약 1:18** | 그가 그 피조물 중에 우리로 한 첫 열매가 되게 하시려고 자기의 뜻을 따라 진리의 말씀으로 우리를 낳으셨느니라
>
> **벧전 3:21** | 물은 예수 그리스도께서 부활하심으로 말미암아 이제 너희를 구원하는 표니 곧 세례라 이는 육체의 더러운 것을 제하여 버림이 아니요 하나님을 향한 선한 양심의 간구니라
>
> **엡 5:26** | 이는 곧 물로 씻어 말씀으로 깨끗하게 하사 거룩하게 하시고

✛ 사람이 거듭나기 위해 필요한 것은 무엇인가요?	물과 성령입니다.
✛ 벧전 1:23 말씀에 의하면 거듭나는데 필요한 물은 무엇을 의미하나요?	하나님의 말씀을 의미합니다.

✤ 약 1:18 말씀에 의하면 하나님은 우리를 무 | 진리의 말씀으로 낳으셨습니다.
엇으로 낳으셨나요?

✤ 물이 세례를 의미하는 경우도 있는데, 꼭 물 | 벧전 3:21 말씀에 의하면 물이 세례를 나타
이 말씀을 의미한다고 해석해야 하나요? | 내기도 합니다. 하지만 세례는 육체의 더러
운 것을 제할 수 없다고 말씀하십니다. 그러
나 엡 5:26 말씀에 우리를 깨끗하게 하는 것
은 바로 말씀이기에 물을 말씀으로 연결시
켰습니다.

5. 보혈의 권세를 확인하고 누리라

지금까지 예수님의 보혈에 대해 말씀을 근거로 접근해 보았습니다. 이제 이 보혈
의 권세를 누리는 일이 남아 있습니다. 우리는 성경 안의 온갖 보화들을 누리지 못
한다는 약점을 안고 살아갑니다. 이 모두 사탄, 마귀의 계략에 말려들고 있는 것입
니다. 이제 말씀을 통해 보혈을 어떻게 사용했는지 살펴봅시다.

📖 아래 성경을 묵상하세요.

출 29:19~20 | ¹⁹너는 다른 숫양을 택하고 아론과 그 아들들은 그 숫양의 머리 위에 안수할지
며 ²⁰너는 그 숫양을 잡고 그것의 피를 가져다가 아론의 오른쪽 귓부리와 그의 아들들의 오른
쪽 귓부리에 바르고 그 오른손 엄지와 오른발 엄지에 바르고 그 피를 제단 주위에 뿌리고

히 9:19~22 | ¹⁹모세가 율법대로 모든 계명을 온 백성에게 말한 후에 송아지와 염소의 피 및
물과 붉은 양털과 우슬초를 취하여 그 두루마리와 온 백성에게 뿌리며 ²⁰이르되 이는 하나님
이 너희에게 명하신 언약의 피라 하고 ²¹또한 이와 같이 피를 장막과 섬기는 일에 쓰는 모든 그
릇에 뿌렸느니라 ²²율법을 따라 거의 모든 물건이 피로써 정결하게 되나니 피흘림이 없은즉
사함이 없느니라

히 11:28 | 믿음으로 유월절과 피 뿌리는 예식을 정하였으니 이는 장자를 멸하는 자로 그들을
건드리지 않게 하려 한 것이며

마 26:27~28 | ²⁷또 잔을 가지사 감사 기도 하시고 그들에게 주시며 이르시되 너희가 다 이것
을 마시라 ²⁸이것은 죄 사함을 얻게 하려고 많은 사람을 위하여 흘리는바 나의 피 곧 언약의 피
니라

✛ 하나님은 모세에게 제사장 직분을 위임받는 아론과 그의 아들들을 위해서 무엇을 잡으라 하셨나요?

숫양을 잡으라 하셨습니다.

✛ 그들을 위해서 피를 어떻게 하라고 하셨나요?

오른쪽 귓부리와 오른손 엄지와 오른발 엄지에 바르고 제단 주위에 뿌리라 하셨습니다.

✛ 또 피를 어디에 뿌리라 하셨나요?

아론과 그의 옷에, 그의 아들들과 그 아들들의 옷에 뿌리라 하셨습니다.

✛ 피를 뿌림으로 어떻게 되었나요?

거룩하게 되었습니다.

✛ 번제물(소나 양)의 피를 누구의 무엇을 위해 어디에 뿌리라 하셨나요?

죄인의 죄를 위해 제단 사방에 뿌리라 하셨습니다.

✛ 모세는 율법대로 송아지와 염소의 피를 어디에 뿌렸나요?

두루마리와 온 백성, 그리고 장막과 섬기는 일에 쓰는 모든 그릇에 뿌렸습니다.

✛ 모세가 피를 뿌린 이유는 무엇인가요?

율법을 따라 거의 모든 물건이 피로써 정결하게 되기 때문입니다.

✛ 모세는 이 피를 무엇이라 했나요?

"하나님이 너희에게 명하신 언약의 피"라 했습니다.

✛ 유월절과 피뿌리는 예식을 정한 목적은 무엇인가요?

멸하는 자로부터 장자를 보호하기 위함입니다.

✛ 예수님의 피를 어떻게 하라 하시나요?

마시라 하셨습니다.

✛ 죄사함을 위해 흘리신 예수님의 피는 무슨 피인가요?

언약의 피입니다.

✛ 위의 말씀에서 동사를 모아 보세요.

바르다. 뿌리다. 마시다.

✛ 예수님의 보혈이 모든 죄와 사망과 질병을 다 해결했다고 믿나요?

아멘, 아멘! 믿습니다.

✛ 예수님의 보혈은 성령과 말씀과 동일한 능력이 있다고 믿나요?

아멘, 아멘!

말씀 살기

✚ 말씀의 핵심 정리

1. 어린양 예수님의 보혈이 사망 권세를 정복하는구나!

2. 어린양 예수님의 보혈이 모든 죄를 사하는구나!

3. 어린양 예수님의 보혈 안에 영원한 속죄가 있구나!

4. 어린양 예수님의 보혈이 모든 병을 치료하는구나!

5. 예수님이 나의 모든 질병을 다 짊어지셨구나!

6. 어린양 예수님의 보혈은 성령과 말씀과 동일한 권세와 능력이 있구나!

7. 예수님의 보혈을 마음껏 누려야겠구나!

✚ 감사와 회개

주여, 내 모든 죄를 주님의 보혈로 씻어 주시니 감사합니다!

주여, 아담 때부터 내려오는 모든 저주를 예수님의 보혈로 해결해 주시니 감사, 감사합니다!

주여, 보혈의 능력과 격이 성령과 말씀과 동격임을 알게 하시니 감사합니다!

오, 주여! 지금 내게서 사망과 온갖 죄악과 질병이 떠나갔음을 믿고 감사합니다!

주여, 피가 죄를 사하는 권세가 있음을 누리지 못함을 용서하소서!

주여, 죄를 사하는 보혈의 권세 앞에 있으면서 죄를 이기지 못했음을 용서하소서!

주여, 죄 있는 곳에 예수님의 피를 사용하지 못했음을 용서하소서!

주여, 악한 습관이 있는 곳에 예수님의 피를 사용하지 못했음을 용서하소서!

주여, 주님의 보혈에 치료하는 권세가 있음을 누리지 못했음을 용서하소서!

주여, 각종 질병을 향해 예수 보혈의 권세를 누리지 못했음을 용서하소서!

✝ 명령과 선포와 결단

예수님의 이름으로 명하노니 온갖 죄악으로 나를 미혹하는 사탄, 마귀는 떠나갈지 어다!

예수님의 이름으로 명하노니 악한 습관으로 나를 지배하려는 사탄, 마귀는 떠나갈 지어다!

예수님의 이름으로 명하노니 각종 질병은 지금 내 몸에서 활동을 중지하고 떠나갈 지어다!

나는 예수님의 피로 내 모든 죄가 영원히 사해졌음을 믿고 선포하노라!

나는 이제 죄를 짓게 하는 더럽고 악한 영을 당당하게 물리치며 살리라!

나는 이제 예수님의 피로 새로운 피조물이 되었노라!

내 안에 역사하는 온갖 죄의 사슬들은 예수님의 보혈 안에서 끊어졌다!

채찍에 맞아 흘리신 예수님의 피가 내 모든 질병을 다 치료하셨다!

예수님께서 나의 모든 약함과 질병을 다 짊어지셨다!

나는 이제부터 모든 질병을 향해 예수님의 보혈을 의지하고 예수 이름으로 정복하 며 살리라!

주여, 이제부터 예수님의 보혈로 나의 모든 죄가 사해졌음을 누리며 살겠습니다!

주여, 예수님의 보혈로 나의 모든 죄가 영원히 사해졌음을 누리며 살겠습니다!

주여, 보혈의 권세로 각종 악습을 정복하며 살겠습니다!

주여, 보혈의 권세로 질병을 치료하며 살겠습니다!

주여, 보혈의 권세로 과거의 모든 죄에서 완전히 자유를 선포하며 살겠습니다!

주여, 보혈의 권세로 사탄과 마귀, 악한 영들을 정복하며 살겠습니다!

✝ 훈련의 기본 원칙 열 번 복창

"단순, 반복, 지속, 강행"

✝ 장자권의 발동, 명령과 선포 세 번 복창

"있을지어다! 그대로 되니라! 하나님 보시기에 좋았더라!"

"치료될지어다! 회복될지어다! 복 있을지어다! 충만할지어다! 정복할지어다! 다스릴지어다!"

✝ 받은 은혜 묵상 · 간증하기 말씀 요약

19

저주의 정서를 정복하라

인간이 제일 싫어하는 말이 있다면 '저주'라는 단어일 것입니다. 우리는 저주라는 말
자체를 싫어합니다. 저주라는 말을 싫어하는 이유는 무엇일까요? 저주가 주는 어감
때문만은 아닙니다. 저주 속에 담겨진 근원적인 무엇이 우리의 영에 전달되어, 무의
식 속에서 의식을 지배하기 때문입니다. 이 문제를 짚어 봅시다.

암송
말씀
그리스도께서 우리를 위하여 저주를 받은 바 되사 율법의 저주에서 우리를 속량하셨으
니 기록된 바 나무에 달린 자마다 저주 아래에 있는 자라 하였음이라(갈 3:13)

1. 십자가 위에서 해결된 저주

우리는 예수를 믿으면서도 여전히 저주의 정서에서 자유롭지 못합니다. 이제 이런 감정들을 오늘 말씀을 통하여 다 정복할 수 있기를 바랍니다. 신앙은 감정이 아닙니다. 오직 약속된 진리의 말씀을 따라갈 때만이 온전히 승리할 수 있습니다.

1) 저주는 이미 끝났다

우리가 예수님을 영접한 순간 진리는 선포합니다. "너의 모든 저주는 예수 그리스도의 십자가의 저주로 다 해결되었다!" 말씀 앞에서 내 지식이나 상황, 경험이나 살아온 삶의 모든 정서를 포기해야 합니다. 이제 진리의 선포를 확신하고 누리기를 축복합니다.

📖 아래 성경을 묵상하세요.

> **갈 3:13** | 그리스도께서 우리를 위하여 저주를 받은 바 되사 율법의 저주에서 우리를 속량하셨으니 기록된 바 나무에 달린 자마다 저주 아래에 있는 자라 하였음이라
>
> **엡 1:7** | 우리는 그리스도 안에서 그의 은혜의 풍성함을 따라 그의 피로 말미암아 속량 곧 죄 사함을 받았느니라

✛ 누가 무엇을 받으셨나요?   그리스도께서 저주를 받으셨습니다.

✛ 누구를 위해서 받으셨나요?   우리(나)를 위해서 받으셨습니다.

✚ 어디에서 받으셨나요?	나무(십자가)에 달려 받으셨습니다.
✚ 목적은 무엇인가요?	율법의 저주에서 우리를 속량하려 함입니다.
✚ 결과는 무엇인가요?	모든 저주에서 우리를 해방하셨습니다.
✚ 속량이란 말을 다른 말로 어떻게 표현하나요?	죄 사함이라 합니다.
✚ 그렇다면 나무(십자가)에 달리신 그리스도의 저주받으심이 당신의 모든 죄를 사하셨다는 사실을 의심 없이 믿나요?	아멘, 아멘!
✚ 이 말씀이 진리라고 믿나요?	아멘, 아멘!
✚ 예수 안에서 하나님의 장자인 당신은 모든 저주에서 자유를 선포할 수 있나요?	아멘, 아멘!

이제 말씀을 근거로 명령하고 선포하여 말씀을 누려 보세요.

예수님께서 십자가에서 저주를 받으셨다!
예수님의 십자가 저주는 나를 위함이셨다!
나의 모든 저주는 예수님의 십자가 대속으로 완전히 떠나갔다!
나는 모든 저주에서 완전히 해방되었다!
내가 어린양 예수님을 영접한 순간 나의 모든 저주는 떠나갔다!
나는 이제 저주의 정서에서 자유를 누리며 살리라!
저주의 정서로 속이고 억압하는 사탄, 마귀는 내게서 떠나갈지어다!
나는 그 어떤 저주의 정서에도 지배받지 않으리라!
나는 온갖 저주의 정서에서 자유를 선포하며 살리라!

2) 어린양 예수님의 피

예수 그리스도의 십자가의 피가 우리를 죄에서 해방시켜 주었습니다. 하나님은 이미 구약의 율법에서 어린양의 피를 통해 구속의 역사를 생생하게 연출했습니다.

📖 아래 성경을 묵상하세요.

> **출 12:21~23** | [21]모세가 이스라엘 모든 장로를 불러서 그들에게 이르되 너희는 나가서 너희의 가족대로 어린양을 택하여 유월절 양으로 잡고 [22]우슬초 묶음을 가져다가 그릇에 담은 피에 적셔서 그 피를 문 인방과 좌우 설주에 뿌리고 아침까지 한 사람도 자기 집 문 밖에 나가지 말라 [23]여호와께서 애굽 사람들에게 재앙을 내리려고 지나가실 때에 문 인방과 좌우 문설주의 피를 보시면 여호와께서 그 문을 넘으시고 멸하는 자에게 너희 집에 들어가서 너희를 치지 못하게 하실 것임이니라
>
> **요 1:29** | 이튿날 요한이 예수께서 자기에게 나아오심을 보고 이르되 보라 세상 죄를 지고 가는 하나님의 어린양이로다

✤ 그 피는 누구의 피였나요?	어린양의 피였습니다.
✤ 피 안에 있으면 어떤 일이 일어났나요?	누구든 보호받았습니다.
✤ 피 안에 있는 자의 행위나 품격이 영향을 줄 수 있었나요?	개인의 삶의 내용이나 품격은 전혀 영향을 줄 수 없었습니다.
✤ 구약의 어린양은 누구를 예표하고 있나요?	예수님을 예표하고 있습니다.
✤ 예수님이 무엇 하러 오셨나요?	세상 죄를 지려고 오셨습니다.
✤ 그렇다면 예수 그리스도의 피 안에만 있으면 누구라도 죄 사함 받을 수 있다고 확신하나요?	아멘, 아멘!
✤ 당신의 모든 죄도 이미 다 사해졌다고 확신하나요?	아멘, 아멘!

📖 아래 성경을 묵상하세요.

> **히 9:12** | 염소와 송아지의 피로 하지 아니하고 오직 자기의 피로 영원한 속죄를 이루사 단번에 성소에 들어가셨느니라

✛ 무슨 피로 아니했나요?   염소와 송아지의 피로 아니했습니다.

✛ 누구의 피로 했나요?   예수 그리스도(자기의) 피로 했습니다.

✛ 예수 그리스도의 피의 효능은 어디까지인가요?   영원한 속죄입니다.

✛ 이제 2000여 년 전에 십자가에서 쏟으신 예수 그리스도의 피가 오늘을 사는 당신의 죄를 사하셨다는 진리를 누릴 수 있나요?   아멘, 아멘!

✛ 이 말씀에 의지해서 당신의 모든 죄가 다 사함 받았다는 사실을 확신하나요?   아멘, 아멘!

이제 이 말씀을 근거로 명령하고 선포하여 말씀을 누려 보세요.

유월절 어린양의 피로 나의 모든 죄는 다 사함 받았다!

나는 진리이신 이 말씀 안에서 온전히 자유를 선포하리라!

누구든지 어린양의 피 안에만 오면 다 구원받는다!

어린양의 피 안에서 과거의 모든 행위는 다 용서받았다!

어린양 예수님의 피 안에 오면 그 누구든 죄 사함 받는다!

하나님의 장자인 나는 어린양 예수님의 피 안에 있다!

어린양 예수님의 피를 뚫고 나를 해할 세력은 없다!

어린양 예수님의 피는 나의 모든 죄를 영원히 사하셨다!

나는 과거의 모든 죄에서 영원히 사함 받았다!

이제 나는 어린양 예수님의 보혈로 죄와 싸워 이기리라!

나는 이제 죄와 피 흘리기까지 싸워 이기리라!

온갖 죄악으로 유혹하는 사탄, 마귀는 내게서 떠나갈지어다!

내 자녀에게서 떠나갈지어다! 내 남편에게서 떠나갈지어다!

내 아내에게서 떠나갈지어다!

2. 이전 것은 지나갔으니

복음은 예수 그리스도 안에서 우리에게 완전한 자유를 선포하십니다. 예수 그리스도께서 우리를 위하여 이미 저주를 받으셨기에 우리의 모든 저주는 완전히 사라졌습니다. 이 사실을 마음껏 누리기를 축복합니다.

📖 **아래 성경을 묵상하세요.**

> **고후 5:17** | 그런즉 누구든지 그리스도 안에 있으면 새로운 피조물이라 이전 것은 지나갔으니 보라 새것이 되었도다

✤ 자격에 제한이 있나요?

자격에 제한이 없습니다. 누구든지 다 포함됩니다.

✤ 단 누구 안에 있어야 하나요?

그리스도 안에 있어야 합니다.

✤ 지금 그리스도 안에 바로 서 있다면, 과거에 내 삶의 내용과 상관이 없다고 인정하나요?

아멘, 아멘 진리가 선포하시니 그대로 인정합니다.

✤ 그리스도 안에 있는 자에게 어떤 은혜가 임하나요?

새로운 피조물이 됩니다.

✤ 그렇다면 지금 그리스도 안에 있는 당신도 새로운 피조물이라고 확신하나요?

아멘, 아멘 진리가 선포하시니 그대로 믿습니다.

✤ 그리스도 안에 있는 자에게 이전 것은 어떻게 되었나요?

이미 지나갔습니다.

✛ 이 말씀이 진리임이 확실하다면 당신의 이전 것도 지나갔다고 믿나요?	아멘, 아멘!
✛ 만약 당신에게 자욱 난 죄악이 있다 해도 그리스도 안에서 이 말씀대로 다 해결되었음을 믿나요?	아멘, 아멘!
✛ 말씀에 의지해서 그리스도 안에 있는 당신은 지금 어떤 상태인가요?	이미 새것이 되었습니다.
✛ 그리스도 안에서 새것이 되었다면 이제 새롭게 살기로 결단하나요?	아멘, 아멘!
✛ 이제 이 말씀을 근거로 담대히 선포하고 명령할 수 있나요?	아멘, 아멘!

이제 말씀을 근거로 명령하고 선포하여 말씀을 누려 보세요.

누구든지 그리스도 안에 있으면 새로운 피조물이다!
그리스도 안에서 하나님의 장자가 된 나도 새로운 피조물이다!
누구든지 그리스도 안에 있으면 이전 것은 지나갔다!
나는 이 말씀이 진리임을 믿는다!
그러므로 나의 이전의 모든 것도 지나갔다!
나는 이제부터 이전의 죄에 매이지 않으리라!
나는 이제부터 이전의 죄책에 매이지 않으리라!
나는 이제부터 이전의 죄에서 자유를 선포하리라!
나는 이제부터 이전의 악한 습관을 정복하리라!
나는 이제부터 새로운 피조물답게, 하나님의 장자답게 승리하며 살리라!
거짓과 속임으로 나를 힘들게 했던 악한 영은 지금 떠나갈지어다!
내가 예수 그리스도의 이름으로 명령한다!
옛 습관으로 나를 힘들게 했던 악한 영은 내게서 떠나갈지어다!

나는 완전히 새로운 피조물이다!

나는 영원한 승리를 선포하노라!

3. 예수 그리스도의 보혈 안에서 가계에 흐르는 저주는 없다

많은 사람이 조상의 죄를 이야기합니다. 물론 우리가 조상이 지은 죄는 인정해야
합니다. 그리고 조상이 심은 것은 후손에게 영향을 줄 수 있습니다. 그렇지만 그리
스도의 피 안에 있는 우리는 조상의 죄에 매일 필요가 없습니다.

1) 조상의 죄가 후손에게 영향을 줄 수 있다

가계에 흐르는 저주를 다루는 분들 가운데 간혹 아래와 같이 주장하는 분이 있습
니다. "당신이 어려움을 당하는 것은 조상의 죄 때문이니 그 어려움을 해결하려면
회개의 물질이 필요하다"면서 사람들을 미혹하는 것입니다. 그러나 그것은 성경
적으로 잘못된 것입니다. 우리는 조상의 잘못을 인정하고 그것들의 영향력도 인정
할 수 있지만 그리스도 안에 있는 나에게 그것들이 저주로 다가올 수는 없음을 확
신해야 합니다.

📖✝ 아래 성경을 묵상하세요.

> **민 14:33** | 너희의 자녀들은 너희 반역한 죄를 지고 너희의 시체가 광야에서 소멸되기까지 사
> 십 년을 광야에서 방황하는 자가 되리라
>
> **욥 21:19** | 하나님은 그의 죄악을 그의 자손들을 위하여 쌓아 두시며 그에게 갚으실 것을 알게
> 하시기를 원하노라
>
> **렘 14:20** | 여호와여 우리의 악과 우리 조상의 죄악을 인정하나이다 우리가 주께 범죄하였나
> 이다

✤ 열 명의 정탐꾼의 보고를 듣고 하나님을 원망했던 이스라엘 백성에 대한 하나님의 심판은 무엇인가요?	부모들이 반역한 죄를 지고 그들의 시체가 광야에서 소멸되기까지 자녀들이 40년을 광야에서 방황하는 것입니다.
✤ 하나님은 악인의 죄악을 어떻게 다루시나요?	악인의 죄악을 그의 자손들을 위하여 쌓아 두시며 그에게 갚으십니다.
✤ 렘 14:20 말씀에서 유다 백성은 자신들의 악만 자백하나요?	아닙니다. 조상의 죄악도 자백합니다.
✤ 위의 말씀들을 근거로 조상의 죄가 후손들에게 영향이 있음을 인정하나요?	인정합니다.
✤ 이 사실을 인정한다면 오늘 당신의 삶은 어떠해야 할까요?	자녀들에게 좋은 영향력을 주기 위해 거룩하고 정직한 삶을 살아야 하겠습니다.

2) 오직 예수님의 피로 죄에서 해방

예수 그리스도의 보혈 안에 있는 당신은, 아담의 원죄로 인한 사망과 심판과 지옥 형벌에서 해방받은 하나님의 자녀, 하나님의 장자입니다. 당신은 당신의 부모나 조부모가 지은 죄의 영향력에 지배받을 시시한 존재가 아님을 명심하세요.

📖 아래 성경을 묵상하세요.

> **마 26:28** | 이것은 죄 사함을 얻게 하려고 많은 사람을 위하여 흘리는 바 나의 피 곧 언약의 피니라
>
> **엡 1:7** | 우리는 그리스도 안에서 그의 은혜의 풍성함을 따라 그의 피로 말미암아 속량 곧 죄 사함을 받았느니라

✤ 예수님은 무엇을 위해 피를 흘리셨나요?	죄사함을 위해서 흘리셨습니다.

✤ 당신이 예수 그리스도 안에서 하나님의 은혜의 풍성함을 따라 받게 된 것은 무엇인가요?	예수님의 피로 말미암아 속량 곧 죄사함을 받았습니다.
✤ 위의 말씀들에 의하면 예수님의 피에는 무슨 효능이 있나요?	죄사함입니다.

3) 예수 안에서 가계에 흐르는 저주는 없다

예수 그리스도의 복음 안에 오면 모든 저주는 십자가에서 다 해방받았습니다. 그 누구의 어떤 죄악도 당신을 죄에서 구원하기 위해 흘리신 십자가의 보혈을 뚫고 당신을 해하지 못합니다. 예수 안에서 가계에 흐르는 저주는 없습니다.

📖➕ 아래 성경을 묵상하세요.

> **벧전 1:18~19** | 18너희가 알거니와 너희 조상이 물려준 헛된 행실에서 대속함을 받은 것은 은이나 금 같이 없어질 것으로 된 것이 아니요 19오직 흠 없고 점 없는 어린양 같은 그리스도의 보배로운 피로 된 것이니라

✤ 헛된 행실은 누가 물려준 것인가요?	조상이 물려준 것입니다.
✤ 여기서 헛된 행실은 무엇을 가리키나요?	이방인들이 저지를 수 있는 여러 가지 허무한 것들을 말하는데, 대표적으로 우상숭배 같은 죄가 있습니다.
✤ 예수님의 보혈은 무엇을 위해 흘리셨나요?	죄 사함을 위해 흘리셨습니다.
✤ 헛된 행실을 예수님의 보혈로 대속했다면, 헛된 행실은 무엇을 가리키나요?	죄를 가리킵니다.
✤ 대속함, 즉 죄 사함을 받는데 금이나 은 같은 물질이 필요할까요?	전혀 필요하지않습니다.

✤ 사람들이 조상 죄를 해결하기 위해서 물질을 드려야 한다고 미혹할 때에 속지 않을 수 있나요?	아멘, 아멘!
✤ 당신이 물질을 드릴 이유가 있다면 무엇일까요?	예수 그리스도의 대속의 은혜가 너무 크고 감사해서 드려야 합니다.
✤ 물질을 드려야 조상 죄가 해결된다고 한다면 어디에 문제가 있는 것인가요?	예수님이 피 흘리심으로 이루신 대속의 의미를 상실합니다.
✤ 죄에서 대속함을 받은 것은 오직 무엇으로만 가능한가요?	예수 그리스도의 보배로운 피(보혈)로만 가능합니다.
✤ 지금 예수 그리스도의 보혈에 의한 대속이 당신에게도 이루어졌다고 믿나요?	아멘, 아멘!
✤ 그리스도 안에 있는 당신은 조상의 죄와는 전혀 무관함을 선포할 수 있나요?	아멘, 아멘!
✤ 그렇다면 하나님의 장자인 당신에게 조상의 죄를 가지고 누가 무슨 말로 미혹해도 속지 않으리라 결단하나요?	아멘, 아멘!
✤ 이 사실을 지금 확신할 수 있나요?	아멘, 아멘!
✤ 지금 조상의 죄 때문이라는 정서에서 완전한 자유를 선포할 수 있나요?	아멘, 아멘!

이제 말씀을 근거로 명령하고 선포하여 말씀을 누려 보세요.

어린양 예수님의 보혈은 조상의 죄의 영향에서 나를 완전히 해방시키셨다!

나는 예수님의 보혈로 모든 죄에서 완전히 해방되었다!

나는 조상의 죄의 영향에서 완전 자유를 선포하노라!

나는 내 조상의 죄가 나를 해할 수 없음을 선포하노라!

조상의 죄를 미끼로 나를 억압하는 악한 영은 떠나갈지어다!

4. 저주의 시작과 끝

1) 저주의 시작

📖 아래 성경을 묵상하세요.

> **창 3:14** │ 여호와 하나님이 뱀에게 이르시되 네가 이렇게 하였으니 네가 모든 가축과 들의 모든 짐승보다 더욱 저주를 받아 배로 다니고 살아 있는 동안 흙을 먹을지니라

✤ 누가 누구에게 하신 말씀인가요?	하나님이 뱀에게 하신 말씀입니다.
✤ 이미 배운 바에 의하면, 이 뱀의 실체는 무엇인가요?	옛 뱀, 사탄, 마귀, 큰 용입니다.
✤ 뱀에게 내려진 것은 무엇인가요?	저주입니다.
✤ 뱀인 사탄, 마귀는 누구에게 저주를 받은 것인가요?	하나님에게 저주를 받았습니다.
✤ 하나님은 누구에게만 저주를 하셨나요?	뱀인 사탄, 마귀에게만 하셨습니다.

2) 저주의 끝

저주의 출발이 있으니 끝이 있을 것입니다. 저주의 끝을 따라가 봅시다.

📖 아래 성경을 묵상하세요.

> **마 25:41** │ 또 왼편에 있는 자들에게 이르시되 저주를 받은 자들아 나를 떠나 마귀와 그 사자들을 위하여 예비 된 영원한 불에 들어가라

✤ 누구에게 내려진 선포인가요?	하나님 앞에서 왼편에 있는 자들에게 하신 선포입니다.
✤ 내가 이 후에 하나님 앞에 서게 된다면 어느 편에 서야 할까요?	오른 편에 서야 합니다.

✤ 왼편에 있는 자들에게 내려진 선포를 옮겨 보세요!	"저주를 받은 자들아!"
✤ 누가 내린 선포인가요?	인자이신 주님께서 내리신 선포입니다.
✤ 본문에서 저주란 무엇인지 정리해 보세요.	예수님을 떠나 마귀와 그 사자들을 위해 예비된 영원한 불에 들어가는 것입니다.
✤ 결국 저주란 누구를 따라가는 것인가요?	마귀와 그의 사자들 즉 악한 영(귀신)들입니다.
✤ 옛 뱀인 사탄, 마귀와 그의 사자들인 귀신들(악한 영들)이 갈 곳은 어디인가요?	영원한 불입니다.

3) 저주를 완전 정복하라

우리는 하나님의 장자입니다. 저주는 우리와 아무 상관이 없습니다. 이제 저주로부터 완전 자유를 선포해야 합니다.

📖 아래 성경을 묵상하세요.

> **눅 6:27~28** | 27그러나 너희 듣는 자에게 내가 이르노니 너희 원수를 사랑하며 너희를 미워하는 자를 선대하며 28너희를 저주하는 자를 위하여 축복하며 너희를 모욕하는 자를 위하여 기도하라

✤ 누가 누구에게 하신 말씀인가요?	예수님께서 당시에 말씀을 듣는 자들에게 하신 말씀입니다.
✤ 이 말씀이 지금도 살아 있다면 오늘은 누구에게 하시는 말씀인가요?	지금 말씀을 듣고 있는 나에게 하시는 말씀입니다.
✤ 이 말씀에 의지해서 당신은 원수에게 어떻게 해야 하나요?	사랑해야 합니다.
✤ 당신을 미워하는 자에게 어떻게 해야 하나요?	선대해야 합니다.

✥ 당신을 저주하는 자에게 어떻게 해야 하나요?	위하여 축복해야 합니다.
✥ 당신을 모욕하는 자에게 어떻게 해야 하나요?	위하여 기도해야 합니다.
✥ 이 말씀대로 살아야 한다는 사실을 인정하나요?	아멘, 아멘!
✥ 솔직히 이 말씀대로 행하기가 쉬운가요?	만만하지 않습니다.
✥ 만만하지 않지만 예수님의 말씀이라면 어떻게 해야 할까요?	순종하고 실천해야 합니다.

📖➕ 아래 성경을 묵상하세요.

> **시 109:17~18** | 17그가 저주하기를 좋아하더니 그것이 자기에게 임하고 축복하기를 기뻐하지 아니하더니 복이 그를 멀리 떠났으며 18또 저주하기를 옷 입듯 하더니 저주가 물 같이 그의 몸 속으로 들어가며 기름 같이 그의 뼈 속으로 들어갔나이다

✥ 누구에게 내려진 선포인가요?	하나님 앞에서 왼 편에 있는 자들에게 하신 선포입니다.
✥ 위의 말씀대로 당신이 저주하기를 좋아하면 어떤 결과가 나타나나요?	내가 저주한 그것이 내게 임합니다.
✥ 그렇다면 이제부터 누구를 저주할 수 있을까요?	절대로 저주할 수 없습니다.
✥ 그것이 사실이라면 이제 당신의 입과 마음에서 저주가 사라지기를 기도할 수 있나요?	아멘, 아멘!
✥ 당신이 축복하기를 기뻐 아니하면 어떤 결과가 나타나나요?	복이 나를 멀리 떠나갑니다.
✥ 위의 말씀 안에서 복을 받기 원하면 무엇을 해야 할까요?	모두를 축복해야 합니다.
✥ 저주를 옷 입듯 하는 사람에게는 어떤 일이 일어나나요?	자기가 한 저주가 물같이 몸속으로 들어가고, 기름같이 뼛속으로 들어갑니다.
✥ 위의 말씀에 의지해서 그 누구든지 절대로 저주하지 않기로 결단할 수 있나요?	아멘, 아멘!

말씀 살기

✝ 말씀의 핵심 정리

1. 예수 그리스도의 십자가가 나의 모든 저주를 해결하셨구나!
2. 예수 그리스도의 피가 나의 조상의 저주에서도 완전히 해방하셨구나!
3. 나는 예수 그리스도의 십자가 보혈로 모든 저주에서 영원히 해방되었구나!
4. 나는 그리스도 안에서 완전히 새것이 되었구나!
5. 최초의 저주는 하나님이 옛 뱀인 사탄, 마귀에게 내리셨구나!
6. 예수님의 피가 없으면 마지막 심판 때에 저주를 받은 사탄, 마귀를 따라 지옥 불에 가는구나!
7. 이제 내 입에서는 절대로 저주가 나가서는 안 되는구나!

✝ 감사와 회개

오, 주여! 오늘 내게 저주에서 완전히 자유를 주시니 감사합니다!

오, 주여! 예수님의 십자가의 저주가 나를 온갖 저주에서 자유케 하시니 감사, 감사합니다!

오, 주여! 예수 그리스도의 보혈 안에서 이전 것은 다 지나갔음을 선포하게 하시니 감사, 감사합니다!

오, 주여! 이제는 저주라는 정서에서 완전히 벗어나게 하심을 감사, 감사합니다!

오, 주여! 이제는 그 누가 저주해도 축복만 할 수 있게 하시니 감사, 감사합니다!

오, 주여! 주님의 말씀 앞에 순종하지 못했음을 용서하소서!

✝ 명령과 선포와 결단

내 마음에 미움을 주는 사탄, 마귀는 떠나갈지어다!

내 마음에 미워하는 자를 선하게 대할 수 없게 하는 악한 영은 떠나갈지어다!

나를 저주하는 자를 축복하지 못하게 하는 악한 세력은 떠나갈지어다!

나를 모욕하는 자를 위해 기도하지 못하게 하는 것들도 떠나갈지어다!

나는 이제부터 저주라는 단어에서 완전한 해방을 선포하노라!

예수 그리스도의 십자가의 저주는 내게서 완전히 떠나갔다!

이제 장자권을 발동하여 그 누구라도 사랑하겠습니다!

그 누구라도 선대하겠습니다!

그 누구라도 축복하겠습니다!

그 누구라도 위해서 기도하겠습니다!

✝ 훈련의 기본 원칙 열 번 복창

"단순, 반복, 지속, 강행"

✝ 장자권의 발동, 명령과 선포 세 번 복창

"있을지어다! 그대로 되니라! 하나님 보시기에 좋았더라!"

"치료될지어다! 회복될지어다! 복 있을지어다! 충만할지어다! 정복할지어다! 다스릴지어다!"

✝ 받은 은혜 묵상 · 간증하기 말씀 요약

_____

_____

_____

_____

_____

하나님과 동역하는 특권을 누리라

우리는 하나님의 역사가 명령과 선포로 이루어짐을 목격했습니다. 천지창조는 삼위 하나님이 하셨습니다. 그러나 사람을 지으신 후에는 사람과 동역을 하기 원하셨습니다. 그래서 아담에게 권세를 위임하고, 사역을 분담시키셨습니다. 하나님은 사람들을 통해서 일하고 계십니다. 하나님의 자녀들이 일하는 현장에 함께하십니다. 말씀을 순종하는 하나님의 자녀들과 함께하십니다. 하나님은 지금도 당신과 동역하길 원하십니다.

 암송 말씀

⁷그런즉 심는 이나 물 주는 이는 아무것도 아니로되 오직 자라게 하시는 이는 하나님뿐이니라 ⁸심는 이와 물 주는 이는 한가지이나 각각 자기가 일한 대로 자기의 상을 받으리라 ⁹우리는 하나님의 동역자들이요 너희는 하나님의 밭이요 하나님의 집이니라

(고전 3:7~9)

1. 동역하시는 하나님

하나님은 언제나 동역하시는 분입니다. 창조 시에는 삼위 하나님께서 동역하셨습니다. "우리가… 우리의 형상을 따라… 우리의 모양대로…." 하나님은 삼위로 자존하십니다. 그리고 함께 일하십니다. 하나님은 세 분이서 하나가 되어 동역하십니다. 동역하시는 하나님은 하나님의 일을 위해 믿음의 사람들을 하나님의 동역자로 세워 일하셨습니다.

2. 모세와 함께 일하시는 하나님

하나님은 믿음의 사람 모세와 함께 일하셨습니다. 애굽을 떠난 지 40년, 80이 된 모세에게 하나님이 오셔서 명령하고 선포하십니다. "애굽으로 가라! 내 백성을 인도해 오라! 내가 너와 함께하리라!" 하나님은 80이 되어 인간 폐품이나 다름없는 모세에게 "애굽으로 가라! 내 백성을 인도해 오라!" 명령하셨습니다. 물론 "내가 너와 함께하겠다!"는 임마누엘의 선포와 함께였습니다.

📖✝ 아래 성경을 묵상하세요.

> 출 3:7~10 | 7여호와께서 이르시되 내가 애굽에 있는 내 백성의 고통을 분명히 보고 그들이 그들의 감독자로 말미암아 부르짖음을 듣고 그 근심을 알고 8내가 내려가서 그들을 애굽인의 손에서 건져내고 그들을 그 땅에서 인도하여 아름답고 광대한 땅, 젖과 꿀이 흐르는 땅 곧 가

나안 족속, 헷 족속, 아모리 족속, 브리스 족속, 히위 족속, 여부스 족속의 지방에 데려가려 하노라 9이제 가라 이스라엘 자손의 부르짖음이 내게 달하고 애굽 사람이 그들을 괴롭히는 학대도 내가 보았으니 10이제 내가 너를 바로에게 보내어 너에게 내 백성 이스라엘 자손을 애굽에서 인도하여 내게 하리라

✛ 하나님은 애굽에 있는 이스라엘 사람들을 누구의 백성이라 말씀하시나요?	하나님의 백성이라 말씀하십니다.
✛ 하나님은 백성의 무엇을 알고 계셨나요?	백성의 고통을 분명히 보시고, 부르짖음을 들으시고, 그들의 근심을 잘 알고 계셨습니다.
✛ 이 하나님은 지금 하나님의 자녀, 장자인 당신의 고통과 근심도 아시고, 부르짖음도 들으심을 믿나요?	아멘, 아멘!
✛ 이 '아멘, 아멘!'이 사실이라면 지금 당신의 고통과 근심을 하나님께 맡길 수 있나요?	아멘, 아멘! 맡길 수 있습니다.
✛ 당신의 모든 고통과 근심을 아신다면 당신이 고통과 근심에서 염려할 이유가 있을까요?	아닙니다. 내 모든 문제를 주님께 맡기고 부르짖어 기도해야 합니다.
✛ 이스라엘 백성을 애굽인의 손에서 건져내기 위해 누가 내려간다 하시나요?	하나님이 내려간다 하십니다.
✛ 하나님은 친히 내려가셔서 그 백성을 어디로 인도한다 하시나요?	아름답고 광대한 땅, 젖과 꿀이 흐르는 땅으로 인도한다 하십니다.
✛ 하나님은 친히 내려가셔서 그 백성을 어떻게 한다 하시나요?	이스라엘 백성을 약속의 땅으로 데려간다 하십니다.
✛ 하나님은 그분의 백성을 인도해 내는 일에 누구를 보낸다 하셨나요?	모세를 보낸다 하셨습니다.
✛ 모세가 겸손히 사양하자 하나님은 무엇을 약속하셨나요?	"내가 반드시 너와 함께 있으리라" 하셨습니다.

✤ 하나님은 당신의 백성을 애굽에서 데려가는 일에 누구를 동역자로 세우셨나요?	모세를 동역자로 세우셨습니다.
✤ 그렇다면 애굽으로 가는 모세는 누구의 일을 하러 가는 것인가요?	하나님의 일을 하러 가는 것입니다.
✤ 하나님의 일을 하러 가는데 모세가 걱정할 필요가 있을까요?	없습니다.
✤ 왜 걱정할 필요가 없나요?	모세의 일이 아니고 하나님의 일을 동역하는 것이기 때문입니다.
✤ 이 말씀이 사실이라면 오늘 주의 일을 하는 당신이 걱정할 필요가 있을까요?	주의 일을 하면서 전혀 걱정할 필요가 없습니다.
✤ 이 사실을 확실하게 믿습니까?	아멘, 아멘 확실하게 믿습니다.

3. 하나님의 동역자

하나님은 함께 일하시는 분입니다. 모세와 일하시는 하나님은 모세 혼자 일하게 하지 않으십니다. 이스라엘 백성의 장로들과 백성과 함께 일하게 하십니다. 하나님이 모세에게 말씀으로 명령, 선포하셨습니다. 하나님의 명령을 들은 모세가 아무리 하나님의 말씀을 선포, 명령해도 장로들과 백성이 함께 순종하지 않으면 역사는 일어나지 않습니다. 결국 출애굽의 역사, 어린양의 피의 역사는 하나님, 모세, 장로들, 백성의 동역으로 이루어졌습니다.

📖 아래 성경을 묵상하세요.

> **출 12:21~22** | 21모세가 이스라엘 모든 장로를 불러서 그들에게 이르되 너희는 나가서 너희의 가족대로 어린양을 택하여 유월절 양으로 잡고 22우슬초 묶음을 가져다가 그릇에 담은 피에 적셔서 그 피를 문 인방과 좌우 설주에 뿌리고 아침까지 한 사람도 자기 집 문 밖에 나가지 말라

✤ 하나님의 명령을 받은 모세는 누구를 불러 하나님의 명령을 전하나요?	백성의 장로들
✤ 장로들은 모세의 명령에 어떻게 반응했나요?	그대로 순종하고 백성에게 양을 잡아 그 피를 문설주와 인방에 바르도록 명령합니다.
✤ 백성이 각자 자기 집에서 양을 잡아 피를 발랐다는 것은 무엇을 의미하나요?	하나님의 명령에 순종하여 동역함을 의미합니다.
✤ 백성이 동역하지 않았어도 하나님이 구원 사역을 하실 수 있다고 믿나요?	아멘, 아멘!
✤ 그렇다면 하나님이 그렇게 명령하신 의도는 어디에 있다고 생각하나요?	하나님은 우리가 하나님의 일에 동역하기를 원하신다는 것을 알 수 있습니다.

📖✝ **아래 성경을 묵상하세요.**

> **고전 3:6~9 |** ⁶나는 심었고 아볼로는 물을 주었으되 오직 하나님께서 자라나게 하셨나니 ⁷그런즉 심는 이나 물 주는 이는 아무것도 아니로되 오직 자라게 하시는 이는 하나님뿐이니라 ⁸심는 이와 물 주는 이는 한가지이나 각각 자기가 일한 대로 자기의 상을 받으리라 ⁹우리는 하나님의 동역자들이요 너희는 하나님의 밭이요 하나님의 집이니라

✤ 자라나게 하는 분은 누구신가요?	하나님입니다.
✤ 가장 중요한 사역자는 누구신가요?	자라나게 하시는 하나님입니다.
✤ 심는 이와 물 주는 이의 공통점은 무엇인가요?	각각 자기가 일한 대로 자기 상을 받는다는 것입니다.
✤ 그들은 누구의 동역자였나요?	하나님의 동역자입니다.
✤ 하나님의 동역자란 말을 들으면서 무엇을 느꼈는지 정리해 보세요.	"하나님도 일하신다! 나와 함께 일하신다! 나도 일한다! 하나님과 함께 일한다! 하나님과 나 우리는 동역자다!"

✤ 하나님이 당신과 함께 일하신다면 두려울 것이 있을까요?	전혀 없습니다.
✤ 그렇다면 당신이 지금 하는 주님의 그 사역에서 모든 염려를 주님께 맡길 수 있나요?	아멘, 아멘!

📖✝ 아래 성경을 묵상하세요.

몬 1:24 | 또한 나의 동역자 마가, 아리스다고, 데마, 누가가 문안하느니라

✤ 본문에 기록된 바울의 동역자들을 적어 보세요.	마가, 아리스다고, 데마, 누가입니다.
✤ 바울이 하나님과 동역자라면 그들은 어떤 관계인가요?	역시 하나님의 동역자들입니다.
✤ 그들도 하나님과 함께 일한다고 믿나요?	아멘, 아멘!
✤ 그렇다면 하나님께서 그들과 함께 일한다고 믿나요?	아멘, 아멘!
✤ 바울이 하나님과 동역하고, 그들은 바울과 동역하고, 하나님은 그들과 동역하시는 협력을 믿나요?	아멘, 아멘!
✤ 그렇다면 당신이 교회를 위해 일하는 모든 것이 하나님과의 동역임을 믿나요?	아멘, 아멘!
✤ 하나님과의 동역이라면 주의 일에 당신이 염려할 이유가 있을까요?	전혀 없습니다.
✤ 하나님과 동역한다면 철저하게 잘해야 한다고 생각하나요?	아멘, 아멘!
✤ 동역자가 전능자이심에 당신이 하는 모든 일을 온전히 맡길 수 있나요?	아멘, 아멘!
✤ 주님이 맡겨 주신 가정을 돌보는 것도 하나님과의 동역임을 믿나요?	아멘, 아멘!

✛ 남편과 아내를 섬기는 것도 하나님과의 동역임을 인 │ 아멘, 아멘!
　정하나요?

---

4. 장자요, 동역자인 우리에게 예비되어 있는 하늘 상급

하늘나라는 상급의 나라입니다. 당신은 이 세상을 떠나면 하늘나라에서 영원을 삽니다. 그 하늘나라는 이 땅에서 주님을 위하여 헌신한 사람들이 누리는 곳입니다. 주님을 위한다는 것은 복음을 위한 것이자 교회를 위한 것입니다. 당신이 교회를 위하여 헌신하는 모든 일의 결산은 마지막 천국에서 받아 누리게 됩니다.

1) 시상을 걸어 놓으신 하나님

하나님은 그 자녀들에게 상을 걸어 놓으셨습니다. 이 상은 이 세상에서도 받습니다. 하나님은 이 세상에서도 반드시 우리가 심은 대로 거두게 하십니다. 그러나 세상의 상이 보너스라면 진짜는 부활의 때에 하늘에서 영원히 받는 상입니다. 우리는 오늘도 부활의 때에 영원한 상을 받기 위해 달려가야 합니다.

📖✛ **아래 성경을 묵상하세요.**

> **눅 6:22~23** | [22]인자로 말미암아 사람들이 너희를 미워하며 멀리하고 욕하고 너희 이름을 악하다 하여 버릴 때에는 너희에게 복이 있도다 [23]그날에 기뻐하고 뛰놀라 하늘에서 너희 상이 큼이라 그들의 조상이 선지자들에게 이와 같이 하였느니라

✛ 인자 예수님을 인하여 당신이 사람들에게 미움, 멀 │ 복이 따라옵니다.
　리함, 욕먹음, 버림받음을 당하면 우리에게 무엇이
　따라오나요?

✤ 예수님을 인하여 이러한 고난을 당할 때에 어떤 자세를 취하라 하시나요?	기뻐하고 뛰놀라 하십니다.
✤ 당신이 예수님 때문에 고난을 당할 때에 왜 기뻐하고 뛰놀아야 하나요?	하늘의 상이 크기 때문입니다.
✤ 믿음의 길을 가는 당신이 주님을 위해 고난을 피하는 이유는 무엇이라 생각하나요?	하늘의 큰 상을 바라보지 못하기 때문입니다.

📖✝ **아래 성경을 묵상하세요.**

> **히 11:6** | 믿음이 없이는 하나님을 기쁘시게 하지 못하나니 하나님께 나아가는 자는 반드시 그가 계신 것과 또한 그가 자기를 찾는 자들에게 상 주시는 이심을 믿어야 할지니라
>
> **계 22:12** | 보라 내가 속히 오리니 내가 줄 상이 내게 있어 각 사람에게 그가 행한 대로 갚아 주리라

✤ 하나님을 기쁘시게 해 드리려면 우리에게 무엇이 필요한가요?	믿음이 필요합니다.
✤ 하나님께 나아가는 자가 그분을 기쁘시게 하는 믿음을 정리해 보세요.	첫째, 반드시 하나님이 계신 것을 믿는 것. 둘째, 하나님은 자기를 찾는 자들에게 상 주시는 분이심을 믿는 것.
✤ 당신이 상을 바라보며 열심히 충성하는 것은 곧 누구를 기쁘시게 하는 일인가요?	하나님을 기쁘시게 하는 일입니다.
✤ 지금 당신은 하나님을 기쁘시게 해 드리기 위해 상 받도록 열심히 충성하기로 결단할 수 있나요?	아멘, 아멘!
✤ 예수님은 성경 맨 마지막에 상을 약속하셨습니다. 주님은 속히 오십니다. 주님이 오시거나 당신이 주님 앞에 설 때에 당신에게 어떤 기준으로 상을 주시나요?	내가 행한 대로 상을 주십니다.

2) 동일하지 않은 하늘나라

하늘나라는 영광스러운 곳입니다. 너무나 아름다운 곳입니다. 그러나 그 하늘나라에도 분명히 구별이 있습니다. 그 나라에는 이 세상에서 당신이 하나님을 위하여 헌신한 만큼 누려지는 곳입니다.

📖 아래 성경을 묵상하세요.

> 고전 3:11~15 | ¹¹이 닦아 둔 것 외에 능히 다른 터를 닦아 둘 자가 없으니 이 터는 곧 예수 그리스도라 ¹²만일 누구든지 금이나 은이나 보석이나 나무나 풀이나 짚으로 이 터 위에 세우면 ¹³각 사람의 공적이 나타날 터인데 그 날이 공적을 밝히리니 이는 불로 나타내고 그 불이 각 사람의 공적이 어떠한 것을 시험할 것임이라 ¹⁴만일 누구든지 그 위에 세운 공적이 그대로 있으면 상을 받고 ¹⁵누구든지 그 공적이 불타면 해를 받으리니 그러나 자신은 구원을 받되 불 가운데서 받은 것 같으리라

✚ 바울이 닦아 둔 터는 곧 누구인가요?

예수 그리스도입니다.

✚ 예수 그리스도 외에 다른 터가 필요할까요?

오직 예수 그리스도 외에 다른 터는 없습니다.

✚ 예수 그리스도라는 터 위에 집을 짓는 재료들을 열거해 보세요.

금, 은, 보석, 나무, 풀, 짚입니다.

✚ 집을 세울 때 무슨 집이 가장 쉽게 세울 수 있는지 각자 기록해 보세요.

나무, 풀, 짚입니다.

✚ 집을 세울 때에 그렇게 쉽게 지었다면 이유가 무엇일까요?

나와 상관이 없거나, 그 집의 가치에 대해 몰랐거나, 그 집의 필요성에 대해 몰랐기 때문일 것입니다..

✚ 당신은 예수님의 십자가와 부활의 터 위에 믿음의 집을 세우고 있다고 생각하나요? 그렇지 않다면 이제 어떻게 결단해야 할까요?

힘이 들고 어려워도 공력을 들여서 믿음의 집을 세워야 하리라고 결단합니다.

✛ 예수님은 당신의 터 위에 각각 믿음의 집을 세우는 당신을 위해 무엇을 준비하셨나요?

주님의 날에 각 사람의 공적을 밝힐 계획을 세우셨습니다.

✛ 예수님은 각자의 공적을 시험하는 데 무엇을 사용하시나요?

불을 사용하십니다.

✛ 불로 공적을 시험할 때에 위의 재료들 가운데 타 없어질 재료들을 적어 보세요.

나무, 풀, 짚입니다.

✛ 믿음의 공적이 그대로 있는 자에게 무엇이 주어지나요?

상이 주어집니다.

✛ 공적이 불에 타 없어지는 자에게는 무엇이 주어지나요?

해를 받습니다. 단 예수님이라는 터 위에 세웠기에 구원은 받지만 불 가운데서 받는 것 같은 부끄러운 구원을 받습니다.

📖✝ 아래 성경을 묵상하세요.

> **고전 15:41~44 |** ⁴¹해의 영광이 다르고 달의 영광이 다르며 별의 영광도 다른데 별과 별의 영광이 다르도다 ⁴²죽은 자의 부활도 그와 같으니 썩을 것으로 심고 썩지 아니할 것으로 다시 살아나며 ⁴³욕된 것으로 심고 영광스러운 것으로 다시 살아나며 약한 것으로 심고 강한 것으로 다시 살아나며 ⁴⁴육의 몸으로 심고 신령한 몸으로 다시 살아나나니 육의 몸이 있은즉 또 영의 몸도 있느니라

✛ 해와 달과 별, 별과 별의 영광이 같을까요?

해, 달, 별의 각각의 영광이 다름같이 죽은 자의 영광도 다 다릅니다.

✛ 42~44절에서 당신이 심을 때 무엇으로 심는지 정리해 보세요.

썩을 것, 욕된 것, 약한 것, 육의 몸으로 심습니다.

✛ 당신이 그렇게 심지만 다시 살아날 때에는 어떻게 되는지 정리해 보세요.

썩지 아니할 것, 영광스러운 것, 강한 것, 신령한 몸으로 다시 삽니다.

✛ 육의 몸이 있음같이 어떠한 몸이 있나요?

신령한 몸도 있습니다.

3) 바울처럼 살리라

우리는 성경에서 가장 위대한 사도인 바울을 봅니다. 그는 주님의 복음을 위하여 말할 수 없는 고난을 당했습니다. 그럼에도 그 모든 것을 참고 견딜 수 있는 힘이 무엇이었을까요? 여러 가지일 수 있습니다. 하지만 분명한 것은 그가 하늘의 상급을 바라보았기 때문입니다.

📖 아래 성경을 묵상하세요.

> **딤후 4:6~8** | [6]전제와 같이 내가 벌써 부어지고 나의 떠날 시각이 가까웠도다 [7]나는 선한 싸움을 싸우고 나의 달려갈 길을 마치고 믿음을 지켰으니 [8]이제 후로는 나를 위하여 의의 면류관이 예비되었으므로 주 곧 의로우신 재판장이 그 날에 내게 주실 것이며 내게만 아니라 주의 나타나심을 사모하는 모든 자에게도니라

✛ 바울은 자신이 주님 앞에 갈 시각이 가까워 옴을 알고 무엇을 고백하고 있나요?	선한 싸움 싸우고, 달려갈 길을 마치고, 믿음을 지켰습니다.
✛ 이렇게 믿음의 길을 간 바울에게 무엇이 기다리고 있었나요?	의의 면류관이 기다리고 있었습니다.
✛ 바울은 이 면류관을 누구에게도 예비하고 있다고 선포하나요?	주의 나타나심을 사모하는 모든 자입니다.
✛ 이 말씀이 살아 있는 하나님의 말씀이라면, 당신도 바울처럼 면류관을 위하여 생명을 걸고 잘 싸우고, 잘 달리고, 잘 지켜야 한다고 생각하나요?	아멘, 아멘!
✛ 이제 주님을 섬기는 모든 일에 사람의 시선을 의식하여 칭찬이나 박수를 받는 일에 예민할 이유가 없다고 생각하나요?	아멘, 아멘!
✛ 이제 그 누가 알아주지 않아도 바울처럼 하늘 상급을 바라보고 주님을 위해 동역자로 최선의 삶을 살기로 결단할 수 있나요?	아멘, 아멘!

말씀 살기

✝ 말씀의 핵심 정리

1. 하나님의 모든 사역은 동역이셨구나!
2. 하나님은 지금도 동역하기를 원하시는구나!
3. 나도 하나님의 동역자였구나!
4. 하나님이 동역자이시니 주의 일에 걱정할 것이 없구나!
5. 하나님은 동역자에게 상 주시기를 기뻐하시는구나!
6. 하나님은 동역자들의 믿음을 불로 시험하시는구나!
7. 나도 하나님의 동역자답게 공력을 들여 섬겨야겠구나!

✝ 감사와 회개

주여, 말씀이 그대로 믿어지는 은혜를 주시니 감사합니다!

주여, 제게 장자권을 누리게 하시니 감사합니다!

주여, 제가 하나님의 동역자임을 깨닫게 하시니 감사합니다!

주여, 제가 하나님의 동역자로서 날마다 감사로 섬기게 하시니 감사합니다!

주여, 제가 하늘의 상급을 바라보게 하시니 감사합니다!

주여, 제가 하나님의 동역자란 사실을 누리지 못했음을 용서하소서!

주여, 제가 하나님의 동역자답게 행하지 못했음을 용서하소서!

✝ 명령과 선포와 결단

예수 그리스도의 이름으로 명령한다!

의심을 주는 악한 영은 떠나가라!

불안과 두려움으로 말씀 선포를 주저하게 하는 더러운 영은 떠나가라!

나도 모세처럼 하나님과 함께 일하리라!

나도 모세처럼 하나님의 말씀을 그대로 선포하고 명령하리라!

나도 모세처럼 말씀대로 순종하여 기적을 간증하리라!

나도 이스라엘 장로들과 백성들처럼 주의 종의 말씀에 순종하리라!

하나님과의 동역을 방해하는 악한 영은 떠나가라!

주의 종과의 동역을 방해하는 사탄, 마귀는 떠나가라!

성도와의 동역을 방해하는 악한 영들은 떠나가라!

나는 하나님의 동역자다!

하나님의 장자인 나는 당연히 아버지 하나님과 동역한다!

주여, 이제부터 말씀을 담대히 선포할 수 있는 믿음의 입술을 열겠습니다!

주여, 이제부터 제가 하나님의 동역자임을 잊지 않겠습니다!

주여, 이제부터 자라나게 하시는 하나님만 의지하겠습니다!

주여, 이제부터 하나님과의 동역에 최선을 다하겠습니다!

주여, 이제부터 하늘 상급을 위해 생명을 걸겠습니다!

주여, 이제부터 믿음의 집을 보석으로 짓겠습니다!

주여, 이제부터 오직 주님의 영광을 위해 장자권을 발동하며 살겠습니다!

주여, 이제부터 명령권과 선포권을 누리며 살겠습니다!

주여, 이제부터 사람 바라보지 않고 하늘 상급을 바라보며 섬기겠습니다!

✝훈련의 기본 원칙 열 번 복창

"단순, 반복, 지속, 강행"

✝장자권의 발동, 명령과 선포 세 번 복창

"있을지어다! 그대로 되니라! 하나님 보시기에 좋았더라!"

"치료될지어다! 회복될지어다! 복 있을지어다! 충만할지어다! 정복할지어다! 다스릴지어다!"

_____

_____

_____

_____

_____

_____

_____

_____

_____

_____

✝ 잘 승리하셨습니다!

오늘로 《그리스도의 장자권과 하나님 자녀의 권세 누림》 제 1권을 마쳤습니다.

여기까지 오는 동안 사탄의 공격을 잘 이기고 감당하셨습니다.

당신은 하나님과의 동역자임을 잊지 마시고,

이 동역을 위해서 예수 이름 사용권을 마음껏 누리세요.

장자에게 주어진 명령권과 선포권을 강하고 담대하게 누리세요.

이를 위해 〈사도행전〉의 기도를 일으키세요.

온갖 저주를 다 정복하고 뱀과 전갈을 밟으며 당당하고 권세 있게 승리하세요.

• 느린 곡

있을지어다! 그대로 되니라! 좋았더라!

작사 이영환 | 작곡 최혜연

있을지어다! 그대로 되니라! 좋았더라!

(Let there be! Then there will be so! It was good!)

작사 이영환 | 작곡 최에스더

있을지어다! 그대로 되니라! 좋았더라!

(나의 창조주 하나님)

작사 이영환 | 작곡 IRA JUNG